고립 생활하는 사람은 누구인가?

은둔형 외톨이 치유와 예방

솔과학

추천의 글

은둔형 외톨이를 찾아가서 관계형성하고 상담 개입하는 일은 전통적인 상담방식에 익숙했던 시절엔 낯선 일이었습니다. 상담자들이 현장에 찾아간다는 것 자체에 대한 이해가 적었기 때문입니다.

오상빈 센터장을 처음 알게 된 것은 청소년상담 영역에서 찾아가는 상담이 궤도에 오르기 전입니다. 2007년. 찾아가는 상담전문가인 청소년동반자로 광주지역을 누비던 그 여름부터 현재까지도 저자는 현장을 뛰면서 실무성이 높은 찾아가는 상담전문가로 활동하고 계십니다. 특히 그가 주목해왔던 은둔형 외톨이는 찾아가는 열정이 아니면 아예 만나기조차 어려운 대상자들입니다. 상담실로 나올 사람들이 아니기 때문입니다. 14년 동안 저자가 현장을 누비는 사이에 찾아가는 상담은 어느덧 청소년상담 영역을 넘어서서 다양한 영역에까지 확대되고 있습니다. 그의 활동은 우리나라 찾아가는 상담의 역사와 궤를 같이 하고 있는 셈입니다.

이 책은 그가 활동했던 경험들이 축적된 결실 중 하나라고 생각합니다. 앞으로도 더 다양한 결실들이 다양한 형태로 나오게 될 것입니다. 아무쪼록 현장에서 경험했던 일들이 후배상담자들에게 좋은 안내가 되기를 바라면서 기꺼이 이 책을 추천합니다.

노성덕 한국청소년상담복지개발원 경영기획본부장

시작하는 글

자연인, 니트족(NEET: Not in Education, Employment or Training), 고립 생활하는 사람(은둔형 외톨이)의 차이는 무엇인가? 라는 질문을 받은 기억이 있다. 자연인은 외부의 도움이 없이 의식주를 혼자서 해결하는 사람이다. 그리고 니트족은 부모와 함께 생활하면서 정서적 관계를 유지하지만, 일하지 않고 일할 의지도 없는 청년 무직자를 말하며, 고립 생활하는 사람은 자신의 방이나 가정에서 생활하고 가족과 정서적 단절을 넘어 정서적 고립 상태로 생활하며, 의식주를 주변 사람으로부터 제공받아 생활하는 사람을 말한다.

심리상담사는 다양한 부류에 사람을 만났다. 다양한 사람을 만나면서 이러한 경험을 통해 개인이 사회를 바라보는 시각이 참으로 중요함을 느끼게 되었다.

타인에게 욕설, 비난, 따돌림 등 언어, 신체적 폭력 등을 행사하는 사람은 대부분 자신의 어려움을 감추기 위해서 타인에게 언어와 행동을 한다. 실제 다른 사람에게 언어, 신체적 폭력을 행사하는 사람은 자신이 타인에게 하면서도 그 부정적인 부분이 자신의 어려움이면서 자신에게 향하고 있음을 인식하고 있는 사람은 많지 않았다.

고립 생활하는 사람(은둔형 외톨이)은 하루 일상 대부분 시간을 자신의 방이나 집에서 활동한다. 이들이 왜 고립 생활하고 있는가를 찾아보면 개인적인 특성과 더불어 다양하고 복잡한 요인으로 나타난다. 고립 생활하는 사람은 자신감이 부족하기도 하지만, 자기 정체성이 확고하게 정립이 되지 않았거나 부정적인 정체성으로 타인과의 관계 또한 부정적인 방법으로 유지하고 있으며, 습관화된 방식으로 자신과 타인에게 자주 목격된다. 그리고 하나의 주어진 상황에 대하여 극단적인 인지적 왜곡으로 타인과 관계를 하면서 그 상황에서 벗어나고자 하지만, 실제로는 변화하고자 하는 열망을 보이지 않는다.

자신이 활동하고 있는 공간에서 매우 만족스럽게 생활하고 있다고 하지만, 어려움이 없다고 할 수 없다. 다시 표현하면 이들은 다른 사람들로부터 '너 잘하고 있어!!!'라는 긍정적인 언어와 많은 관심, 그리고 사랑을 받으며 생활하고자 한다. 그러나 자신이 학교 및 직장, 일상생활에서 아무런 능력이 없다. 어떤 일을 해도 잘 할 수 없다. 다른 사람이 자신을 찌질이(못난이)라 생각할 것이다. 미래에 꿈이 없다. 장점이 없다. 등 개개인이 느끼는 주관적인 희망감은 사라지고 절대적인 무망감으로 일관한다.

다른 사람과 함께 활동하거나 협력하는 과정에서 타인의 수용과 존중을 받지 못한 경험과 낮은 사회적 기술로 인해 타인의 의사를 존중하는 태도가 아닌 자신이 모든 것을 주장하고 주목받고자 한다. 일상에서는 가족, 또래, 직장동료, 동급생 등 자신을 둘러싼 사람들로부터 비난, 지적, 부정적인 언어를 자주 듣는다. 그러하여 1~2명의 친구와 관계를 유지하는 등 대인관계 폭이 좁다.

오랜 시간 자신에 대해 불평과 불만을 듣고 성장 발달한 사람은 어떤 태도를 보일까?

주변에 있는 사람들에게 긍정적인 언어보다는 부정적인 언어를 자주 듣고, 일상에서 칭찬이나 격려보다 능력이 부족하다는 말을 자연스럽게 들었던 사람은 자신의 활동에 자신감이 낮으며, 자기 효능감이 낮아 심리적으로 위축되고, 대인관계를 형성하고 유지하는데 어려움을 호소하여, 사회적 단절을 넘어 고립 생활할 가능성이 매우 많다.

가족은 가정에 누군가 외부에 나가지 않고 자신의 방이나 집에 고립 생활하는 사람이 존재한다는 것으로 매우 어려운 상황에 놓이게 된다. 외부활동을 하면 건강한 의사소통과 함께 정서적 교류가 원만하게 진행되지만, 고립할 경우 누군가는 그 사람을 위해 의식주를 제공하기 위한 경제적인 활동을 해야 하며, 정서적 답답함과 자립 생활을 유지하지 못하는 것에 대한 부담감이 커지게 된다.

가족 상담이 필요한 이유는 가족이 원인을 제공했다고 하면 부모나 가족의 책임이며, 가족이 변화하면 모든 것이 해결되며, 건강한 상태로 돌아가야 한다는 논리가 성립될 수 있다. 그래서 가족이 원인이라 할 수 없다.

그런데 왜 가족 상담이 필요한가?

이들에게 가장 많은 영향을 주었던 인물이 가족일 가능성이 매우 크기 때문이다. 물론 학교에서의 교사나 또래가 영향을 크게 주었을 가능성도 있다. 하지만, 가족은 영아기, 유아기, 학령기, 청소년기, 청년, 성인기에 이르기까지 개인의 전 생애를 거쳐 지대한 영향을 주고받고 생활하기 때문이다. 특히 정체성이 확립되기 이전부터 부모가 자녀에게 하는 언어, 양육 태도, 정서 표현 등은 많은 영향과 삶의 방향을 변화시키기도 한다.

한국전쟁과 이후에 태어난 부모 세대는 자녀를 통해 그들의 기대를 대신하려하며, 사회적으로 성공하면 행복할 것이라는 희망으로 학습과 전문적인 지식 그리고 높은 기대수준으로 양육하고 훈육하였다. 그러나 사회가 다양화 전문화 되면서 자녀들은 부모의 기대와 다르게 생활하거나, 최선의 노력으로 도달 가능한 현실적인 기대 간의 차이에 좌절을 경험하면서 고립하기도 한다.

한국 현대사회는 ICT 산업의 급격한 발달로 일반적인 학습이나, 대학을 졸업하더라도 직업 생활을 유지하기 어려운 시대가 되어 더 많은 전문지식을 학습하고 습득해야하는 필요성이 요구되고 있다.

얼마나 힘들고 외로웠으면, 자신의 방이나 집이라는 공간에서 생활하고 있겠는가?

또 가족과 정서적 단절을 넘어 고립 상태에 있는 사람, 가족과 일상적인 대화만 하는 사람, 가족과 일상적인 대화가 거의 폭력 수준인 사람, 가족 이외 사람과 대화하는 사람 등 가정방문 상담을 하다 보면 그 어려움을 헤아릴 수 없다.

그래서 이 책은 고립 생활하는 사람(은둔형 외톨이)에게 영향을 미치는 요인을 개인, 가족, 사회적(환경적) 요인으로 구분하였다. 이 책을 읽는 독자는 사람이 어떠한 과정을 통해 자신감이 손상되는 지 확인할 수 있을 뿐 만 아니라 자녀나 배우자, 그리고 직장동료에게 자신감 있는 생활을 위해서 할 수 있는 일이 무엇인지 생각하게 될 것이다.

가정방문 상담프로그램은 고립 생활하는 사람이 고립하게 되었던 과정을 이해하고 수용할 기회를 제공하게 될 것이다. 이들이 갖는 개인, 가족, 사회적 특성을 존중하면서 외부활동이 가능하도록 가족 구성원의 역할과 실천방법을 탐색하게 될 것이다. 그리고 개인 상담은 자신에 대한 인식과 타인으로부터 받았던 평가에 대해 객관화를 시도한다. 가족 상담은 자녀를 온전히 이해하고 부모의 역기능적인 양육태도를 확인하는 과정, 그리고 회복을 위한 새로운 양육방식을 시도할 수 있을 것이다.

특히 이 가정방문 상담프로그램은 고립 생활하는 사람뿐만 아니라 정서적으로 갈등을 겪는 가족에게 도움이 될 수 있을 것이다.

어떤 사회적 현상이나 질병 등이 발생한 이후에 그 과정을 되돌리기 위해서는 많은 경제적인 비용과 시간 그리고 고통이 따르기 마련이다. 현장에서 경험했던 다양한 사례를 바탕으로 고립 위기에 처해 있는 잠재적 대상자를 위한 개인, 가정, 사회의 예방적 개입방법을 안내하였다. 또한 이렇게 외부활동이 자연스럽지 않거나 고립 생활에 익숙해진 사람에게 지역사회 자원을 효과적으로 활용할 방안들에 대해서도 제시하였다.

Content's

Ⅳ부
세상은 나를 거부해

Ⅴ부
자유롭게 날기

Ⅵ부
예 방

부 록

I 부

문을 잠그다

고립 생활하는 사람은 누구인가?

1. 자기만의 세상 속으로

세상을 살아가는 사람은 일반적으로 학령기와 청소년 시기는 학업이나 즐거운 놀이 및 또래 관계에서 의미를 찾아 일상 생활한다. 청년기에는 학업을 마무리하고 경제활동을 위해 노력을 하는 시기이다. 한편으로는 새로운 가정을 형성하기 위한 노력도 진행된다. 또 중·장년은 자신에게 주어진 상황에서 경제적 활동과 즐거운 활동으로 균형을 유지하면서 사회적 관계와 함께 사회 공동체 생활을 하여 사회적으로 기여할 수 있는 것이 무엇인지 생각하면서 생활한다.

그런데 사람 한 개인으로는 맹수라고 하는 곰, 호랑이, 표범, 사자보다 무기력하고 연약하다. 또한, 눈에 보이지 않는 아주 작은 바이러스에도 아무런 저항을 하지 못하고 죽어가기도 한다.

사람 한 개인은 자기의 약점을 보이기도 한다. 타인에게 의지하다가도 또 협력과 공동의 노력으로 위기를 극복하기도 한다. 즉 사람은 개인으로서 존재하면서도 끊임없이 타인과 협력 및 관계를 유지하며 살아가야 한다. 사회적 관계를 유지하지 않고 혼자 살아간다는 것은 힘겹고 어려운 일이다. 사람은 누구나 사회적 관계에서 갈등, 화해, 격려, 지지, 칭찬, 비난, 분노, 좌절 등 다양한 정서를 학습하고 적용하면서 성장하고 발전한다. 그래서 사람은 독립적인 생활하기 어려우며 사회적 관계를 유지하며 살아간다.

즉 각자 자신의 주어진 현실과 상황에 따른 활동을 통하여 자아실현이나 사회에 공헌하고자 한다. 그러하여 대부분 사람은 다른 사람과 관계에서 인정을 받거나 자신이 잘하는 부분에 대하여 타인으로부터 관심을 받기원한다.

그러나 학령기, 청소년기에 등교 거부를 비롯하여 또래 관계 어려움을 호소하고 청년기가 되어서는 취업을 하지 않거나 못하고, 실직하면서 친구가 없는 사람이 있다. 즉 고립 생활하는 사람(은둔형 외톨이)이 있다. 지금까지 알려진 청소년, 청년은 물론 중·장년(40세~50세)기에도 존재 한다. 중·장년기는 가정해체, 노부모로부터 부양받는(일명 7040, 8050), 어린 자녀와 함께 동거하면서 생활하는 것으로 나타나고 있다.

이들은 가족과 정서적인 관계를 단절하고 고립된 채 외부활동을 하지 않는 상황에서 자신의 방이나 집에서 생활하는 상태를 유지한다. 이들은 평상시에 거의 외출하지 않으며 몇 년이 지나도록 자기 방이나 집에 틀어박혀 밤낮이 바뀐 생활을 하기도 한다.

자신의 방이나 집에서 대부분 시간을 틀어박혀 지내는 사람은 자신의 활동이나 행동에 대하여 자각하지 못하는 경향이 있다. 자신의 방이나 집에서 지내는 것에 자각하고 있다고 해도 현실을 그대로 받아들이거나 외부활동을 적극적으로 시도하지 않는다. 새로운 일이나 사회관계를 형성하여 사회일원으로 생활하여 주어진 여건에 매우 소극적이고 회피적으로 대처한다. 그리고 부모나 형제와 갈등이 있어도 오랜 시간 그런 활동을 했었기 때문에 주변에 있는 사람들의 의견이나 표현에 수용하지 못한다. 자신의 행동이 옳다고 하는 생각을 타인에게 강요와 고집을 유지하고 변화하기 위한 부분에서는 소극적으로 대처하며 외부활동에 관심이나 활동 자체를 하지 않은 경우가 많다.

사람은 누구나 다른 사람과 함께 생활하기를 원한다. 그래서 자신을 수용하고 긍정적이며 공감하는 사람과 함께 하고 싶어 하고 칭찬받는 상황에 이르렀을 때 열정적인 활동과 자신이 하는 일에 집중하는 결과를 볼 수 있다.

고립 생활하는 사람은 타인과 심리·정서·환경적 교류를 하는데 어려움을 호소한다. 그리고 타인과 교류 활동을 건강하게 경험하지 못해서 대인관계 하는 방식, 언어, 태도를 어떻게 해야 하는지에 대하여 전혀 알지 못하는 경우가 많다. 현실적으로 개인과 개인의 만남에서도 기분이 상태와 대화 내용 파악으로 상황에서 알맞은 대화가 진행되어야 한다. 그러나 이들은 할 수 있는 말이 없거나 말을 한다고 하여도 타인에게 어떤 말을 하여야 하는지에 대하여 '전혀 생각이 나지 않는다.'라고 한다. 이들의 대부분은 신체·심리·정서·환경적 어려움이 복합적이고 역동적인 상호작용에서 어려움이 있는 상태이다. 이 사람들은 상담 현장에서는 일반적이고 상식적인 대화를 시도하여도 아무런 반응을 하지 않거나 언어적인 표현이 진행되지 않는 예도 있다. 이런 일상적인 대화뿐만 아니라 심리·정서·환경적 언어와 미래에 어떤 활동(경제활동, 미래, 일상생활)을 하고자 표현하기에 어렵고 안 하기도 하는데, 다양하면서도 복합적인 요인이 작용하여 고립 생활한다.

고립 생활하는 사람은 외부활동을 하지 않으면서 일상의 대부분 시간을 자신의 방이나 집에서 활동하고 외부 친구 등 대인관계나 사회적인 관계를 유지하지 않는다. 이들이 처음부터 혼자서 생활하거나 외부와 접촉이 없었던 것은 아니다. 과정을 살펴보면 첫째 단계는 일반적으로 유아·아동기부터 또래나 주변 있는 사람들과 함께 지내는 어려움이 있고 혼자 활동하는 것을 대인 활동보다 좋아하며 사람보다는 사물을 선호하는 특성을 보인다. 이러한 특성을 보이는 것은 아동기에 혼자서 구성하거나 탐색 활동을 주로 보인다.

둘째 단계에서는 또래나 관계에서 서로 사회적 상호작용에 참여하고 싶으나 어떤 이유로 사회적 참여에 회피하는 특성이다. 특히 새로운 상황에서 내적으로 접근-회피의 갈등하는 행동은 비(非) 친숙한 것에 대해 행동적으로 억제되거나 수줍음을 보이는 것과 같은 사회적 경계이다. 수줍어하는 영아·아동기에 나타나는 비사회적인 행동은 행동적으로 억제된 아동의 행동과 낯선 사람이나 또래 집단의 성원으로부터의 부정적인 평가에 두려움으로 나타난 것으로 보인다.

셋째 단계는 또래나 관계에서 관계적 접근이 필요로 하면서 또래나 관계에서 회피하는 경우이다. 유아·아동은 사회적 관계를 유지하고 싶어 한다. 그러나 사회적 기술이 부족하여 동료로부터(from) 보다는 동료에 의해(by) 고립된다는 것이다. 미성숙 행동과 공격성으로 또래나 관계에서 거부됨으로써 결국 사회적으로 고립되어 가는 것이다.

그래서 이 사람들은 대부분 가족과 정서적인 관계가 단절하여 있는 경우가 많으며 대화를 진행하고 있어도 일상적인 언어로 대화가 진행된다.

그러나 정서적인 관계가 유지되지 않으며 가족과 정서적 단절을 넘어 정서적 고립 상태로 생활하는 경우가 많다. 의사소통의 대상은 주로 가상공간에서 의사소통이 진행하는데, 도구로 TV, 인터넷, 스마트 폰이며, 드러누워 영화나 드라마 스포츠 게임(최근에는 스마트 폰으로 게임), 애니메이션, 소설, 웹툰 등에 몰두하면서 채팅으로 자신의 감정을 표현하여 웃고 욕하는 등 감정을 표현한다. 가족과 대면하지 않고 식사도 가족이 없는 시간에 조용하게 한다.

이 사람들은 자신의 방이나 집에서 주로 지내고 있기는 하지만, 할 수 있는 활동이 없거나 하고자 하는 일이 없다고 한다. 외부활동을 하지 않고 있느냐? 하고 질문을 하면 "내가 할 수 있는 것이 없어요. 아무것도 할 수 없어요."라고 답을 한다.

맨 날 방 안에서 안 나오고 이불을 뒤집어쓰고 있었다고 하더라고요. 그런데 그 생활이 길어질수록 그 생활에 익숙해진 거죠.
밤마다 거의 매일 울었고 나가고 싶은데 못 나가는 저 자신이 한탄스러워서 ……
직장 다니다가 잘렸었는데 되게 무기력해져서 집에 오래 있었는데 ……

이 사람들은 자신이 방이나 집에서 생활하는 활동공간에서 외부활동이 변화하여야 해야 한다고 인지하고 있다. 그러나 자신의 방이나 집에서 생활하는 활동을 벗어나기 위한 노력이나 시도를 현실에서 실천하는 것을 찾아보기 어렵다.–실천했다면 고립 생활에서 벗어났을 것이다. 이 사람들이 자신의 방이나 집에서 나가기 위해서는 결단이라는 용기가 필요하고 외부 사람(타인)을 의식하지 않는 마음가짐도 중요한 조건이 된다. 자신이 결정하고 나가겠다고 해도 시도와 반복되는 실패 그리고 거듭되는 가족과 갈등으로 외로움과 공허, 실패에 대한 두려움으로 일상생활은 불규칙한 상태를 유지한다.

이 사람들의 연령이나 분포는 아직 공식적인 통계나 조사가 이루어지지 않아 확인되지 않았다. 이처럼 자신의 방 밖의 세상과 어울리지 못하는 청소년부터 중·장년까지 남녀노소 다양한 계층에서 존재한다. 물론 남자가 여자보다 많다. 그러나 이들이 어떤 생각과 감정과 행동을 하는지 알려진 부분이 없다. 역시 일상이 어떤 생활과 방식으로 어떻게 행동하는지 알려지지 않았다. 그래서 알려진 부분은 이들은 일반적으로 외부에 나가는 것을 극도로 예민하게 반응하고 심지어 부모가 자신의 방에 들어오는 것마저 거부하는 등 철저하게 자기만의 세계에서 생활한다는 것이다.

이들의 생각과 감정 및 행동이 어떠한지에 대하여 정확하게 표현하거나 구체적인 방법으로 알려져야 이들을 활동할 방법, 기술, 접근법으로 외부활동이 가능할 것이다. 많은 시간을 부모나 가족과 함께 생활하고 서로의 생각과 그리고 정서와 행동을 이해하고 알고 있다고 하나 실제 가족과도 정서적 고립으로 대화가 진행되지 않아 이해받지 못하는 상황이다.

이들이 방이나 집에서 나가지 않고 있는 생활이 알려지면서 국가와 지역사회의 관심이 증가하고 있다. 또 건강한 사람으로 성장하여 사회에 중추적인 역할 하도록 가족 및 지역사회의 시도와 다양한 방법으로 접근해야 한다.

사실 가족이라는 말은 많은 의미와 다양한 관계가 존재한다. 가족은 일차적으로 혈연으로 연결된 체계로 신체·심리·정서·환경적으로 연결된 가족공동체이다. 현실적으로 함께 경제활동, 공동체 생활, 정서적 교류 등 단위 사회 공동체로 활동하면서 긍정적인 부분을 주고받기도 한다. 그러나 매우 부정적인 관계가 형성되면 관계를 변화시키기 어려운 양면성이 있는 하나의 생활공동체이며 가족공동체이다.

> 내가 부모로서 뭔가 애를 변화시킬 수 없다는 그런 자괴감 때문에 굉장히 힘들었어요.

고립 생활하는 사람이 가족과 함께 생활하고 있다면 부모는 자녀가 방이나 집에서 생활하는 상황을 변화시키지 못해서 힘겹고 지쳐서 도움의 손길을 외부에 요청하기도 한다. 그러나 현실적으로 부모의 요청이나 주변에 요청해도 대상자와 가족이 변화하기 위한 지역사회의 개입과 사회 활동까지는 어려운 현실이다. 이렇게 가족까지도 변화시킬 수 없어 고립 생활하는 사람의 부모나 형제까지도 이들로 인해 많은 심리·정서·환경적 고통을 호소하고 있다. 그래서 가족이라는 자괴감으로 심리·정서적 답답함을 주변 사람에게 표현하기 어려워한다.

생활하는 사람을 선별하는 기준에 대하여

고립 생활하는 사람에 대하여 정부, 학계, 부모, 심리상담사, 의사, 사회복지사 등 관련 기관의 협의가 이뤄진 사항은 없다. 저자가 정의해 보았다.

첫째, 3개월 이상 자신의 방이나 집에서 가족 및 친구 등과 사회적 관계를 유지하지 않는 사람이다. 여기에서 3개월이라는 기간이 짧을 수도 있다. 3개월이면 고립 생활이 시작되어 고착화될 수 있기 때문이다.

둘째, 학업이나 직업 활동이 필요하다고 하면서도 학업과 사회 참여에 동기나 의지를 보이지 않는 사람이다. 학업을 유지하기 어려워하고 직업교육 받지 않으며 전혀 관심을 보이지 않는다. 즉 사회 참여가 필요하다고 하면서도 가능한 일이 없다고 하거나 장래에 하고 싶은 일이 없다고 하면서 회피한다.

셋째, 친구가 한 명이거나 한 명도 없다. 친구를 사귀고 싶고 서로의 감정을 교류하면서 생활하고 싶어 한다. 개인적인 성향과 대인관계 기술이 낮아 자신을 인정하거나 교류를 하여도 스스로 고립되어 만났던 친구도 연락이 되지 않는다. 고립으로 관계를 유지했던 친구도 관계적 단절 상태에 이른다.

넷째, 방이나 집에서 생산적인 활동을 하지 못하거나 하지 않고 있다. 방이나 집에서만 활동하는 것이 모두 고립 생활하는 사람이라고 하기 어렵다. 결과적으로 생산적인 활동이 이루어지지 않고 자신의 방이나 집에서 생활한다.

다섯째, 자신의 고립 상태에 대한 불안감이나 초조감이 있다. 고립 상태에 있으면서 무기력감이나 불안한 마음 및 초조감을 나타내면서 주변에 있는 가족까지 영향을 미친다.

여섯째, 지적장애나 정신장애 진단을 받은 사람이 장애라는 원인으로 고립 생활하는 사람은 제외한다. 지적장애와 정신장애 진단을 받은 상황은 일반적인 사회활동이 불가능하기 때문이다.

우리나라에서는 고립 생활하는 사람을 은둔형 외톨이라고 한다. 한국에서는 1990년대 중반에서부터 학업 중단이나 인터넷 게임 과의존, 대인관계의 어려움, 직장실직, 미취업 등 다양한 요인으로 자신의 방이나 집에서 외부활동을 하지 않는 사람이 있음이 알려졌다. '은둔형 외톨이'라는 이름이 알려지기 시작한 것은 2000년으로 삼성사회정신건강연구소가 일본에만 존재하는 독특한 사회 현상으로 보고되던 은둔형 외톨이가 우리나라에도 존재한다고 보고하여 사회적으로 큰 반향을 일으켰다. 우리나라에서는 2005년 여인중 정신과 의사가 처음으로 국제학술대회에서 은둔형 외톨이(일본: 히키코모리)가 존재한다고 보고하였다. 그 당시 언론에서도 은둔형 외톨이에 대해 다루었는데 그들의 실상이 세상에 공개된 모습은 매우 심각한 수준이었다. 고교졸업 이후 4년째 방안에서만 있는 20대 청년은 사람들과 단절된 관계를 유지하면서 방에서 나오지 않고 소량의 음식만으로 겨우 배고픔을 면하는 삶을 살고 있었다. 그는 그러한 생활로 뼈대가 드러날 정도의 앙상한 몸에 긴 머리가 허리까지 내려와 있어 이상한 기인을 연상케 했다. 또 7년 만에 세상으로 나온 ㄱ 씨의 방안 상황은 좀 더 심각했다. 이불솜처럼 뭉쳐진 먼지와 머리카락, 먹다 버린 온갖 종류의 쓰레기가 방안에 널려 있었다.

고립 생활하는 사람 문제가 한국보다 먼저 발생한 일본의 경우 후생성은 히키코모리가 39세 이하는 54만 명(2015년 발표)이고 40세부터 64세까지는 61만 명(2019년 발표)으로 총 115만 명으로 추산하였다. 이를 우리나라에 적용하면 한국 인구의 1%인 50만 명 정도가 고립 생활하는 사람이라고 추정해 볼 수 있다. 그러나 이것은 단지 일본의 히키코모리와 비슷한 추정으로 우리나라에 적용 추산하였다. 고립 생활하는 사람을 발굴하는 일은 간단한 일이 아니다 가정마다 방문한다고 해도 가족이 말하지 않거나, 혼자 사는 가구가 증가하여 조사 자체가 어렵기 때문이다. 고립 생활하는 사람의 부모는 부모의 형제에게도 말을 하지 못하고 고통을 감수하면서 어떤 방법으로 활동하도록 해야 하는지 어려움을 호소하기도 한다.

자신의 방이나 집에서 고립 생활하는 사람에 대한 문제가 우리나라 사회의 문제로 자리 잡기 시작한 것은 어제오늘이 아니다. 지금까지 이들에 대한 용어 및 개념의 사회적 합의가 진행되지 않았다. 그래서 이들을 위해 사회적으로 관심 있는 분들과 현장 활동가, 그리고 부모들이 나서고 있다. 우리나라에서도 은둔형 외톨이 문제의 심각성을 받아들여 정부 차원에서 연구가 진행되고 있다. 또 2019년 10월 전국 최초로 광주광역시에서 「광주광역시 은둔형 외톨이 지원 조례」를 제정하였고, 2020년은 현황 및 실태조사를 진행하고 있다.

고립 생활하는 사람은 성장하면서 감당하기 어려운 부분이 늘어나면서 좌절감이나 자신감 부족으로 인해 겪게 되는 심리·정서·환경적 경험 때문에 사회적 철회를 하는 것이다. 학교나 직업 등 선택지가 없는 환경에서 일단 고립하게 되면 다시 사회 참여를 하는 데 많은 어려움이 따른다. 사회적 철회를 하게 되면 당면한 과제를 해결하기 위해 도움을 얻기 위한 외부적 개입을 포기한 채 더욱 고립될 가능성이 있다. 이로 인해 느끼는 좌절이나 절망은 아무것도 할 수 없다는 무망감이라는 정서로 발전한다. 이들이 표현하는 무망감은 다양하게 나타난다. 무기력감과 부정적인 생각이 중요한 증상 중의 하나이다. 거기서 오는 의욕 저하와 무기력감으로 인해 방 안에서 나오지 않는 경우가 많기 때문이다. 공허감, 고독감, 자기혐오, 외로움 등으로 부정적 정서인 무망감을 가지며 우울감에 빠지기도 한다.

일반적으로 사회적 분위기는 내일이 오늘보다 좋아질 것이라는 희망적인 기대가 있다. 하지만, 이들은 자신에게는 사회에 참여해도 희망이 보이지 않는다. 그래서 사회에 참여하는 의미가 없어지게 된다. 이것이 사회에서 뒤로 물러나 자신의 방이나 집에 회피하여 고립하는 것이라고 할 수 있다.

가족과 정서적 단절 상태에서 고립 생활하는 사람은 불안감이나 초조감으로 식사도 혼자 하고 가족 간에 대화가 없다. 또 가족이 말을 걸면 화부터 내면서 욕을 하고 물건을 집어 던지는 등 과격한 행동을 한다. 조금 더 자극되면 폭력적인 행동으로 발전하기도 하는 등 다양한 형태를 보인다. 고립 생활하는 사람은 거짓된 안정 상태일지라도 심리적 안정이 언제나 유지되는 것은 아니다. 이들 중 많은 사람이 안정을 느끼지 못한 채 고독, 초조, 불안, 걱정에 시달리고 있다. 또 극복해야 할 어려움에 직면했을 때 그 상황에 적절히 대처할 수 없는 자신에 대한 좌절감을 부모에게 투사하고 귀결하는 경향이 있기에 어려움이 심화하고 그런 상황에 빠질 때마다 부모 탓하거나 타인을 탓한다.

가족은 학령기와 청소년기에 있는 자녀를 적극적으로 수용하여 안정감을 주어야 한다. 학교나 또래 관계에서 갈등이 생기면 의견을 표현하도록 하여 대화로 갈등이나 의사 결정에 다양성을 제시해야 한다. 그리고 자녀는 부모가 했던 해결방식을 보고 배우는 훈련이 필요하다. 부모는 자녀 양육과정에서 서로 협의하고 일치된 양육 태도를 유지하기 위해 계속 대화하고 노력하는 모습을 보여주어야 한다. 또 부모가 긍정적인 시각과 함께 긍정적인 언어를 사용하여 자녀가 자존감을 느끼도록 해야 한다. 나아가 부모는 자녀에게 건강한 친구 관계를 만들고 유지할 방법을 연습하고 훈련하도록 해야 한다. 그러기 위해 부모가 자신의 친구

나 주변 사람과 좋은 관계를 보여주고 그 관계에서 부모의 위치와 존재를 보여주는 것이 좋다.

고립 생활하는 사람은 가족과의 관계에서 다양한 모습을 나타내는데, 가족으로부터 적극적인 수용과 지지를 받아보지 못했다. 대부분 부모의 기대 수준이 너무 높아 자녀는 인정받지 못한다고 지각한다. 부모나 주

양육자로부터 폭력적인 양육이 이루어지기도 한다. 부-모 간 일치되지 못하거나 비일관적인 양육으로 부모-자녀 간 건강한 관계가 형성되지 못하기도 한다. 부모의 문제이지만, 건강한 가족공동체가 해체되거나 붕괴하여 가족 역동이 기능적으로 형성되기 어렵다. 그리고 부모의 성향이 내향형이어서 부모의 대인관계 폭이 제한적이기도 하다. 또한, 부모와 부정적이고 폐쇄적인 의사소통은 고립 생활하는 사람의 가족관계에서 부정적인 환경 자극을 받는다.

자신의 방이나 집에서 고립 생활하는 사람과 가족도 많은 고통과 어려움을 누구에게도 표현하지 않는 아픔이 있다. 부모는 자녀가 방이나 집에서 생활하면서 자신의 미래를 위한 일이나 생산적인 활동이 없는 상태로 생활하는 것을 매우 답답한 마음과 고통으로 가슴 아파한다. 그래서 자녀가 건강한 생활을 위해 기본적인 학업성취(최소 고교졸업)와 개인적인 경제활동을 위한 직업을 유지하기를 바란다.

부모와 가족은 자녀가 지각과 조퇴를 반복하다가 등교가 싫다거나 휴식을 원하거나 너무 힘들다고 하면 저렇게 지내다 몇 일 지나면 등교하여 자녀가 원하는 일을 할 수 있을 것이라는 신뢰를 보낸다. 그러다 방이나 집에서 지내는 기간이 길어지면 부모 마음은 조급해지고 학교에 찾아가서 원인이 무엇인지 활동하도록 하는 방법은 무엇인지 또 어떤 일이 있었는지 다양한 방법과 자원을 활용하면서 노력한다.

부모는 자녀가 사고(思考)의 변화와 객관적인 자료에 대하여 수용하고 변화를 원한다. 그러나 자녀를 변화시킬 수 없어 너무 고통스러워 누구에게도 표현하지 못하며 생활한다. 주변에서 자녀를 바라보고 양육해야 할 부모 또한 고립 생활하는 사람과 같은 고통은 아니어도 다른 측면에서 심리·정서·환경적 어려움을 호소한다.

현황 및 욕구 조사와 치유

고립 생활하는 사람의 과정은 개인마다 다양하고 복잡하다. 고립된 생활이 장기화하면 일상생활과 사회적 적응도가 떨어지고 정신장애나 이차적인 어려움으로 발전할 가능성이 있다. 또 이들을 부양하고 책임져야 하는 부모 세대의 몫으로 남게 되어 정부와 지방자치단체 주도의 적극적인 개입이 조속히 이루어져야 한다.

이와 관련하여 가장 먼저 진행되어야 할 일은 사회적 합의를 통해 고립 생활하는 사람에 대한 용어 및 개념을 정립하는 것이다. 정부, 학계, 부모, 심리상담사, 의사, 사회복지사 등 다양한 전문가가 참여하는 사회적 합의가 필요하다. 고립 생활하는 사람이라는 용어(다른 용어도 가능)는 이들이 받아들일 때 어감과 당사자가 수용할 수 있어야 하기에 중요하다. 개념이 중요한 이유는 개념이 정확하게 정립되어야 고립 생활하는 사람이 정책 대상으로서 관심을 받을 수 있고 관련 실태조사로 이들에게 지원되어야 할 정책 및 제도를 논의할 수 있기 때문입니다.

다음으로 고립 생활하는 사람에 대한 연령대별 현황 파악과 욕구 실태가 이뤄져야 한다. 우리나라에서 고립 생활하는 사람이 얼마나 되는지 그 숫자가 고립 생활하는 사람을 정책 대상으로 삼을 만큼 충분한 것인지 등에 대한 정부 주도의 대대적인 조사가 필요하다. 이들의 특성상 외부로 잘 드러나지 않기 때문에 정부와 지방자치단체가 주도적으로 나설 때 정확한 실태조사가 이뤄질 수 있다. 실태조사에서는 가정에 몇 명, 성별, 결혼 여부, 나이, 학력, 경제활동 경험, 고립 기간, 고립과정에서 주 활동, 친구 유무, 고립계기. 고립 나이, 동거 가족관계, 생계 수입원, 생활 수준 정도, 고립과정에서 욕구 등을 진행할 수 있다.

또 외부로 잘 드러나지 않고 있어서 상담(치유)의 동기가 매우 낮으며 (전문 기관의 개입에 대한 거부감이 매우 높음), 등교 거부, 인터넷 과의존 및 실업(실직), 다양한 상처나 폭력 등 주변 문제와 복잡한 연관성을 가지고 있어서 누구에게 어느 범위까지 어떤 방식으로 공공적·사회적 서비스를 제공할 것인가를 논의하는 것은 매우 어려운 일이다.

예방 프로그램

자신의 방이나 집에서 활동하는 사람 개인은 일상생활과 사회활동을 하지 않아서 부모를 포함하는 가족의 심리·정서·환경적 어려움도 함께 발생하고 있다. 물론 자신도 우울, 불안, 강박 성향으로 어려움을 직접적으로 호소하면서 다른 사람과 비슷하게 건강한 사회활동을 원한다고 한다. 그러나 이렇게 고립 생활하는 사람이 있으면 대상자와 가족 및 지역사회, 국가적으로 많은 어려움을 호소하게 된다. 대상자는 불안감이나 초조한 감정으로 식사 시간 및 횟수의 불규칙, 가족과 정서적 단절 상태로 고립, 부모가 화해를 위해 대화가 진행되다가 감정적인 폭발이 발생한다. 가족은 자녀와 대화를 시도하다 포기하게 되고 가정의 분위기는 차갑게 가라앉는다.

물론 사회 참여를 하지 않는다고 모두 고립되거나 가족 간 갈등이 표면화되었다고 할 수 없다. 예를 들어 깊은 고뇌의 시간이 필요한 예술가, 작가, 신제품 개발자 등이 있는가 하면, 인터넷 거래 담당자, 주식투자자, 많은 일을 한 이후 휴식하는 사람 등은 외부활동이 아니어도 충분하게 사회적 활동도 가능하다. 학업이나 사회적 활동을 했던 사람이 자신의 방이나 집에서 3개월 이상 고립하여 생활한다면 다양한 사회적 어려움을 포함하여 개인적으로도 불안, 우울, 초조, 관계에서 날카로운 반응을 보이기도 한다.

이렇게 한번 고립 생활을 하게 되면 일반적인 학업과 직업 생활로 회복하기가 어려운 상황이 되어버린다. 그래서 심리·정서·환경적 측면과 가족, 또래, 인터넷 스마트 폰 사용 등 여러 방면에서 잠재적 요인을 가지고 있는 사람에 대한 예방 프로그램이 필요하다. 개인이 참여 가능한 방법으로 긍정적 사고, 적극적인 사회 참여, 규칙적인 생활이다. 예방 프로그램으로는 진로 상담이 있다. 개인과 부모가 참여 가능한 예방 프로그램으로는 의사소통 훈련, 감정조절 훈련, 대인관계 훈련, 자기주장 훈련이 있으며, 부모가 참여 가능한 부모 자조 모임이 있다.

2. 나는 누구와 놀아야 하지?

고립 생활하는 사람 관련 연구 자료축적은 연구가 진행되기 어려워서 관련 자료가 부족한 상황이다. 이유로는 연구를 시작하여도 연구 대상자 발굴, 관계 형성, 진행, 결과를 도출하기 어려움으로 인하여 충분한 자료가 축적되지 않았다.

이들이 정서적 단절을 넘어 고립이 시작하는 시기는 다양하다. 상담했던 가장 낮은 연령은 초등학교 5학년이다. 청소년과 청년은 초등학교 고학년부터 중학교, 고등학교, 대학, 군 복무를 마치고 고립하는 사람도 다수 있다. 청년기는 다양하게 나타나는데 대학을 졸업하고 취업 과정에서 취업에 실패하거나 30세 전후로 취업을 하였다가 직장에서 부적응으로 자신의 방이나 가정에 고립하게 된다. 40세 전후로는 직장에서 조기

퇴직이나 직업 전환 또는 실직, 가정해체, 사회적 부적응, 질병으로 방이나 집에서 생활하는 시간이 길어지다가 회피라는 선택으로 고립 생활하게 된다. 고립하는 원인으로 인간관계에서 무시당함, 인정받지 못함, 능력이 부족 등으로 인한 좌절이다. 때로는 스스로 자기 이상이 실현되기 어렵다고 판단되어 고립하는 계기가 되기도 한다.

상담했던 사례는 고립 생활을 하다가 가정방문 상담으로 외부활동을 짧게 1개월에서 3개월 정도 하다가 다시 방이나 집으로 고립했었다. 이렇게 고립과 활동을 반복적으로 5년 이상 유지하기도 하였다.

청소년기(사춘기 12세~20세)에 자아 정체성을 확립하면서 자신의 정체성과 연결하고 조화를 이루려고 노력을 하게 된다. 청년기(18세~34세, 초기성인기라고도 함)는 자신을 배우자나 또래 등 사회의 여러 사람과 친밀감으로 극복하고 자립이라는 생활을 유지하고자 한다. 중·장년기(35세~ 64세)는 30세 경부터 직장생활 과정에서 40세 전후로 조기퇴직이나 직업 전환을 위한 과정에서 대인관계, 가족 해체, 질병 등 복합적이고 다양한 원인으로 방이나 집에서 생활한다. 고립 생활이 길어지다 보면 외부활동을 하지 않아서 또래나 사회적 활동 역시 하지 않게 되는 악순환으로 인해 더욱 고립된다.

대략 중·고등학생 시기에 고립 생활을 시작하여 3~4년이 지나면 청소

년이 청년이 된다. 그렇게 고립 생활을 유지하면 중·장년이 되며 고립 기간은 10년, 20년 이상 외부와 단절하고 고립 생활하는 사람도 있다. 청소년은 중·장년이 되며, 고립의 형태는 단독으로 생활하는 단독 가구 형태, 70~80대 부모가 40~50대 자녀를 부양하는 형태, 18세 이하 자녀와 함께 동거하면서 부모가 고립하는 형태로 나타난다. 18세 이하 자녀와 생활하는 사람은 부모뿐만 아니라 자녀 역시 역기능적인 활동 형태로 나타난다.

고립 생활하는 사람은 매우 폐쇄적이다. 그래서 이들은 정서적 단절과 우울, 강박 등 정신과적 증상을 보이며 가족과 타인에 대하여 공격적인 성향을 보이거나 반응하지 않는 것으로 관계 방식을 선택하고 생활한다.

이렇게 의미 있는 타인과 친밀감을 형성하지 못하여 어려움이 있을 수 있어 더욱더 고립되어 악순환이 반복한다.

고립 생활하는 사람은 개인의 다양한 요인으로 고립한다. 또 가족관계에서 양육과정에서 건강한 양육이 이루어지지 않은 부분과 타인과 관계에서 격려와 지지 그리고 인정받지 못하였던 상태이다. 이 사람들은 심리·정서·환경적으로 방이나 집에서 나가지 않고 생존하기 위하여 자신이 활동하지 않아도 가능한 가장 안전하고 편안한 자신의 방이나 집으로 고립하면서 생활하는 공간을 '안전기지(secure base)'로 활용한다. 자신도 모르게 어렸을 때부터 심리·정서·환경에서 보호를 받으면서 생활하였던 공간이다.

또 자신의 방이나 집에서 고립과정에서 스스로 느끼거나 인지하지 못하는 신체화나 특정 부위에 고통이 오는 등 신체적 아픔을 호소하기도 한다. 심리적으로는 외로움과 공허함 같은 고통을 호소한다. 정서적으로는 대화할 상대가 없고 자신의 여러 상황에 대하여 가족까지 정서적 교류가 원만하지 않아 정서적 단절을 넘어 고립의 상황이 이어진다.

고립 생활하는 사람이 활동하는 모습은 밤에는 인터넷 게임, SNS 채팅, 영화 보기, TV 보기 등으로 활동하고 낮에 잠을 자는 생활을 한다. 그러면서 누구도 자신을 이해하거나 수용하려고 하지 않는다고 느낀다.

실제 부모나 형제까지도 밤과 낮이 바뀐 사람을 이해하고 수용하기 어려운 현실이다. 고립되어 신체·심리·정서·환경적 고통과 어려움이 있어 부모는 자녀가 고립되어 가는 과정에서 도움을 줄 수 없어서 많은 고통을 호소한다.

청소년기에 고립하는 사람은 자아 정체성이 확립되는 시기에 자신에게 부과되는 역할을 자연스럽게 극복하지 못하는 사람과 과도기적 부담을 극복하지 못했다. 그 결과 성장 과정에서 개인적인 역할과 사회적인 역할을 혼란스럽게 받아들일 때 회피라는 방법으로 자신에게 주어지는 역할을 선택한다. 이는 발달과정에서 필요하고 다양한 긍정적 대인관계 경험의 결핍과 낮은 자존감으로 고립 상태에 머무르게 된다. 한편, 에릭슨의 발달이론에 따르면 학령기에는 학문적 성취를 통해서 또래와 관계를 형성하여 자존감을 발달하며 선생님이나 또래와 협동하고 성공적인 참여에 만족한다. 열등의식은 자신의 학령에서 과제를 성공적으로 이루어내지 못함으로써 생긴다.

청소년 시기 처음에는 등교하기 싫다. 차츰 등교하지 않는 날이 늘어가고 또 시간이 지날수록 등교하는 날이 줄어들어 집에서 지내는 날이 많아지다가 집에서 계속 머무르게 되면서 고립한다. 이 시기에 부모나 가족과 자연스러움은 아니어도 일상적인 대화 정도 가능하다. 부모-자녀 관계에서 부모는 자녀를 수용하지 못하여 등교하지 않는 자녀를 보며 '너 잘되라고 하는 것인데 이해를 못 한다.'라고 서운해한다.

학교는 청소년기에 많은 시간동안 또래 관계를 유지하며 보내야 하는 공간이다. 일상적인 또래 관계, 학업 부적응, 학교폭력, 교사와 관계, 이성 등 학교생활에서 진행되어야 할 다양한 상황을 대처하지 못하고 좌절하여 사회적 철회를 한다. 그 경험으로 인해 심리·정서·환경적 상처와 누구에게도 도움을 받을 수 없다는 현실은 사회적 철회와 학교 부적응으로 이어지고 고립하는 중요한 계기가 된다. 학업 과정에서 부적응과 사회적 부적응으로 인해 대인 공포라는 일차적인 원인과 결과로 인터넷과 스마트 폰 과의존으로 인한 지각과 조퇴가 시작되다가 결석이 반복되면서 고립의 시발점이 된다.

중·고등학교시기에 고학년으로 갈수록 대학진학과 미래에 대한 부담감이 커진다. 이를 극복하기 위해 부모의 강요에 의한 정규학업에 추가와 사교육의 증가로 청소년의 사고력이 감소한다. 또 사회적 분위기에 학업은 어려움으로 생각하는 등 심리적인 부담감을 느낀다. 이러한 부담감을 견디지 못한 청소년은 결국 학업 과정에서 사회적 철회하고 고립을 선택하게 된다.

고립 생활하는 이유는 청소년기에 학교라는 울타리가 자기에게는 '속

박'이며, 불편함으로 등교를 거부하고 자신의 공간으로 옮기는 것이다. 자신이 추구하였던 이상적인 '자기실현'이 달성되지 않아서 역설적으로 자신의 공간에서 자기실현을 추구하고 있다고 할 수 있다.

청년기에 대학생으로 대학 생활을 잘하는 줄 알았던 부모는 학교에서 출석 일수가 부족하여 부모에게 연락하여 등교하지 않았음을 알려진다. 부모는 학교의 연락을 받고 등교하지 않았음을 알게 된다. 부모는 청년이 대학에 등교하고 있는 것으로 알고 지내다가 충격을 받고 청년과 대화를 시도한다. 그러나 의사소통은 거의 불가능하고 청년은 자신이 알아서 하겠다는 말만 되풀이한다. 부모는 청년 자녀를 보면서 억장이 무너지는 느낌을 받는다.

남자에게 적용되는 경우로 군 복무를 마치고 잠시 휴식하고 활동하겠지 한다. 그런데 외부활동은 하지 않으며 인터넷 게임이나 휴식하는 시간이 길어지게 된다. 부모는 군 복무를 마친 자녀가 휴식이나 취업을 위해 고생하였다는 의미로 휴식을 허용하면서 인터넷 사용으로 게임을 하거나 스마트 폰으로 시간을 보내도록 한다. 이렇게 외부에 나가지 않는 시간이 길어지게 되면 부모와 의사소통은 건강하게 진행되지 않는다. 부모는 남의 자식은 군 복무를 마치고 늠름한 태도를 보이는데, 자녀를 보면서 심리적 고통으로 좌절하기도 한다.

청년기에 고립 생활하는 사람은 취업을 시도하여도 취업이 계속되지 않는다. 취업이 되지 않는 사람은 좌절과 고통을 호소하고 점점 공허와 절망감에 생활한다. 취업하고자 하는 의지를 가지고 입사지원서와 자기소개서를 작성하여 지원서를 제출한다. 서류 합격이 되어 면접을 보기도 하지만 번번이 최종합격은 되지 않는다. 그 과정을 지켜보는 부모는 처음에는 긍정적인 언어로 격려하다가 반복되는 취업 실패에 자녀에게 긍정적인 언어보다는 부정적인 언어와 함께 신경질적인 표현으로 부모-자녀 관계가 대화가 되지 않을 정도로 서먹해진다. 자녀가 이렇게 취업이 되지 않고 계속해서 방이나 집에서 생활하는 자녀를 보면서 '내가 죽으면 자녀는 어떻게 생활할까?' 하는 마음에 더욱 애절한 마음으로 바라본다.

청년 및 중·장년기에 고립 생활하는 사람은 취업해서 직장생활을 일정 기간 유지하다가 직장 상사나 동료와 갈등으로 직장생활을 갑자기 그만두고 두문불출한다. 자녀가 취업하여 건강하게 생활할 것으로 예상했던 가족은 대상자에게 실직하게 되었던 이유가 무엇인지 말하도록 한다. 그러나 대상자의 답변은 아무런 말도 하기 싫다고 하면서 대화를 거부한다. 대상자로부터 돌아오는 대답은 없고 이유를 알 수도 없는 가족은 답답하다.

청소년기를 많은 시간을 학교에서 생활하는 시기이다. 중등교육을 대부분 마친 청년기에는 대학에 진학, 직업 생활을 유지, 남자의 경우는 군복무를 마치고 결혼이라는 과정에서 배우자를 선택하고 결혼으로 단위가정을 형성하는 시기이다.

사회구조가 지식산업사회에서 ICT 융합산업사회로 급변하게 변모하면서 청년기에 직업 및 사회활동이 진행되는 시기에는 사회적 요구는 매우 높고 다양한 수준의 전문성을 요구하게 되었다. 지식산업사회에서는 대학을 졸업하고 가능했던 사회에 진출하여 일반적인 직업 생활이 가능했었다. ICT 융합산업사회에서는 고도의 전문화와 분업화로 전문적인 훈련과 함께 다양하면서도 새로운 전문적 기술을 요구하는 시대다. 사회에서 요구하는 전문화로 인하여 사회에 적응하는 것이 어렵다고 생각하거나 미리 두려움을 가진 청년은 아예 취업할 의사를 갖지 않고 회피한다. 또 이들은 대인기피, 사회 부적응, 삶에 대한 자신감 결여로 심리·정서적 불안감과 대처 능력이 부족하여 고립을 촉진하는 계기가 된다. 즉 사회에서 요구하는 전문적인 능력을 따라가지 못하는 청년은 직업 활동하지 못하고 고립한다.

중·장년기란 흔히 중년과 장년의 의미를 혼용하고 중년과 장년을 분리하기도 한다. 이 부분은 하나의 생애주기로 사용한다.

중·장년기는 가정과 경제적 측면에서 비교적 경제적으로 안정적이고, 자녀의 성장으로 양육 부담도 감소하는 시기이다. 그런가 하면 신체·심리·정서·환경적 측면과 성취욕에서 인생의 절정기이자 황금기이다. 이 시기는 긴장과 상실이라는 위기감을 경험하며 사회적 역할 상실 및 유대관계 축소를 경험하는 시기이다. 더불어 신체적 측면에서 생물학적 기능 감소와 더불어 신체 호르몬의 변화를 거치면서 삶에 대한 만족이 저하될 가능성이 큰 시기이다.

중·장년기는 노부모를 부양하는 부담과 자신이 누구인지를 찾아가며 좌충우돌하는 청소년 자녀와 관계를 균형 있게 설정하는 시기이다. 사회에서 긍정적인 영향력과 성숙한 인격체로서 삶이 되도록 안정감을 주어야 한다. 하지만 한 사람이라는 인격체로 개인이 원하는 수준의 경제적, 신체·심리·정서·환경적 측면 등 다차원적인 만족이 되지 않거나 도달하기 어려운 현실이라면 우울감이 생기며 타인과 관계에서 회피적인 활동으로 자신의 방이나 집에서 고립한다.

Ⅱ부

대면은 귀찮아

고립 생활하는 사람은 누구인가?

고립 생활하는 사람은 주변과의 상호 관계를 갖지 않고 자신만의 장소에 틀어박혀 있음으로써 다양한 스트레스 상황에서 자신만의 안전한 공간을 누리고자 하는데 이는 거짓된 안정이다. 이들은 혼자만의 시간을 가지며 세상으로 나오지 않아도 생활이 가능한 고립 생활 상태를 유지하고자 한다. 그러나 고립 상태를 계속하여 이들이 창조적 고립보다는 비사회화를 선택하여 스스로 고립하고 점점 더 사회와 단절이 진행되어 혼자 힘으로는 도저히 극복할 수 없게 된다. 고립하는 상황에서 외부에 나가려고 하지 않으며, 고립 상황을 변화하도록 외부에서 개입하고자 하여도 거부하는 경향이 나타난다.

외부활동하지 않고 자신의 방이나 집에서 대부분 시간 고립 생활하는 이들은 다양한 이유로 그 상황에 대하여 표현한다. 그러나 마음속에 있는 실질적이고 누가 들어도 그럴 만한 이유이며 이해할 수 있는 '괴롭힘을 당했기 때문에', '가족 관계 때문에', '질병 때문에', '친구가 없어서', '키가 너무 작아서' '잘하는 것이 없어서' 등 하나의 원인만으로 이런 상황이 되었다고 단정한다. 그렇다고 고립을 촉발했던 원인이 제거되었다고 해도 고립이라는 활동에서 벗어나 있을까? 이들을 이해하고 외부활동이 이루어지도록 하기 위해서는 신체·심리·정서·환경적 요인으로 다양하고 복합적이고 다차원적인 접근으로 고립 생활하는 사람을 이해하는 것이 중요하다. 때로는 그저 갑자기 집에서 나가지 않거나 아주 서서히 고립하는 사례도 있어 원인이 무엇이라고 파악이 어렵다.

고립 생활하는 사람은 자신이 활동에서 '미래에 희망이 없다.' '아무런 장점이 없다.' '누구도 이해하지 않는다.' 등 부정적 생각으로 접근하고 있다. 이들에게 활동할 수 있는 신체·심리·정서·환경적 공간이 제공된다면 창조적이며 힘이 넘치는 활동이 될 것이다. 이 신체·심리·정서·환경적 공간이 확보하기 어려우며 고립 상태가 지속하면서 공존 질환을 보인다. 이럴 때 치유라는 접근방식이 필요하다.

이들이 고립 상태를 이유로 전혀 괴로워하지 않고 갈등하지 않는다고 한다면 그것은 사실과 다르다. 대부분 자신의 고립 상태에 대해 매우 괴로워하고 갈등하고 빨리 벗어나고 싶어 한다. 그러나 내적인 힘이 부족하다.

1. 조용하게 지내는 것이 좋아

고립 생활하는 사람은 사춘기까지 성장하면서 학교에서 활동하거나 인간관계를 유지하는 부분에 있어서 뚜렷한 특성을 보이지 않는다. 일반적으로 또래나 인간관계에서 두드러진 특성을 보이는 경우는 드물다. 즉 평범하며 일상생활에서도 크게 두드러진 않는 사람이었다. 이들은 자신 생각이나 의견을 자연스럽게 표현하지 않고 조용하게 마음속에 담아두는 형태의 경우가 많으며 감정을 잘 드러내지 않아 자기주장이 크게 부각이 되지 않는 경우로 주변에서는 이들에게 관심을 주지 않아도 잘 성장한다고 생각한다. 그래서 이들에게 주의 깊게 관심을 주거나 의사 표현훈련을 소홀히 하는 경우가 많다. 즉 자기가 원하는 의견이나 생각을 자연스럽게 하기보다는 매우 제한적이며 소극적인 태도를 보인다.

아동기부터 자기 의사 표현을 매우 제한적으로 하는 내향형 사람으로 성장 과정에서 다른 사람과 정서적 교류를 활발하게 진행하지 못하고 조용하게 생활한다. 이들은 고립에서 벗어나 스스로 변화하고 싶으면서 에너지를 외부로 향하지 못하고 내부에서 에너지를 사용하며 위축되고 주변에 적절한 도움을 요청하지 못하여 고립하게 된다.

초등학교 때 수업 시간에 발표하거나, 또래와 관계에서 계속 생각과 다르게 표현되고 있다고 했어요.
반에서 친구가 한 명밖에 없었어요.
자신은 관심 있는 분야가 없다.–부모는 자녀가 수학, 과학을 잘해서 영재반에서 수업을 받기도 하였다고 한다.

내향형이거나 또래 관계에서 어려움을 호소하는 사람이 심리·정서적 표현이나 감정 상황을 건강하게 표현하지 못하는 경우이며, 성장기에 실수하거나 하지 않아야 할 행동에 대하여 부모의 질책이나 야단을 받아 본 경험이 없다. 그래서 학업이나 사회적 활동과정에서 타인과의 대인관계에서 비난을 받거나 질책을 받을 수 있다는 두려움과 불안에서 자기 생각을 마음으로 결정은 하고 있지만, 실제 외부에 표현하기 어려운 상황이다.

아동기, 학령기, 청소년기, 청년기에 부모, 형제, 또래, 교사, 친척 등 많은 사람과 관계를 다양하게 진행하고 다양한 감정과 서로 다른 욕구를 교환하면서 성장과 발전한다. 그런 과정에서 긍정적인 활동으로 주변 사람에게 많은 칭찬과 격려를 받기도 하고, 실수나 잘 못 된 일에 대하여 어떻게 이겨내고 극복하는가를 학습하고 경험하게 된다. 그러나 가족은 대화가 단절되고 성장기에 있는 또래는 타인의 의견을 존중하여 들으려고 하지 않는 상황에서 타인이 자신에게 하는 말에 대하여 비난으로 받아들이거나 그 자체를 극복하는 힘이 부족하여 외부로 표현하지 못하는 상황이다.

내향형은 기력의 회복을 위해 혼자서 조용한 시간을 선택하는 경향이 있으며 자기 영역을 유지하려는 경향이 있고 자신의 공간을, 즉 마음속의 개인적 장소와 개인적인 생활에 집중하기를 원한다. 조용히 혼자 일하고, 독서와 명상을 하고 다른 사람이 거의 개입되지 않는 활동에 참여함으로써 자신의 에너지를 충전시키는 성향이며 군중 속에 있을 때도 고독감을 경험하고 특히 낯선 사람에게 둘러싸여 있을 때 외로움을 느낀다. 또 대인관계, 학급 활동, 사회적 기능이 낮다. 교우관계와 학교생활 적응에 어려움을 갖고 있다.

내향형은 생각을 주로 하는 활동에서 더 많은 흥미와 편안함을 느껴 세상을 직접 경험하기 전에 먼저 생각 속에서 이해하려고 하는 경향이 있고 조용한 시간을 좋아하며 독서와 명상을 좋아하고 소수의 사람과 상호작용하는 것을 좋아하는 성향을 나타낸다.

정체성

사람은 누구나 '나는 어떤 존재인가?'라는 근본적인 정체성으로 갈등한다. 고립 생활하는 사람은 '내가 꼭 사회로 나가야만 하는가?'라는 자아 정체성에 대한 문제의식 이전의 고민이 있다. 이들은 자신이 왜 이런 상황까지 만들었는지 장래에는 고립 상황에서 벗어나기 위해 어떻게 해야 하는지 자신도 아무런 방법이 없다고 한다.

그런가 하면 자신의 현실적인 상황과 동떨어진 과장된 자아 이상을 표현하기도 한다. 반대로 현실을 살아가는 것에 대해 어떤 가치나 의미도 없는 공허함이나 허무함으로 무망감을 표현하기도 한다. 고립 생활하는 사람에게 자신의 공간 밖은 '자신이 이해할 수 없는 장소'로 느낀다. 심하게는 '세상이 자신을 따라오지 못한다.'고 해석하는 사람도 있다. 이것을 자아 정체성이라고 간단하게 표현할 수 있으나 이것을 정립하고 획득하기는 쉽지 않다.

청소년기에 자아 정체성이 형성되면서 타인과 구분되는 자신의 독특함에 대하여 새롭게 인지하게 되는데, 심리·정서·환경적으로 타인과 구별이 되면서도 독립적인 자아로서 자신을 찾아 나선다. 또 독립된 자아가 개인의 언어와 행동 그리고 타인과 관계에서 영향을 미친다. 특히 청소년기 성장 과정에서 심리·정서·환경적으로 밀착되어 있던 부모나 주양육자와 관계에서 의미 있는 타자와 구분되는 자신을 발견되며, 언어와 행동 그리고 타인과 관계에서 큰 영향을 미친다.

청소년기의 과제는 자신의 마음속 깊은 충동을 자각하면서 밖으로는 사회에서 주는 중압감을 직면하여 자신만의 정체성을 확립한다. 청소년기에 자아 정체성을 획득하기 위해 다양한 노력과 시도를 한다. 이러한 시도가 만족스러운 결과를 만들지 못하는 경우가 많다. 왜냐하면, 청소년기에 생각하는 세상과 자신의 자아가 일치되지 않고 차이가 크기 때문이다. 그래서 반복되는 실패에 스스로 좌절하기도 한다. 정체성은 자기 자신을 어떻게 보느냐가 한결같으며 주위 사람도 그들을 인정하는 것이 중요하다.

정리하면 자신에 대한 안정과 확신이며 이 과정에서 중요한 것은 타인으로부터 받는 사회적 인정이다. 인정은 주위에서 현실적인 인정과 동시에 아동기부터 어머니와 같은 특정 인물 간의 신뢰 관계에서 비롯된 '자신은 믿을 만한 사람'이라는 자기 확신이 포함된다. 스스로 자신은 믿을 만한 사람이라는 확신이 없거나 여러 동일시 대상에서 독특한 의미를 찾아내어 통합하지 못하면, 정체성 혼란에 빠지기 쉽고 심리적 성장을 거부하고 퇴행하는 고립 상황에 이르기도 한다.

정체성 위기를 경험하는 청소년, 청년, 중·장년은 자신의 심리·정서·환경적 상황에 의하여 언어·행동적으로 건강한 관계를 유지하기 어렵고 내·외부적인 환경과 일상에서 혼란스러운 위기를 경험할 가능성이 크다. 발달과정에서 필요한 다양한 긍정적 대인관계 경험의 결핍과 낮은 자존감 및 낮은 자기 효능감으로 인해 고립 상태에 이른다.

사람은 누구나 자신이 어떤 사람이라는 자아 정체성을 가지고 살아가게 된다. 한 예로 축구를 하는 운동선수는 자신은 축구선수라고 생각하면서 축구선수로서의 자아 정체성과 마음가짐으로 생활한다.

> 나는 축구라는 운동을 하면서 생활하고 선수 생활을 마무리하고 나면 이후에는 축구와 관련 있는 지도자나 행정가로 살아가겠다.

아동기부터 축구선수로 생활하기 위해서 최선의 노력과 많은 시간을 축구라는 운동을 하며 생활했다. 또 축구를 하면서 자신이 축구선수이고 앞으로도 축구라는 것과 관계를 맺으며 생활하겠다는 의지를 갖는다. 또 힘든 운동을 하는 과정에서 칭찬과 격려도 있다. 그러나 육체적 고통, 놀고 싶어도 운동하기, 부모의 기대, 비난, 비아냥, 뛰고 싶어도 뛰지 못하는 등 다양한 어려움을 극복하고 축구에 집중하면서 생활한다. 이처럼 많은 사람은 나는 누구라는 자아 정체성에 대하여 표현하기도 하고 적극적인 표현은 되지 않아도 자신이 생활하기 위한 자아 정체성을 생각하면서 생활한다.

스스로 은둔자 같은 느낌이다. 외부 사람들은 나와 상관이 없는 것 같다. 2년 동안 별다른 일을 하지 않고 집안에 갇혀 있었다.

이처럼 고립 생활하는 사람은 학업, 직업, 또래, 인간관계를 그만두거나 지역사회에서 자신의 활동은 찾아보기 어렵고 나타나지도 않아서 존재하는지 명확하지 않은 사람들이다. 그들은 스스로 방안에 고립되어 지내며 짧게는 몇 개월, 길게는 20년 이상 외부활동을 하지 않는다. 인간의 욕구 이론을 주장한 매슬로라는 심리학자에 의하면 가장 기본적인 생존의 욕구가 충족되었을 때이다. 생존의 욕구가 충족되면 안전의 욕구에 대하여 안전한 곳이나 방법을 찾는다. 안전의 욕구가 충족되었을 때 애정과 소속의 욕구를 충족하기 위해 어디엔가 소속되기를 원한다. 아무런 활동을 하지 않는 것에 대하여 심리적 불안과 공허감을 표현하고 초조해한다.

일반적인 사람처럼 활동적이며 자신이 하고자 하는 욕구를 발산하고 싶은 욕구가 있으면서도 현실적으로 나아가지 못하는 현실에 좌절과 심리적 부담을 이중 고통을 당한다.

2. 내 말이 맞아

사람은 누구나 자신이 원하는 언어나 행동으로 타인에게 관심과 사랑을 받고자 한다. 그러는 과정에서 자신이 원하는 결과를 얻었을 때 행복감을 느끼고 그 행복감이라는 정서로 세상을 살아가는 선순환이 되도록 노력하여 또 그것을 추구한다.

어떤 사람은 현실적인 모습을 만족하여 행복하고 즐거운 마음으로 생활하고 도전하면서 생활한다. 또 다른 부류는 현실적인 모습을 만족하지 못하면서 불만족하고 현실에서 생활한다. 그러나 과거의 시점에서 생활하기도 한다.

오늘이란? 과거의 선택했던 결과가 오늘이라는 현실로 나타난다. 과거 결정할 시기에 선택이 사고와 언어나 행동의 결과가 나타나 오늘이라는 현재 상황에 이르게 된다. 또, 현재를 살아가는 상황에서 선택하여 사고하고 언어로 표현하여 행동의 결과가 모여서 미래의 모습으로 전개될 것이다.

성장기 특정한 상황에서 부모의 결정으로 인하여 자신이 피해를 보았다고 하면서 성장기로 회귀하여 퇴행적인 모습을 보이는 사람이 있다. 그러면서 성장기에 부모가 잘못한 부분을 현실에서 보상받아야 한다고 하며 현실성이 없는 주장을 되풀이하면서 자기 생각을 변화하지 않고 성장기의 일이 현실에서 실현하도록 계속 요구하기도 한다. 이러한 모습은 퇴행적인 사고를 하고 있다고 볼 수 있다.

대부분 사람은 자기가 생각하는 가치관과 관점으로 세상을 바라보고 결과를 해석하면서 생활한다. 고립 생활하는 사람 역시 주관적이고 자기중심으로 생활하는 것을 자주 보게 된다. 주어진 특정한 상황에 대하여 회의적이고 부정적인 생각으로 대화하고 행동하며 과거에 누구누구 때문이라고 탓을 계속한다.

인지 왜곡이란 상황이나 사건을 정확하게 판단하는 근거가 부족하여 거짓이 마치 사실처럼 만들고 어떤 상황에 대해 부정적으로 해석하는 사고를 말한다. 인간은 감정에 바탕으로 언어사용과 행동을 한다. 일상에서 본능적이고 무의식적으로 행동하는 감정 때문에 자신이 왜곡되었다는 사실을 깨닫지 못한다. 주어진 상황에서 사람마다 받아들이고 이해하며 생각하고 해석하는 부분에 있어 각자 다른 판단의 근거를 갖는다. 이것은 경험과 학습을 통해 인지적으로 정립된 사고(思考)이다. 주어진 상황이 옳고 그름을 떠나 생각과 마음에 깊이 담겨 있는 '믿음'으로 주어진 상황을 해석한다. 이러한 믿음이 더욱 자신을 부정적 상황으로 만들며, 인간관계에서도 잦은 오해와 갈등을 발생한다.

이들은 세상을 바라보고 말과 행동하는 과정에서 다양한 가치판단이나 특성을 나타낸다. 주로 자신의 방이나 집에서 활동하고 있어 다양한 사회적 경험과 대화상대가 부족한 상태에서 이들은 자신의 관점으로 해석하고 행동하는 모습을 보이며 인지 왜곡을 보인다. 즉 다양한 관점으로 접근하지 못하고 있다는 것이다. 이들이 보이는 인지 왜곡을 살펴보고자 한다. 첫째는 가치판단에 있어 자신이 생각하는 가치관은 절대적이고 다른 가치관이나 상황은 배제한다. 이것 아니면 저것이라는 사고로 접근하여 가족이나 주변 사람의 의견을 수용하려고 하지 않는 태도를 보인다. 즉 흑백 논리적 사고 또는 이분법적 사고라도 한다. 내가 행동하거나 생각하는 것에 대하여 상대나 타인에게 '내가 옳거나 틀리거나'를 선택하도록 한다. 상대방 관점에서 옳고 틀림의 문제가 아니라 다른 생각이나 관점이 있을 수 있음을 인정하지 않는다.

둘째는 대부분 사람은 언어사용과 행동에 있어서 항상 일관적이거나 같은 판단으로 활동하기가 쉽지 않다. 그런데 어떤 사람의 행동이 하나의 언행에 근거하여 그 사람은 '어떠어떠한 사람이야'하고 결론을 내리고 자신이나 주변 사람과 연관된 상황에도 그 결론을 적용하는 것이다. 예를 들어 누구는 가족과 관계에서는 매우 엄격하고 친구 관계에서는 너그러우며 직장에서는 치밀하면서 세밀하여 업무처리에 빈틈이 없을 수 있다. 친구 관계하나로 그 사람의 모든 일 처리나 사고를 자신이 보았던 단면으로 일반화시킨다.

셋째는 정신적 여과다. 대인관계나 직업적 업무 관계에서 일어나는 여러 가지 단어나 행동에서 흐름이나 맥락은 주된 내용이 긍정적이었고 노력할 부분이 있음을 표현하였는데, 전체적인 내용을 읽는 것이 아닌 자신이 관심을 두고 있는 부정적인 말에 '그는 나를 너무 혹독하게 비난했다.'라고 해석한다.

넷째는 의미확대 또는 의미축소다. 일상에서 일어나는 사건의 의미나 중요성을 현실적인 상황을 바라보며 판단하지 않는다. 일상생활에서 적용 가능한 실제보다 과대한 확대나 최소한으로 축소하는 것을 뜻한다. 이와 같은 경향성이 주로 나타나는 상황은 자신을 평가할 때와 타인을 평가할 때 적용하는 기준이 다르게 하는 이중기준(double standard)으로 나타날 수 있다.

다섯째는 일반적으로 일어나는 상황이나 사건에 대하여 자신과 아무런 상관이 없는데 자신과 관련이 있다고 하면서 잘못 해석하는 경우를 개인화라고 한다.

여섯째는 자신이 일상생활이나 활동에서 막연히 느끼는 감정에 근거하여 결론을 내리는 경우다. 정서적 추론이다.

장기간 걸친 고립으로 인해 그들의 관심이 내적 세계에 집중한 탓에, 모든 것을 자신을 둘러싼 주위의 좁은 세계에 제한하여 바라보기 때문에 시야가 매우 좁다.

아무런 희망이 없다

무망감(hopelessness)은 '모든 것이 덧없다는 느낌', '희망이 없음', '가망이 없음', '일이 제대로 이루어질 것 같지 않음'이다. 무망감이란 원하는 결과로 도달하기 어렵고 그 원하는 결과를 개선할 수 있는 아무런 방법이 없다는 심리, 인지, 정서, 행동적 차원 상태이다. 바람직한 성과가 일어날 것 같지 않거나 혐오적인 성과가 일어날 것 같으며 자신이 할 수 있는 어떠한 반응도 이러한 가능성을 변화시킬 수 없을 것이라는 생각이다.

무망감은 개인 내적인 인지 취약성으로 인하여 심각한 부정적 생활 속에서 일어나는 일련의 과정이다. 즉, 미래에 자신의 전체 생활 영역 속에서 계속되고 자신의 힘으로는 아무것도 할 수 없다는 무능력감으로 인해 개인 전반에 걸쳐서 형성되는 심리, 인지, 정서, 행동적 차원의 개인적 특성이다. 자기 자신은 또는 자신의 미래에 대한 부정적인 기대로 정의하면서 동기 상실이다. 그리고 내가 실패할 것이라는 미래 걱정을 포함하는 개념으로 성공 가능성을 낮게 보는 신념과 목적 성취에 대한 낮은 기대감이라고 할 수 있다. 높은 가치를 부여하는 결과의 발생에 대한 부정적인 기대와 이러한 발생에 대한 무기력감이다.

인지 이론에서는 미래에 대한 부정적인 견해가 무망감과 유사한 개념이라고 설명하고 있다. 역기능적 신념을 가진 사람은 부정적 생활 사건과 만나게 되면 그 의미를 해석하는 과정에서 다양한 인지적 오류를 범하게 되어 이러한 오류를 통해 사건의 부정적 사고가 반복되면 무망감으로 발전하게 된다. 무망감을 가진 사람은 그들에게 바람직한 일이 일어날 것 같지 않고 노력하는 일이 결코 성공하지 못할 것으로 생각한다. 중요한 목적은 달성될 수 없고 나쁜 문제들은 결코 해결될 수 없을 것이라고 인지한다. 무망감에서 오는 부정적 미래사고는 개인의 부정적 사건과 부정적 귀속양식이 무망감을 발생시키게 된다. 사회적 기술의 부족은

일상적인 사회화 발달에서 이탈시키고 사회적 참여의 부족과 사회적 철수를 가져오게 되며 이러한 사회적 기술의 부족은 무망감에 상호 영향을 받았을 가능성이 있다.

일상에서 우울 증상이 부정적이고 혐오스러운 사건을 경험하면서 자신이 할 수 있는 어떠한 반응도 현재 상황을 변화시킬 수 없을 것이라고 기대하는 무망감(hopelessness)에 의해 영향을 받는다. 사람이 어떠한 난관을 이겨내거나 결과를 도출하여야 할 시기에 다다르면 이를 극복하기 위해 노력하여 이겨내거나 도망가는 두 가지 중 한 가지를 선택한다고 한다. 극복하려는 사람은 적극적으로 이겨낼 것이고 극복하지 못하겠다고 생각하는 사람은 안전한 곳으로 회피하게 될 것이다.

또 인지 취약성의 요인을 첫째, 부정적 생활 사건의 원인을 안정적이고 총체적 원인인 무능력으로 습관적으로 추론하고 원인에 대한 부정적 추론을 한다. 둘째, 부정적 생활 사건이 또 다른 부정적인 결과를 유발할 것으로 생각하며 결과에 대한 부정적 추론을 한다. 셋째, 부정적 생활 사건으로 인해 무가치하거나 결점이 많은 사람으로 추론함으로 자아 가치에 대한 부정적 추론을 하는 경향성이다.

무망감을 우울한 사람들이 갖는 인지 도식 즉 인지 요인이라 할 수 있다. 다시 말하면 무망감은 우울감이 정서적인 측면보다는 미래에 대한 부정적인 기대와 관련되어 있어서 우울감에 미치는 중요한 인지적 변인으로 고려되어야 한다는 것이다. 이는 인지적 취약성을 가진 사람에게 스트레스, 즉 부정적 생활 사건이 일어났을 때 우울 증상을 비롯한 심리적 장애가 발생한다는 관점이다. 심리적 장애를 경험하는 사람들은 어린 시절의 경험으로 특정한 내용의 인지 도식을 형성하고 있다. 부정적인 생활 사건에서 부딪치면서 그 사건의 의미를 특정한 방향으로 왜곡하여 해석하게 되고 결과적으로 심리적 장애를 발생한다.

이처럼 무망감은 자신의 삶에 어떠한 희망도 느낄 수 없는 상태 또는 미래에 기대를 상실한 상태에서 부정적으로 느끼는 정서라고 설명할 수 있다. 특히 성장과 발달과정에서 정체성이 형성되어 가는 청소년기는 혼란과 좌절이 발생하여 무망감이 발현될 가능성이 큰 시기로 무망감은 이 시기의 발달 특성을 나타내는 중요한 개념이라고 할 수 있다. 청소년기의 무망감은 청소년의 심리·정서·환경적 발달의 저해뿐만 아니라 이후의 청년과 성인기 발달에도 영향을 미친다. 무망감을 느끼는 청소년의 가족 위험 요인 구분 기준에 따른 통제 가능한 가족 위험 요인은 가족 갈등과 가족생활을 들 수 있다. 통제 불가능한 가족 위험 요인은 구조적 결손, 사회경제적 위험, 의료적 위험 요인을 들 수 있다.

무망감은 사회의 구조적인 요인으로 심각한 어려움을 겪고 있는 우리나라 청소년, 청년 중·장년 세대가 미래에 대해 갖는 비관적인 태도를 설명하는데 적절해 보인다. 반복되는 대인관계 실패와 정서적 고립으로 인한 스트레스로 누구도 자신을 이해하지 않는 현실은 정신건강에 부정적인 영향을 미치게 된다. 청소년, 청년, 중·장년 세대가 그들의 주체적인 삶을 영위해 나가는 과정에서 경험하는 바람직한 성과가 일어날 것 같지 않거나 혐오적인 성과가 일어날 것 같으며, 자신이 할 수 있는 어떠한 반응도 이러한 가능성을 변화시킬 수 없을 것 같아 비관적인 기대를 하게 하는 것이다.

고립 생활하는 사람의 무망감과 관련하여 성장하면서 감당하기 어려운 부분이 늘어나고 그것을 회피하려고 사회적 철회를 한다. 좌절감이나 심리적 외상으로 인해 겪게 되는 정서적 경험 때문에 사회적 철회를 한다. 학교나 직장 이외에 선택의 여지가 없는 환경에서 일단 고립하게 되면 다시 사회 참여를 하는 데 많은 어려움이 따른다. 사회적 철회를 하면, 당면한 해결과제에 도움이나 외부적 개입을 포기한 채 더욱 고립할 가능성이 크며 사회적 철회로 느끼는 좌절이나 절망은 무망감으로 발전한다.

이들이 표현하는 무망감은 다양하게 나타난다. 무기력감과 부정적인 생각을 고립 생활하는 사람의 중요한 증상 중의 하나이다. 무망감에서 오는 의욕 저하와 무기력감으로 인해 방안에 나오지 않는 경우가 많기 때문이다. 또한, 이들은 문제에 직면했을 때 문제 상황에 적절히 대처할 수 없었던 자신에 대한 좌절감을 부모로부터 부적절한 양육방식으로 문제의 근본을 투사하고 귀결시키는 경향이 있다. 문제가 심화하고 어려움에 빠질 때마다 부모 탓을 하며 절망하는 것이다.

이들과 관련하여 가족이라는 체계 내에서 부모에게 정서적인 지지와 사랑을 받지 못하고 있다고 느끼고 좌절하면서 또래 관계에도 적응하지 못하여 고립 상태에 빠져 있다. 이런 사람에게 부모는 의사소통으로 정서적인 지지를 하는 것이 아니라 부모 스스로 혼란스러워하면서 이들에게 등교나 외부활동을 강요하는 일관성 없는 행동을 한다. 부모의 일관성 없는 행동에서 이들은 인간관계에 점점 어려워하고 더욱 자기의 세계 속으로 숨어버리게 된다. 그리고 가족 발달과 개인 발달이 이루어지지 못하게 되면서 모든 가족 구성원이 가족 체계 내에서 건강한 기능을 할 수 없게 되고 자신의 현재뿐만 아니라 보이지 않는 미래에 대해서도 좌절하고 절망하게 된다.

이들과 대인 기피는 밀접하게 연관되어 있다. 인간은 일반적으로 극복해야 할 문제가 있다면 사회적 관계에서 특히 가족이나 친구에게 도움을 요청하거나 필요한 자원을 활용하여 극복하게 된다. 그러나 이들은 타인에 대한 공포로 인해 가족이나 외부의 누구로부터도 사회적, 정서적 지지를 받거나 긍정적 자원을 받지 못하여 좌절하고 절망하여 무망감을 드러낸다.

무망감이 큰 대상자가 대면 상담에 참여한다고 해도 자신의 마음을 쉽게 열지 못하는 경우가 많아 상담 자체를 진행하기 어렵다. 상담에 참여는 하지만, 실제 마음을 열기보다는 부모의 간곡한 부탁으로 상담에 참여한다. 대상자가 상담을 거부한다면 다시 부모와 갈등이 생길 가능성이 커서 상담에 참여하는 것이다. 다양한 사례를 만난 경험으로는 이들은 오랜 기간 최소 6개월 이상 상담이 필요하고 상담 관계에서 상담자와 신뢰 관계 형성과 대상자가 현실을 있는 그대로 받아들이는 것이 중요하다. 또 고립 생활이 현실적으로 어려움이 있고 그 현실을 극복하겠다는 의지를 보이는 것이 중요하다.

> 전 진짜 이 생활을 벗어나고 싶었는데, 아무도 저를 이해 안 해 줘서 전 진짜 죽어버릴 겁니다.
> 한때 꿈도 많고 이상도 높았는데 지금은 거의 아무 희망도 꿈도 없고, 결혼해 볼 엄두도 안 나고요.

자신의 방이나 집에서 고립 생활하는 사람은 다양한 요인이 복합적으로 작용한다. 그런데 가장 특징적인 요인으로 스스로가 어떻게 살아가겠다는 삶의 목표 상실과 자신은 아무런 능력이 없다고 하면서 현재의 삶으로 만족과 노력을 하지 않는 무망감이 이들이 고립하도록 하는 요인으로 볼 수 있다.

> 저 자신과 그날 하루만 생각하고 미래는 생각하지 않았다.
> 저는 삶의 목표가 없어요.–공부도 안 하고, 일도 안 하고,
> 친구도 안 만나고 취미도 없고 당연히 여자 친구도 없어요.

이들은 어떤 분야에 관심을 보이는 활동을 하지 못하고 아무런 장점이 없다고 한다. 주어진 상황에서 놀이하거나 과업을 수행하는 과정에서 또래, 부모, 주 양육자, 주변에 있는 사람으로부터 잘하거나 긍정적인 활동을 한다고 듣지 못한다. 그것을 하지 못하느냐, 할 줄 모르느냐, 어른이 되어서 어떻게 살아가려고 그러느냐, 못난이, 같이 못 놀아, 저리 가, 찌질이(못한다는 의미), 앗싸(아웃 사이더) 등 긍정적인 언어보다는 부정 언어와 정서가 행동으로 연결된다. 이렇게 관계가 악순환하는 정서적 과정이 유지된다.

> 누구도 자신을 이해하지 못한다.
> 나는 아무것도 할 수 있는 일이 없다.
> 잘하는 장점이 없다.
> 관심을 두는 분야도 없다.

고립 생활하는 사람도 가족, 친구, 심리상담사가 보는 장점은 충분히 있다. 자신에게 주어진 어떤 일도 충분히 잘 할 수 있는 장점과 능력이 있는데도 대상자는 그런 표현을 한다. 이렇듯 대상자가 무기력하며 우울하고 자신의 장점을 인식하지 못한다.

3. 누구도 이해하지 않아

사람은 타인과 대인관계 및 사회적 관계를 유지하고 형성하려는 본능적인 욕구가 있다. 또 친밀한 유대를 유지하고 형성하고자 하는 욕구와 능력은 생존에 매우 중요한 부분을 차지한다. 대인관계에서 긍정적인 관계를 유지할 때 개인은 특정 방식의 관계와 안정을 추구하며 비교적 계속된 대인관계 행동과 개인적인 경험의 기초를 형성한다.

대인관계는 인간관계라고도 한다. 두 사람 이상의 관계에서 일어나는 개인적이며 다자적인 심리·정서·사회적인 관계를 의미한다. 다시 말해, 두 사람 이상 관계 속에서 상대의 느낌이나 감정이 아닌 개인이 느끼는 개인적인 심리·정서·사회적인 느낌을 말한다.

그러나 여기에서 주의할 부분이 있다. 많은 사람 속에서 활동하는 과정에서 개인이 느끼는 개인적인 심리·정서·사회적인 느낌이기 때문에 어려움이 존재한다는 것이다.

예를 들어 5명이 하나의 모임에서 함께 놀고 떠들고 장난하면서 시간을 보냈다고 해도 어떤 개인은 매우 즐겁고 행복한 시간이었다. 다른 어떤 개인은 그냥 그런 시간을 보냈다고 한다. 또 다른 한 사람은 다시는 그 모임에 참석하지 않겠다고 하면서 외로움을 호소하기도 한다. 이처럼 대인관계는 극히 개인적이며 사적인 심리·정서·사회적인 느낌을 말한다.

아동기, 학령기 및 청소년기에 대인관계는 많은 부분을 부모와 관계에서 학습하고 사회에서 확인하는 과정을 통해 발달한다. 청소년기 이전에는 또래 관계에서 놀이하거나, 학업 수행, 공동과제, 부모-자녀 관계, 교사나 지도자 관계 등 다양한 인간관계에서 이들은 건강하게 자신 의사를 표현한다.

사회적 기술이 낮은 이들은 타인의 의견을 수용하거나 자신의 의견이 수용 받는 과정에서 누군가 자신의 의견을 수용하고 공감했다는 성공 경험의 횟수가 낮다. 그래서 타인은 믿을 수 없으며, 나의 의견은 타인과 다르다는 생각으로 생활하게 된다. 고립 생활하는 사람은 성장기에 이러한 과정이 반복되면서 타인 관계에서 긍정적 관계보다는 부정적 관계를 유지하게 된다. 이렇게 되면 대인관계의 대상은 좁고 관계를 유지한다고 해도 피상적인 관계를 유지한다. 자신을 이해하고 타인에게 자신의 감정, 정서 의견을 자연스럽게 표현하지 못하면서 대인관계에서 원만하지 않은 상황으로 성장하게 된다.

> 항상 사교성이 떨어졌고 사람들과 어울리지 못해서 초등학교, 중학교 때 친구가 많지 않았어요.
> 또래와 관계에서 친구와 어울리고 함께 하지는 못했던 것 같아요.

추가로 지금-여기에서의 정서적인 상태가 무뎌진 감정무딤을 보인다. 누구나 표현하는 정서적 욕구나 표현에 둔감하고, 현실과 정서 표현을 자연스럽게 하지 못한다. 자신의 감정이나 대인관계의 욕구 수준이 자기 생각과 다르게 행동적인 부분에서 나타나 대인관계의 폭이 좁다.

자신을 제외한 타인과 심리·정서·환경적인 단절을 넘어 고립 생활하는 이들은 자신이 어떤 이유로 이 상태가 되었는지 알지 못한다. 오히려 부모, 친구, 형제, 교사 등이 그렇게 만들었다고 탓한다. 개인 내적으로는 자신이 바라고 있는 대인관계에서 철회한 것은 아니다. 즉 자신을 충분히 이해하고 존중하며 수용할 수 있는 누군가를 원하고 있다. 그러나 대인관계에서 건강한 모습을 보이지 못하고 일방적인 감정을 요구하여 타인으로부터 거부되고 있다.

물질문명이 발달하여 이웃이나 타인과 주고받는 정보의 절대적인 양은 대단하다. 이웃이나 타인과 수많은 정보를 주고받고 있지만, 자신의 내면을 함께 공유하여 공감과 위로 가능한 심리·정서적인 교류가 다양하게 이루어지지 않고 있다. 이런 이면에는 인터넷과 스마트 폰이라는 현대 물질문명이 만들어 낸 가상공간에서 SNS라는 방법으로 가능한 많은 친구 만들고 있어서이기도 하다. 그런 사람의 속마음은 자신의 심리·정서를 충분히 수용 받고 존중받으며 관심받고자 하는 경향이 높다. 이는 서로의 내면은 공유되지 않는 피상적인 관계이다.

이렇듯 수많은 친구가 있는 것처럼 보이지만, 실제 자신과 마음을 나눌 친구가 없어서 심리·정서·환경적 외로움을 호소한다. 즉 타인들에게 보이는 가면적인 대인관계가 아닌 현실에서 진실하며 신뢰가 있는 대인관계를 원한다.

사람은 누구나 또래나 타인과 함께 놀거나 활동하고 싶은 욕구에서 함께 활동하기 위한 시도를 하게 된다. 또래 관계를 처음 시작하는 활동에서 또래나 타인은 고립 생활하는 사람의 특성을 이해하지 못하여 맞춤형으로 관계를 유지하지 못하게 된다.

고립 생활하는 사람은 또래 관계나 활동에서 주도하려고 하거나 어려운 활동은 거부하는 활동, 상대에게 계속 양보를 바라는 활동, 상대 무시, 폭력적인 언행, 비하, 자만심, 약속을 지키지 않은 경우, 비교, 비난 등 사회적 기술이 낮아 타인들은 이들과 공동의 놀이나 활동을 하지 않으려고 한다. 또 대인관계 욕구와 사회적 기술이 낮아 관계의 어려움을 호소하게 된다. 그리고 이후에는 이들은 대인관계에서 자신의 낮은 사회적 기술은 생각하지 않고 함께 활동하지 않거나 관심 없는 타인이 대인관계에서 자신을 거부한다고 한다. 타인이 자신을 왜 거부하고 있는지 고민해보거나 생각하지 않고 타인에게 탓으로 돌린다.

또 낮은 사회기술로 타인과 관계를 유지하는 데 있어 건강한 모습으로 활동하지 못한다. 즉 타인과 갈등 상황에서 긍정적인 관계를 유지하지 못한다. 자신은 좋지 못하지만, 상대가 원하는 방향으로 의사 결정하여 그 과정을 후회한다. 또 비슷한 상황에서의 의사 결정은 반복해서 상대가 원하는 방향으로 결정하여 자신이 원하는 결정을 하지 못하기도 한다. 또 상대에게 의존하여 자신이 해야 할 일이나 과업을 건강하게 해결하지 못하고 상대가 하도록 하는 의존적인 상황으로 이끄는 등 사회기술이 낮아 대인관계에서 어려움을 호소하고 자신에게는 친구가 없다는 호소를 반복한다.

고립 생활을 유지하면 타인과 대인관계 기회가 줄어들어 다른 사람을 만나야 하는 상황에 이르면 만나기 전부터 긴장감이나 예기불안을 갖는다. 타인을 만나는 과정에서 정서적 불안과 타인으로부터 받게 될 부정적인 평가에 예기불안으로 대인관계가 어려워진다.

가족을 비롯한 타인과 대인관계에서 자신의 욕구나 의사를 표현하였을 때 타인에게서 듣는 언어, 행동, 태도, 결과에 대하여 잘하고 있고 건강하게 활동하고 있다는 듣지만 수용하지 못하는 경향이 있다. 그래서 자신이 들었던 언어를 긍정적인 방향 그대로 수용과 존중하지 않으면서 부정적인 의사소통과 부정적인 방향으로 선택하거나 결정하는 경향이 많다. 위와 같이 자신은 가족관계, 또래 관계 및 사회관계에서 타인과 자신의 관계를 부정적 수용으로 사회적 관계가 악순환한다. 유아기부터 중·장년기에 이르기까지 또래나 관계적인 면에서 잘하거나 다른 사람으로부터 인정욕구가 채워지지 않아 대인관계 유지가 어렵다. 대인관계에서 욕구 수준이 낮아 사회적 관계를 유지하는 데 관심을 보이지 않고 또 관계를 유지하여도 최소한의 관계를 유지하는 욕구 수준이 매우 낮은 상태로 성장한다.

특히 사춘기와 청소년기에는 부모의 양육이나 보호에서 벗어나려는 경향이 강해진다. 자신의 판단과 결정이 또래 관계에서 이 정도는 할 수 있다는 자신의 영향력을 과시하여 소속감의 바탕도 또래와 이성 등 사회집단으로 변화되어 간다. 특히 청소년기에 많이 나타나는 개인적 우화(세상의 중심은 나)와 상상적 청중(모든 사람이 나를 인식한다.)은 자신의 또래 집단에서 관심의 대상임을 과시하기도 한다.

위와 같은 사춘기와 청소년기 성장 과정에서 대인관계 기술을 건강하게 학습하고 적용하여 교사, 또래, 사회집단에서 인정과 사랑 및 관심을 받는 사람은 건강하게 성장할 것이다. 반면에 사회적 기술이 낮고 대인관계에서 인정욕구가 채워지지 않으며, 사회적 욕구 수준이 낮은 사람은 심리·정서·환경적 갈등 상황에서 욕구 수준이 고갈되어 간다.

대인관계에서 언어와 행동(부정적 시각)

주어진 환경에서 누구나 부모나 가족 또는 타인과 관계를 형성하고, 또 자신의 의사를 표현하는 과정에서 언어적인 의사와 함께 표정, 언어의 높낮이, 몸짓, 인상, 의상, 자세 등 상호작용으로 대인관계를 형성하는 것이 필요하다.

대인관계 기술은 자신의 요구, 권리, 의무 등을 표현하여 대인관계에서 수행하는 언어와 행동적 능력이다. 또 자신이 원하는 것을 수행하면서 타인의 권리, 요구, 의무 등을 제한하거나 박탈하지 않으며 행하는 기술이다. 즉 자신의 의사를 건강하게 표현하고 전달하며 타인의 의도를 이해하고 파악하여 효과적으로 의사소통하는 기술이다. 자신과 타인 서로의 욕구를 공유하며 생산적인 의사소통으로 공동의 이익을 결과로 도출한다.

한편, 대인관계 기술은 태어나면서 획득되지 않고 언어, 비언어적 행동으로 구분하며 학습한다. 언어적 기술은 의사소통 기술, 경청, 질문, 공감이다. 비언어적 기술은 표정, 미소, 언어의 높낮이, 몸짓, 표정, 의상, 앉아있는 자세 등 있다.

대인관계 기술을 통해 타인과 소통이 건강하면서, 자신의 욕구와 의사를 잘 표현하여 서로가 만족스러운 결과를 공유도 가능하다. 이와는 반대로 자신의 욕구와 의사를 표현하지만, 타인이 이해하지 못하거나 자신의 의사를 잘 표현하지 못하면 불만족스러운 결과가 나타나 어려운 상황에 이르기도 한다. 대인관계 기술은 언어와 행동적인 측면을 접근과 인지적인 측면을 포함하기도 한다. 대인관계 기술은 언어와 비언어적인 행동으로 이루어졌고 인지적인 요인을 포함하고 있다. 대인관계 기술은 행동적인 측면과 인지적인 측면을 동시에 고려하여 발달한다. 대인관계 기술이란 대인관계에서 긍정적이고 부정적인 정서를 적절하게 표현하는 능력이며 언어와 비언어적 반응을 조절해서 전달하고 전달받는다.

고립 생활하는 사람은 건강하고 즐겁게 생활했던 사람이 갑자기 집이나 방에서 생활하는 고립으로 나타나지 않는다. 개인의 타고난 기질, 성격, 대인관계 욕구, 사회기술, 문제해결 능력, 가족공동체 생활, 부모양육태도, 대인관계에서 신뢰 정도, 사회적 압력 등 복합적이고 다양한 원인과 결과로 누적된 현상학적 상태이다.

각 개인으로 살아가는 것은 누구나 영아기에서부터 중·장년기를 거쳐 노년이 된다. 성인, 장년이 된 이후에는 성장 과정에서 기억은 대부분 희미하다. 어떤 상황에서 심리·정서·환경적 이유로 선택하고 결정하였던 것인지 알지 못한다. 부모도 자녀에 대해 정확하게 알지 못하고 대부분 비슷한 상황이라고 할 수 있다.

부모는 자녀의 기질, 성격, 대인관계, 사회기술 등 자녀가 어떤 고민을 하는지 알지 못한다. 그래서 신체·심리·정서·환경적으로 학습할 기회를 제공하여 훈련하도록 해야 한다.

고립 생활하는 사람은 사회에 대한 부정적인 태도와 어떤 특정한 상황에서도 긍정적인 부분보다 부정적인 부분을 부각하고 파국적인 결과를 예측한다. 현실을 인정하고 출발하면 현재 상황을 인식하고 미래에 가능한 일이 무엇이며 할 수 있는 노력을 찾아 준비하며 가능한 것은 바라보지 않는다. 예전에 누가 나에게 잘못해주었고 누구 때문에 이렇게 되었다면서 그때 선택을 잘못되었다고 표현하는 등의 부정적인 사고(思考)로 내면 깊은 곳에는 부정적인 자아상과 외부에 탓으로 돌린다.

이들도 대인관계 초기에는 일반적인 관계였다. 성장하면서 현실에서 부모나 가족 또는 타인과 대인관계를 유지하면서 생활한다. 그런데 이들은 상대가 어떤 말을 하거나 행동을 하는 것에 대하여 긍정적인 접근이나 방향으로 사고(思考)하거나 행동하기보다는 부정적이면서도 타인이 받아들이기 어려운 상황으로 만든다. 또 부정적인 부분을 부각하여 받아들이는 경향이 있다. 또 대인관계를 유지하면서 상대에게 관심을 유도하고 인정을 받고 싶어 한다. 그러나 이들은 인정하고 사랑받는 긍정적 언어와 행동보다 부정적 언어와 행동으로 자신을 더욱 신뢰받지 못하도록 한다. 즉 언어와 행동을 일치하지 않은 방법으로 접근하고 표현한다. 이렇게 선택한 결과는 부모-자녀, 또래 및 대인관계에서 부정적인 형태로 나타난다.

고립 생활하는 사람은 가족을 비롯한 대인관계에서 관계를 단절을 넘어 고립 상태에 이르게 된다. 자신이 바라는 인간관계에서 욕구를 추구하며 실제 서로 이해되는 인간관계를 강력하게 원하는데 사회적 기술이 부족한 상태이다.

사회적 기술이 낮아 특정 상황에서 대처 방법을 학습하거나 경험하지

> 대도시는 저와 맞지 않는 것 같다. 제 상태가 최악이었을 때는 다른 사람들 생각이나 시선을 의식해서 제 옷차림 말투에 신경을 많이 썼습니다. 그것이 제가 다른 사람들과 관계를 유지하지 않고 방에서 생활하였던 주된 이유였죠.
> 부모님과 함께 살고 있어요. 저만의 감옥이죠. 감옥 열쇠는 저만 가지고 있습니다.

못해 일반적인 해결이 가능한 주제에 자신은 타인으로부터 외면당하고 함께 활동하지 못하는 상황에서 사회적 위축으로 사회적 관계 형성에 어려운 상태가 된다. 사회적 위축과 정서적 박탈로 인하여 의욕 저하, 불안, 긴장이 높아져서 사회적 철회로 이어지기도 한다.

현대사회는 이웃에 대해 사회가 전체적으로 타인에게 무관심한 경향이 있다. 최근에는 인터넷과 스마트 폰을 통해 많은 친구 만들기를 하고 있다. 그러나 깊은 내면 속마음을 아무런 부담 없이 털어놓을 수 있는 사람이 없다고 호소하고 있다.

현실 공간이 아닌 가상공간에서 친구에게 둘러싸여 있는 것처럼 보여도 실제 자신의 마음을 털어놓을 사람이 없어서 외로워하는 것은 마음을 서로 나눌 수 있는 깊은 인간관계 형성에 두려워하기도 하고 이루어지지 않는 것이다.

현대인은 기본적으로 타인에게 무관심하면서도 많은 친구가 있다는 것을 좋다고 생각하는 경향이 있다. 그래서 많은 친구를 사귀기 위해 대단한 노력을 한다. 그렇지만, 마음속에는 항상 불안과 관심의 대상이 되고자 한다.

이들은 자신의 감정이나 대인관계의 욕구 수준이 매우 낮아 대인관계에 어려움이 존재한다. 지금-여기에서의 정서가 무뎌진 감정 상태를 보이며, 정서적 욕구나 표현에 둔감하고, 정서 표현 경험이 매우 부족하다.

타인과 관계를 유지하는 방법에서 자신의 의사를 표현하는 방식이 긍정적이거나 건강한 방법으로 표현하지 않고 매우 부정적이며 건강하지 않은 방법으로 표현하고 있어 가족뿐만 아니라 타인과 대화하거나 관계를 유지할 여유를 주지 않아서 심리·정서적 관계가 단절되고 고립의 상황에 이르게 된다.

4. 스마트 폰은 나의 놀이터

고립 생활하는 사람은 현실에서 사회적 관계를 유지하기 어려워 가상공간에서 대부분 활동한다.

우리가 생활하는 공간은 눈으로 보고 손으로 만질 수 있으며 현실에서 존재하는 공간을 말한다. 많은 사람이 사용하는 인터넷과 스마트 폰은 현실에서 생활하는 공간이 아닌 가상공간이다. 가상공간은 시간과 공간을 넘나들며 현실 공간에서 활동하는 착각을 한다. 가상공간의 특징으로 먼저 현실적 감각이 없는 머릿속으로 상상이 가능한 모든 공간을 이다. 둘째, 가상공간의 활동은 각 사람이 느끼는 현실과 무관하며 익명성과 책임성이 부과되지 않는다. 셋째, 가상공간에서 활동하는 부분은 사회적인 지위와 상관이 없는 신분, 나이, 남녀, 현실적인 상황을 초월한 상호 대등하고 동등한 관계가 형성된다. 마지막으로 가상공간은 어떤 언어사용도 가능하며 특히 현실에서 사용하기 어려운 욕설이나 격한 감정 표현을 자유스럽고 제한받지 않고 사용할 수 있다.

특히 가상공간에서는 익명성과 책임성이 부과되지 않는다. 그래서 현실 공간에서 찾아보기 어려운 일이 자주 일어난다. 인터넷과 스마트 폰 게임 과정이나 SNS에서 상대와 채팅을 하면서 반말, 욕설, 비하, 책임 떠넘기기, 무시 등 현실 공간에서는 일어나지 않는 상황들이 자주 발생한다. 이는 가상공간의 특성이다. 가상공간은 고립 생활하는 사람이 현실에서 억눌려 있던 감정을 자유스럽게 발산하는 공간이다. 이 가상공간은 현실에서 표현하지 못하거나 억압된 감정을 표현하는 또 다른 삶의 공간이다.

현실이라는 공간에서 타인과 소통이 되지 않거나 불편함을 호소하는 청소년, 청년, 중·장년은 점차 가상공간에 몰입하게 된다. 고립 상태의 사람에게 가상공간은 친구이며 하나의 놀이터라고 할 수 있다. 현실에서 하지 못하는 언어와 행동이 이루어진다.

부모는 여전히 초등학교, 중학교, 고등학교, 대학, 직장 동료나 친구와 연결해 주려고 애쓴다. 그러나 고립 생활하는 사람은 자신의 모습을 보여주기 싫어한다. 집에 찾아오는 친구들이 부모의 부탁으로 집에 왔다는 걸 알고 있다. 이들은 가상공간의 아바타를 계속해서 찾는다(가상공간은 현실과 다르게 매우 흥미롭다). 부모나 어른들은 가상공간이 이들의 삶을 경험을 앗아간다고 걱정하며 시간을 낭비한다고 생각한다(일부는 사실이다.).

우리가 만들고 살아가는 세상에서는 관심을 가져야 하는 것들을 이들은 가상공간이라는 세계에 참조하려는 것이다. 최근의 가상공간을 초(超)연결 사회로 과거에 밖에서의 경험을 집안(가상공간)에서 경험하게 된다. 많은 사람이 그렇게 생활하고 있으며 중요한 사실은 사회와 고립되고 방에서 지내는 사람이 각자의 가상공간 경험을 통해 고민과 자신에 대해 마음을 열기 시작한다.

「저의 세계는 저의 방입니다. 스마트 폰, 컴퓨터, 비디오 게임으로 분주하게 지내죠. 취미가 아니라 제 삶이에요. 저는 그 안에 살죠. 이해하실지 모르겠지만, 저는 밤에도 게임 꿈을 꿔요. 게임을 하지 않을 때도 그 안에 빠진 것 같아요. 항상 전투 중인 삶이 상상되세요? 저는 이 사회가 이해되지 않아요. 사람들이 즐기고 행동하는 방식 공유하는 것들, 살아가는 방식이요. 저는 그들과 달라요. 저마다의 삶이 있지만, 제 삶이 누구와도 다르죠. 가끔은 제가 선택한 것 같고, 가끔은 다른 사람들이 제게 강요한 삶 같아요. 날짜는 가지만 저한테는 그냥 하루가 계속되는 것 같아요. 낮과 밤, 밤과 낮이죠, 저는 상자 안에 살지만, 손을 더럽히지 않고 위험 없이 누구의 눈에도 뜨지 않고 세상과 접촉할 수 있어요. 학교를 그만두면 사는 것이 쉬워질 것 같았어요. 마침내 제가 원했던 대로 혼자 있을 수 있게 됐지만, 제가 상상한 것과는 달랐어요. 저는 밤마다 깊어져 가는 동굴 안에 숨어 있었죠.

고립 생활하는 사람은 인터넷과 스마트 폰이라는 도구에 의해 고립이라는 결과가 나타나지 않는다. 인터넷과 스마트 폰은 고립과정과 외부에 보이는 결과일 뿐 원인이 아니다. 우울, 사회 공포, 불안, 초조, 대인 기피도 고립 생활이 어느 정도 지속한 뒤에 찾아오는 것이지 고립의 원인은 아니다. 고립 생활하는 사람은 타인을 두려워(심리적)할 뿐만 아니라 사회적 활동을 수행할 의욕을 완전히 잃어버린다. 학업이나 직업을 지속할 의욕조차 없다. 두려움, 무감동, 무기력, 무 쾌락이 작용한다. 사람이 한 개인으로 생활하는 전체적인 감각이 상실되어 있다. 사회를 완전히 차단하는 건 아니고 접촉을 유지하는 경우가 많다. 오히려 정신적으로는 사회에 열중하고 있지만, 자신의 몸과 신분은 고립시킨다.

오늘날의 교육 방식은 고통과 고민 및 실수를 표현할 수 없는 상황으로 학생들을 위험에 빠트릴 가능성이 있다. 부모와 학생들에게는 실패라는 말이 충격이지만 실패 없이는 진정한 자아를 구축할 수 없다. 실패는 성장 과정이다. 위기 없는 삶은 없고 위기가 발달의 기회로 변형돼야 한다.

> 심리상담사는 부모에게 자녀의 성장을 신경 쓰라고 말씀합니다. 학교에서나 가정에서나 모든 어른이 명심해야 하는 부분입니다. 삶의 고통과 고민, 패배를 부정할 필요는 없습니다.
> 이런 것들을 포용해야 만, 진정한 자신을 완성할 수 있고 힘겨운 삶의 고통을 조금 줄일 수 있을 겁니다.

나가는 것이 귀찮아

회피라는 성격은 타인과의 관계를 긴장과 불안을 경험하므로 대인관계에 어려움을 해결하는 방식 중 하나이다. 타인에 사랑과 인정을 받고 싶은 욕구가 있음에도 불구하고 타인의 비난이나 거부 등의 부정적인 반응이 두려워 사회적 접촉과 어려움을 회피한다. 회피 성향을 높게 나타내는 사람은 타인 앞에서 불안해하고 당황하며 자신의 요구나 의사를 적절히 표현하지 못하는 등 주장성과 사회성이 낮은 성향을 보인다. 일반적인 상황에서는 무감각한 듯하나 내면에는 외로움과 깊은 슬픔, 공허감, 인정받고자 하는 욕구가 크다. 한편, 회피 성향이 강한 사람은 사회적 상호작용에서 경험하는 주관적인 불편감과 긴장을 비롯하여 감정조절에 어려움을 호소한다.

대부분 사람은 다양한 사회적인 요인에 대하여 극복하고 이겨내려는 성향을 가지고 있다. 그러나 고립 생활하는 사람은 성장 과정에서 스스로는 새로운 도전과 개인적인 기준에서 옳은 선택을 하였다고 하지만, 도전 과정에서 부정적인 피드백의 반복과 옳은 선택이라고 선택했어도 타인으로부터 공감과 잘했다는 표현을 듣기 어려워 회피하는 방법으로 고립하기도 한다.

타인과 대인관계뿐만 아니라 가장 신뢰받고 애정을 받아야 할 가족으로부터 부정적인 관계를 감당하다 보면 좌절감이나 자신감 부족으로 인해 겪게 되는 정서적 경험 때문에 고립하는 것이다. 가정, 학교, 직장 이외 선택지가 없는 환경에서 개인이 느끼는 공허감과 허탈감 누구에게도 환영받거나 사랑받지 못하고 있다는 현실에서 일단 고립하게 되면 다시 사회 참여를 하는 데 노력과 시간이 필요하다.

고립하게 되면, 당면한 과제를 해결하기 위해 도움을 얻기 위한 외부적 개입을 포기한 채 더욱 고립될 가능성이 크다. 이로 인해 느끼는 좌절이나 절망은 '무망감'이라는 아무것도 할 수 없다는 감정으로 발전한다. 고립 생활하는 사람이 표현하는 무망감은 다양하게 나타난다. 무기력감과 부정적인 생각이 중요한 증상 중의 하나인데 거기서 오는 의욕 저하와 무기력감으로 인해 방 안에서 나오지 않는 경우가 많기 때문이다. 공허감, 고독감, 자기혐오 등으로 부정적 정서인 무망감을 가지며 우울감에 빠지기도 한다.

세상에서 가장 가까워야 할 가족과 정서적 단절 상태에서 고립 생활하는 사람은 불안감이나 초조감으로 식사도 혼자 하고 가족 간에 대화도 일상적인 언어로 한정된다. 부모는 걱정스러워서 질문하면 짜증스러운 답변이나 화를 내고 욕설을 하기도 한다. 이들이 보이는 안정 상태는 외형적 안정으로 계속 유지되는 것은 아니다. 이들 중 많은 사람이 안정을 느끼지 못한 채 고독, 초조 불안, 걱정에 시달리고 있다. 극복해야 할 문제에 직면했을 때 문제 상황에 적절히 대처할 수 없는 자신에 대한 좌절감을 부모에게 투사하고 귀결하는 경향이 있기에 문제가 심화하고 어려움에 빠질 때마다 회피한다.

문제해결 방법으로 특정 상황을 피해버리는 회피 성향을 보인다. 사회적 기술이 부족함을 볼 수 있으며 이는 전반적인 사회적 기술의 부족함을 낳고 더욱 개인의 사회적 철회로 정서적 단절과 고립된 안정성을 유지한다.

> 3년 이상 외부활동을 하지 않고 있는 사람을 만나기 위해 가정방문을 하였다.
> 그 고립 생활하는 사람은 외부에서 자신을 만나기 위해 방문한 사실을 알고는 외부에 나가려고 하여 나가지 못하게 하고 상담자가 대상자에게 질문하였다.
> "왜 나가려고 합니까?"
> "다른 사람이 가정을 방문한 것이 불편해요."
> "그냥 다른 사람이 가정에 있는 것이 힘들어요."
> "나가도 특별하게 갈 곳이 있지는 않아요."

위의 사례는 학교생활, 또래 관계, 가족과 정서적 관계, 학업, 직업 생활 등 현대인이 수행하고 처리해야 할 많은 기능을 '회피'라는 방법을 선택한다. 이런 상황을 안타깝게 생각하고 대안을 찾고자 하는 부모의 노력으로 정신과 전문의와 심리상담사가 가정을 방문하여 상담을 진행하려는 시간에 견디기 어려웠는지 방에서 외부로 나가고자 하는 '회피'를 시도하기도 하였다. 그래도 이 사례에서 대상자가 방문을 닫고 가족과 타인이 방으로 들어오지 못하도록 하지 않는 부분은 외부활동할 내적인 힘이 있는 것으로 보였다.

사람은 누구나 부모(주 양육자) 및 또래 관계에서 심리·정서·환경적 관계를 유지하고 활동과 교류하면서 성장하게 된다. 누구나 사회적 관계와 활동에서 관심과 사랑의 대상이 되고자 하며, 그 과정에서 난관과 어려움을 극복하려는 방법을 학습하여 자신의 방법으로 대처하고 성장한다. 현실에서는 고립된 해결방식으로 선택하는 경우는 개인 요인 및 가족 요인과 사회 요인 등 단순하게 하나의 원인이라고 할 수 없다. 고립 생활하는 사람의 원인은 매우 복잡하며 다양한 요인이 작용한다. 개인 및 가족과 사회생활에서 타인 관계 그리고 외부에서 오는 스트레스나 해결해야 할 과제에서 싸우거나 회피하는 두 가지 선택에서 회피라는 선택과 행동으로 생활하는 것으로 볼 수 있다.

이들이 보이는 고립 생활은 일종의 자기방어(방어기제)이다. 자신에게 부족한 부분이 있다고 느끼는 사람이 타인의 시선이나 사회적 관계를 마주할 때 자신을 보호하는 장치이다. 인터넷과 스마트 폰(현실 공간을 벗어난 가상공간-가상현실)으로 회피하는 경우가 많다. 일종의 방어 수단, 피난처로 자기애적 감금이다. 다른 방법으로는 견딜 수 없는 심리적 고통을 피하기 위해서는 사회와 단절하고 인터넷과 스마트 폰은 불편하거나 자신을 귀찮게 하는 상황을 벗어날 수 있는 심리적 붕괴 방지 수단이다. 즉 가상현실에서 자신만의 사고(思考)와 활동으로 시간을 보낸다. 이것이 더 안전하고 조용하며 누구에게도 방해받지 않는 자유로운 공간이다.

가상공간은 나의 놀이터(내가 즐기는 놀이터)

고립 생활하는 사람이 어디에서 얼마 동안 고립하고 있는가에 대해서는 각 사람만큼 서로 다르고 다양하다. 이들에게 공통되면서도 특유한 것이라면 개인 공간이라 할 수 있다. 개인 공간은 자신만의 공간이며, 누구에게도 허락되지 않는 공간이다. 대부분은 자신의 방에 책, 옷, 이불, 컴퓨터, 스마트 폰, 또 자신이 추구하는 다양한 물건이 있는 공간이다. 개인 공간은 자신만의 공간이며, 부모도 당사자의 허락 없이 어떠한 물건도 이동이나 청소도 하지 못하도록 한다.

이들의 고립 상태는 어디까지나 제한적이다. 제한적이라 해도 그 상태는 개별적이다. 사회에서 완전히 물러나서 가족까지도 단절, 가족하고만 의사소통, 가족과는 전혀 의사소통을 거부하면서 외부 사람과 의사소통, 인터넷의 내용을 읽기만 하는 사람, 채팅에 참여하는 사람, 인터넷 게임 안에서 채팅하는 사람, 인터넷을 자유롭게 사용하는 사람 등 매우 다양하다.

이렇게 서로 다르지만, 이들은 제한적인 대인관계를 유지한다. 이들은 '왜 내가 이런 상태가 되어 있는지 모르겠다.'라고 느낀다. 가장 흔한 경우는 가족과 의사소통을 하며 인터넷에 사이트나 채팅에서 글을 읽고 채팅에는 참여하지 않는다.

이렇게 가상공간을 활용하는 사람은 집 밖으로 나가는 경우가 거의 없다. 집밖으로 나가는 때는 집주변을 산책, 서점에서 책을 구매, 먹을 것을 구매, 필요한 물건 구매, 운동, 편의점, 담배를 구입하고 피우기 위해서이다. 자신의 방이나 집에서 생활하다가 집 밖으로 나가는 시간은 밤 11시 후부터 새벽 시간까지로 다른 사람에게 마주치는 것을 최소화한다. 이 정도가 전형적인 고립 생활하는 사람의 패턴이다. 개인 공간 밖 세계는 '자신을 이해해주지 않는 공간'으로 지각한다. 심지어 '세계가 자신을 따라오지 못한다.'고 해석하는 사람도 있다.

고립 생활하는 동안 주로 밤에 일어나서 생활하고 낮에는 잠을 잔다. 이들에게 낮은 피하고 싶은 현실을 의미하였고, 밤은 숨기고 싶은 현실의 자기 모습을 안전한 장소에 있도록 하는 역할을 하는 회피를 의미한다. 이들이 피하고 싶은 낮과 같은 현실에서 시간은 천천히 지나갔고, 밤은 자기가 생각하는 것보다 빨리 지나간다고 생각한다.

새벽 시간까지 영화와 동영상(유튜브)을 시청하거나 인터넷 게임을 하다 새벽 5~6시에 잠을 잔다. 잠에서 오후 3~4시경 일어나 밥은 하루에 1~2회 정도 먹는다. 밝은 낮이 되면 무엇인가? 활기차게 활동해야 할 것 같은 느낌이어서 잠을 많이 자거나 이불 속에서 생활한다.

고립 생활하는 사람은 일상생활이 외부와 소통과 활동하지 않아도 충분히 의식주를 해결하고 생활할 수 있는 환경이 조성되었다. 한국은 세계 최고의 인터넷 연결 강국으로 가정마다 인터넷이 연결되어 집에서 필요한 물품을 주문하고 배달받는다. 사람에게 가장 기초적인 음식도 배달되고 있다. 그리고 현실 공간이 아닌 가상공간에서 친구와 대화하거나 인터넷에서 게임, 영화, 드라마, 뉴스 등 외부에 나가지 않아도 일상생활이 가능하다는 것이다.

고립 생활 과정에서 이들에게 나타나는 심리·정서·환경적 특성은 첫째, 타인과 소통으로 인정받고자 하는 욕구가 높지만, 낮은 자존감 및 낮은 효능감으로 심리적 불안이 외부에 대한 두려움으로 외부 환경을 스스로 통제한다.

둘째, 자신의 방이나 집이라는 개인 공간이 확보되면서 가족 간의 대화나 감정적인 교류가 단절되면서 고립 생활하는 사람이 나타나게 되었다. 예) 방마다 텔레비전, 컴퓨터, 스마트 폰 등의 영향으로 가족 구성원

간의 정서적 교류가 단절 및 고립의 형태로 나타난다.

셋째, 이들은 외부와 소통하지 않아도 일상생활이 가능하다. 우리나라는 인터넷은 가정마다 연결되었고, 스마트 폰은 전체 인구만큼 보급되어 있다. 그래서 집에서 필요한 물품을 주문과 배달로 가장 기초적인 음식도 배달(새벽 시간에도 음식이 배달)되고 있다. 현실 공간이 아닌 가상공간에서 친구와 대화하거나 인터넷에서 게임, 영화, 드라마, 뉴스 등 외부에 나가지 않아도 일상생활이 가능하다.

넷째, 가상공간에서 사회와 소통, 대안 외부활동, 문화적 혜택 등 심리·정서·환경적 활동을 경험과 공유하면서 생활한다.

다섯째, 청소년기 스마트 폰 사용 증가는 사이버 협박, 폭력, 따돌림을 증가시켰고, 이는 현실 세계로 이어져 왕따, 폭력 등은 외상 후 스트레스로 이어진다.

여섯째, 산업사회가 급변하면서 청년이 사회에 진출하는 시기에는 사회에서 요구하는 능력을 따라가지 못하는 청년은 사회에 진출하지 못하고 고립하게 된다.

고립 생활하는 사람은 주로 자신의 방이나 거실에서 시간을 보내게 된다. 하루의 일상은 다양한 모습을 보인다.

첫째, 개인 내적인 사고(思考)의 취약성으로 인하여 일반적인 생활 속에서 일어나는 일련의 과정들이 미래에 자신의 전체 생활 영역 속에서 계속된다. 그리고 자신의 힘으로는 아무것도 할 수 없다는 무능력감으로 인해 개인의 삶 전반에 걸쳐서 형성되는 개인적 특성이다. 무능력하다고 생각하는 수준이 높으면 자신 또는 자신의 미래에 대한 부정적인 기대로 동기 상실이다. 그리고 내가 실패할 것이라는 미래 걱정을 포함하여 성공 가능성을 낮게 보는 신념과 목적 성취에 대해 낮다. 자기에 대하여 높은 가치를 부여하는 결과가 발생하여 부정적인 기대와 발생에 대한 무능력감이라고 할 수 있다. 자신이 아무것도 할 수 없다는 생각으로 능력이 없다는 생각과 주변에서 자신에게 믿어주거나 긍정적인 언어를 받아본 경험이 없는 이들은 노력해도 인정을 받지 못한다. 그리고 잘할 수 있다는 자신감과 즐겁고 행복한 활동이나 관심 있는 분야가 없다. 또한, 희망도 없다는 생각으로 심지어 가족과도 고립은 물론 타인과 관계 단절과 외부활동을 거의 멈추는 매우 무기력하고 우울한 정서 상태를 보인다.

무능력감과 부정적인 사고(思考)는 이들이 중요하게 보이는 현상이다. 이로 인한 의욕 저하와 무능력감으로 인해 방에서 나오지 않는 경우가 많기 때문이다. 또한, 이들이 어려움이나 극복할 문제에 직면했을 때에는 문제 상황에 적절히 대처할 수 없었던 자신에 대한 좌절감이 작용한다. 또 부모로부터 부적절한 양육 태도와 부모-자녀 의사소통의 어려움으로 문제의 근본을 투사로 귀결시키는 경향이 있다. 자신이 원하는 일을 한다고 하면서 현재 삶의 만족을 위한 노력하지 않는 무망감이 이들이 고립하도록 하는 요인이며 활동으로 볼 수 있다.

둘째, 자기의 의사를 건강하게 표현하지 못하면서 내면에 있는 감정적인 부분을 건강하게 표현하지 못한다. 타인에 대해 자기 생각이나 감정을 마음속에 담아두면서 정서적으로 건강하게 표현하지 못한다. 타인에 대하여 부정적인 정서를 담고 있다. 이를 현실에서는 인터넷 게임으로 시간을 보내거나 삶의 목표가 없는 생활로 일상을 보낸다.

셋째, 가족이라는 체계 내에서 부모에게 정서적인 지지와 사랑을 받지 못하고 있다고 느끼고 좌절하면서 또래 관계에도 적응하지 못하여 고립 상태에 빠져 있다. 부모는 이들에게 부모-자녀 의사소통으로 정서적인 지지를 하는 것이 아니라 부모 스스로 혼란스러워하면서 이들에게 등교나 직업 활동을 강요하는 일관성 없는 행동을 하게 된다. 가족과 정서적 교류가 단절된 과정에서 이들은 인간관계에 더 어려워하고 더 자기만의 세계 속으로 숨어버리게 된다. 그리고 가족 발달과 개인발달이 이루어지지 못하게 되면서 모든 가족 구성원이 가족 체계 내에서 건강한 기능을 할 수 없게 되어 현재뿐만 아니라 보이지 않는 미래에 대해서도 좌절하고 절망하게 된다.

넷째, 이들은 대인관계에 어려움을 크게 호소하는 것과 밀접하게 연관되어 있다. 다른 사람과의 관계에서 서로의 정서적인 교류를 진행하면서 위로받고 사랑받고 있다는 느낌을 맺어본 경험이 낮은 경향성을 나타낸다. 또 타인으로부터 격려와 지지 그리고 잘하고 있다는 말보다 부정적인 말을 들었던 이들은 타인에 대하여 두려움과 잘하지 못하는 위축으로 관계에서 어려움을 크게 호소하면서 대인관계에 공포를 느낀다.

인간은 일반적으로 극복해야 할 문제가 있다면 사회적 관계에서 특히 가족이나 친구 또는 믿을 수 사람에게 도움을 요청하거나 필요한 자원을 활용하여 극복하게 된다. 그러나 이들은 타인에 대한 공포로 인해, 가족이나 외부의 누구로부터도 사회적, 정서적 지지를 받거나 긍정적 자원을 받지 못하여 좌절하고 절망하여 회피하는 태도를 보이고 괴로워하면서 우울한 감정과 불안감을 드러낸다.

이들은 대면 상담에 참여한다고 해도 자신의 마음을 쉽게 열지 못하는 경우가 많고, 상담 자체가 진행하기 어렵다. 이메일을 통한 온라인 상담의 한 사례에서 '전 진짜 이 생활을 벗어나고 싶었는데, 아무도 저를 이해해주지 않기에 전 진짜 죽어버릴 겁니다.' '한때 꿈도 많고 이상도 높았는데 지금은 거의 아무 희망도 꿈도 없고, 결혼해 볼 엄두도 안 나고요.'라며 자신은 고립 생활에서 벗어나고 싶어 한다. 그러나 아무런 희망이 없어 절망적인 상황으로 누구에게도 마음을 열지 못함을 보여주었다.

이들은 미래를 위하거나 할 수 있는 일에 없어서 거의 온종일 잠을 자면서 지내기도 한다. 무망감이 높아 거의 온종일 잠이나 무료하게 시간을 보낸다. 이들은 무망감에 의하여 우울한 감정이 높고 외부나 사회적 활동을 하고자 하는 의욕이 매우 낮아 우울한 감정으로 일상생활을 유지한다. 누구를 만나거나 새로운 일에 도전하지 못하기도 하고, 안 하기도 한다. 개인의 삶에서 욕구가 없는 상황이 거의 모든 부분에서 이들을 지배하기도 한다.

> 그냥 뒹굴뒹굴 누워서 방에서 지내요.
> 누워서 하는 일 없이 지내고 있어요.
> 아버지는 나와 약속은 원래 그래요.
> 아버지는 일과 관련 있는 다른 사람에게는 약속을 잘 지키는데 나에게만 그래요(아버지가 청소년과 약속은 하지만 실제 지키지 않음).
> 하고 싶은 일이 없어요.
> 나가기 싫어요.
> 그냥 뒹굴뒹굴 방에서 지내요.

아버지는 청소년과 약속하고 이후 약속을 지키지 않는 것에 대해 청소년은 '원래 그래요.'라는 표현을 하고 있다. 아버지에게 기대하지 않는다는 표현을 한다. 또 외부에 나가서 활동하고자 하는 의사를 보이지 않고 있다. '뒹굴뒹굴 방에서 지내요.'라고 말하면서 외부에 나가기 싫다는 표현 등으로 아무런 욕구가 없다고 한다.

또래 관계가 원만하지 않은 청소년은 다양한 이유를 말하면서 조퇴를 하거나 지각이 잦아지고 결석하기도 한다. 이런 과정이 반복되면서 청소년은 학교에 가면 함께 놀거나 밥을 먹을 친구가 없다고 불평하면서 결석이 많아진다. 등교하지 않는 날에는 집에서 인터넷 게임이나 스마트 폰 사용으로 시간을 보내는 경우도 많다. 등교하지 않는 기간이 길어지면 또래 관계 형성에 어려움이 생기고 인터넷과 스마트 폰 과다사용으로 등교 거부라는 악순환이 반복된다. 가정에서는 인터넷과 스마트 폰 과다사용과 밥을 먹는 활동이 동시에 이루어지기도 한다.

점차 고립이 심해진 청소년은 다른 사람이 자는 시간인 새벽 5~6시까지 인터넷 게임과 스마트 폰 사용하다가 잠을 잔다. 오후 3~4시에 일어나 어머니가 준비해 준 식사를 간단하게 하고 잠시 놀다가 가족이 귀가하는 저녁 7~8시경에는 자신의 방에서 활동한다. 밤 9시경 식사를 하고 인터넷과 스마트 폰을 사용하는 것을 반복적으로 한다.

우리 사회는 인터넷과 스마트 폰 사용을 세계적으로 가장 많이 사용하는 나라이고 실제 많이 사용하기도 한다. 가정에서뿐만 아니라 사무실 또 공공장소 어디에서도 초고속 인터넷이 연결되어 있어 인터넷을 누구나 장소와 시간에 제약이 없이 쉽게 사용할 수 있다.

그래서 개인은 자유롭게 언제 어디서나 인터넷과 스마트 폰 사용이 가능하고 누구의 방해도 받지 않는 개인(사적) 공간으로 활용이 가능한 자신의 방이나 거실에서 현실 공간보다 더욱 편안하고 안전한 가상공간이다.

인터넷과 스마트 폰은 학업, 대인관계, 사회문제를 따라가는 것, 사회흐름을 읽는 통로 등 다양한 기능과 목적으로 생활공간 속에 자리 잡고 있다. 또 새로운 문화와 다른 사회를 경험하기도 한다. 이처럼 인터넷 사용은 누구에게나 새로운 기술의 습득과 다양한 사회와의 접촉을 가능하게 했다. 또 대인관계를 확장할 수 있는 도구이며, 동시에 즐거움과 기본적인 생활이 가능해서 누구에게나 흥미를 끌면서 빠르게 대중화되었다. 그러나 잘못된 사용이 가져올 수 있는 부작용은 인식되기 이전에 중독적인 성향이 먼저 생활 속으로 파고들었다.

고립 생활하는 사람은 거의 온종일 가상공간에서 외부 사람과 대화와 욕설로 의사소통을 한다. 또 가상공간에서 게임을 잘하면 칭찬과 격려

(현실에서는 받아보기 어렵고 감각이 오지 않음)를 받는다. 그러나 게임에 참여하였어도 같은 팀과 협력이 어렵고 게임에서 능력이 발휘되지 않는다면 비난과 욕설을 받으며 스트레스를 해소하기 위해 인터넷 게임에 참여하였다가 오히려 스트레스를 받아 더욱 가상공간에 집중하기도 한다. 결과와 상관이 없이 이들은 현실에서 하지 못하는 감정을 쏟아내고 감정정화가 이루어지기도 한다.

아침에 일어나 처음 하는 일이 컴퓨터를 켜는 거였고, 뭘 좀 먹고 다시 컴퓨터를 했습니다. 밤까지 계속 그러고 있다가 더 버틸 수 없을 때 지친 몸으로 침대에 드러누웠죠. 그러다 밤낮을 신경 쓰지 않게 됐습니다. 밤낮이 존재하지 않는 것 같았어요. 주로 오후에 아무 때나 일어나서 밤중에 생활했습니다. 아주 어릴 때부터 컴퓨터 앞에서 놀았죠. 어느 정도는 그것이 나의 사회생활이었고 지금도 제가 아는 많은 사람이 SNS나 컴퓨터 게임을 통해 만난 사람들입니다.

인터넷 게임이나 SNS를 할 때는 너무 집중해서 시간이 가는 걸 모릅니다. 저도 모르는 사이에 한 시간 두 시간, 서너 시간이 훌쩍 가죠. 그러나 할 일에 대해서는 전혀 생각하지 않았다. 오랫동안 할 일이 없었다. 학교, 직업, 친구, 놀이, 어떻게 생활할 것인가를 생각하지 않고 시간을 보냈다. 저 자신과 그날 하루만 생각하고 미래는 생각하지 않았다. 방에서 혼자 놀거나 자는 것 외에는 만족감을 주는 것이 없었습니다. 그렇게 2년을 보냈습니다. 방에만 지내고 있고 가족 외에는 누구하고도 접촉하지 않아요. 밖에 나가는 건 생각만 해도 겁이 나요. 움직여야 한다는 생각은 하지만 아무 데도 안 가요. 부모님의 실망스러운 눈빛에는 겁이 나요.–저에게는 끝없는 고통이에요.

부모님의 표정, 말투, 침묵을 견딜 수가 없어요(부모님도 힘드실 거예요, 이해를 못 하시죠.).

엄마는 저한테 숨기려고 하지만 자주 우세요. 밤에 엄마 울음소리가 들리고 부모님이 목소리를 낮춰 싸우는 소리도 들려요(저 때문에). 저는 부모님의 말씀에 무감각해졌어요.–무슨 말씀을 하셔도 한 귀로 듣고 한 귀로 흘리죠(부모님의 기분을 맞추려고 알았다고 대답하고 제가 하고 싶은 대로 해요.–아무것도 안 하는 거죠.).

저를 보호하려고 만든 갑옷인데 질식할 것 같기도 해요. 조만간 다시 사람들 속으로 뛰어들어 볼 거예요. 인터넷에서 많은 걸 배웠죠.

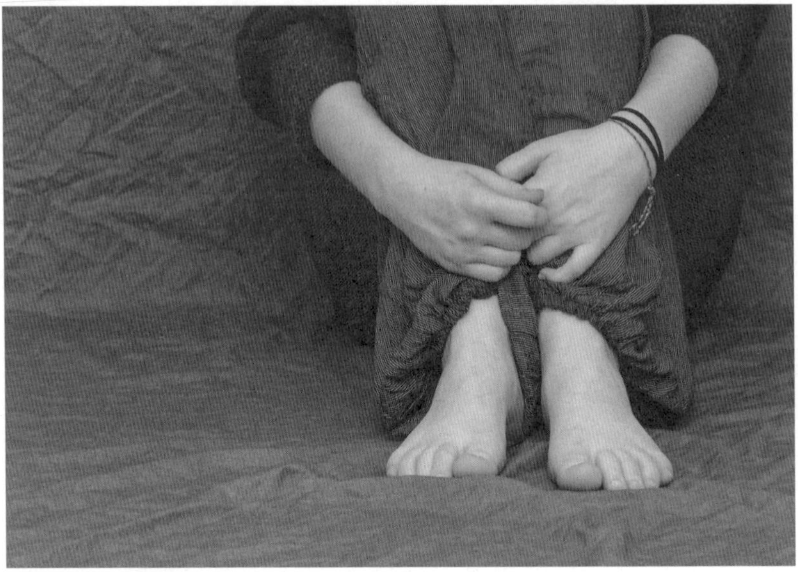

이들은 낮에는 잠을 자고 오후 늦은 시간에 일어나 간단하게 식사를 하고 활동한다. 하나의 방어기제라고 할 수 있다. 밤에는 사회의 활동이 멈춰 있어 죄책감이 줄어들 거라고 한다.

자신을 방이나 집안에 가두고 자신의 발전과정, 성장 과정, 미래를 거부해 버린 사람들이다. 이런 사람들은 멈춰 버린 시간 속에서 삶의 방향 감각을 잃고 정체된 삶을 살아간다. 현대사회에서의 사회문제는 상대적 박탈감으로 인한 좌절이다. 경제적 고통, 대인관계 어려움, 외모, 인정받고자 하는 욕구 등에 대한 열등감으로 나타난다.

이 사회적 현상의 전체적인 그림을 들여다보면 청소년기에 신체적 변화 및 심리적 불안에서 오는 수치심을 느끼는 청소년이다. 주로 가족과 심리·정서·환경적 단절, 괴롭힘(왕따), 사이버 폭력, 학업 스트레스, 대인관계, 또래 관계 등이 유발 요인으로 작용해 청소년기에 자신의 이상을 무너지고 취약한 상태로 생활하기도 한다.

Ⅲ부

부모는 비대면을 즐겨

고립 생활하는 사람은 누구인가?

가족은 혈연관계로 연결되어 있고 가족 구성원은 생사를 함께 하며 생산, 소비, 교육, 생활 등 기초적인 생활을 제공한다. 또 가족은 서로의 심신을 안정시킬 정서적 제공과 사회화 훈련 및 교육 그리고 연습의 장으로도 존재해 왔다. 전통적으로 부모는 자녀가 태어나면 가장 기본적으로 양육과 보호를 하면서 사회적 존재로 생활할 수 있게 신체·심리·정서·사회적 안정을 제공했다. 한 개인은 가족 안에서 태어나서 양육, 보호, 학습, 의사소통, 정서적 교류, 사회화라는 다양한 경험으로 사회적 존재로 성장한다.

이런 가족의 기능이 다양한 사회적 구조와 변화로 공동체적인 삶에서 개인주의적 삶으로 변화하고 있다. 이렇듯 가족의 기능이 변화하면서 개인이 사회에 적응하고 가족, 지역사회, 국가공동체를 형성하는 데 많은 어려움이 나타난다.

농업을 주 생산기반으로 생활했던 시대는 노동 집약형 생산구조로 가족 전체가 생산자이면서 소비자라는 구조였으며, 생계 및 경제력의 상징이었다. 농업 기반 사회에서는 많은 자녀와 함께 3~4대가 함께 생활하는 다세대 가족을 구성하게 된다. 또 그 시대는 육체노동을 기본으로 하는 다세대 가족이 대부분이었다. 농업사회에서 산업사회로 산업사회에서 서비스 산업사회로 서비스 산업사회에서 ICT(정보통신기술) 및 정보화 산업사회로 변화하였다. 이에 따라 다세대를 이루는 가족 단위가 지식 노동이 주를 이루는 ICT 및 정보화 산업사회에서 현대 가족은 부모-자녀로 이루어지는 단위 가족으로 가족 규모가 변했다. 농업사회는 가족 단위가 생산과 소비가 공동으로 이루어지며 대부분 차지하는 사회였다면, 현대 ICT 및 정보화 산업사회는 개인 개인이 생산의 주체이며 동시에 소비하는 사회로 구조가 변했다.

다세대 가족은 육체노동을 주로 하므로 가족이 함께 노동하고 함께 휴식하기 때문에 심리·정서·사회적 유대관계 형성이 실시간으로 가능했다. 현대사회의 단위 가족은 지식 노동을 주로 하므로 심리·정서·사회적 유대관계가 원활하게 이루어지기 어려워 개인의 생활양식이나 가치관이 중요한 시대로 변화하였다. 각 개인의 경제활동 시간과 대인관계 양식이 다르고 가치관의 다양성으로 변화를 가져왔다. 단위 가족이 하나의 생활 공간에서 생활해도 신체·심리·정서·사회적 교류가 단절된 경향이 발생하여 서로의 고민이나 어려움을 공유하지 못하게 되었다. 산업사회로 변화는 '가족의 위기'를 불러왔고 정보화 산업사회로 변화하는 새로운 형태의 삶을 사는 사람을 등장하도록 했다.

산업구조의 변화는 가족구조의 변화를 가져왔다. 가족구조 자체에서 3~4대가 함께 생활하는 다세대 가족에서 부모-자녀로 구성되는 단위 가족으로 변했다. 다시 단위 세대 가족에서 1인 가구로 가족 구성원이 감소하였다. 단위 가족이라고 해도 자녀가 2인이거나 아니면 1인 경우가 많고 가족 구성원 간 정서적 교류 시간이 줄었다.

현재 우리 사회는 일반적으로 한 가정의 자녀를 1명~2명으로 출산하는 경향이 나타나고 있다. 그로 인하여 부모는 자녀를 아주 귀하게 양육하기 위해 시간과 돈을 아끼지 않는다. 부모는 자녀를 티 없고, 걱정 없이 경제적 지원과 정서적 지원으로 어려움 없이 키우기를 원한다. 그래서 부모는 자녀의 요구사항을 모두 들어주려고 한다. 그러는 과정에서 부모는 과잉보호, 과잉통제 등 양육 태도에 영향을 주기도 한다. 그 영향으로 부모가 자녀에 대한 집착, 모자 밀착, 삼각관계 등 역기능적인 부모-자녀 관계는 과거보다 증가하고 있다. 여기에서 가장 큰 피해자는 부적절한 양육 태도로 인한 미성숙과 의존적이고 자생력이 부족한 자녀이다. 이들은 심리·정서·환경적으로 독립하지 못하고 의존적으로 성장한 자녀라고 할 수 있다. 실제 다수의 고립 생활하는 사람은 부모-자녀 의사소통의 부재, 부적절한 양육 경험, 부모에게 의존했던 사람, 독립적이지 않았던 사람 등은 고립하는 원인을 포함하고 있다.

왜 고립 생활하는 사람이 있는가? 그 이유는 매우 다양하고 복잡하다. 부모가 자녀의 상황에 대하여 어떤 태도로 접근하느냐에 따라 다르게 나타난다. 역기능적인 가족체계를 형성한 가족이었기 때문에 고립하도록 했다고 할 수 없다. 부모가 원인을 제공했다고 할 수 없다. 그러나 역기능적인 가족체계가 자녀의 외부 활동을 하지 않는 과정에 많은 영향을 주고 있는 것은 확실하다.

가정 안에 고립 생활하는 사람은 자신은 언제라도 밖으로 나갈 수 있다는 표현으로 고립 상태를 부정하면서 그런 사실에 대하여 괴로워하는 것이 악순환으로 이어진다.

고립 상태에서 가족이 건강하게 대응하지 못하고 대안적인 제시가 진행되지 않을 경우 고립은 한층 더 강화된다. 고립 상태가 이루어진 원인보다 가족의 부적절한 대응이 고립을 장기화하도록 하는 경향이 있다.

가족이 원인이라는 접근을 시도하면 부모가 책임을 져야 한다고 하는 논리로 접근하게 된다. 부모-자녀 관계에서 가족이 원인 제공자이며 해답이 있다는 접근을 하려는 것이 아니다. 가족관계에서 부모 역시 고립하고 있는 자녀를 바라보며 고통과 심리·정서·환경적으로 어려움을 호소한다. 부모 역시 다양한 부분에서 치유되어야 할 한 사람임을 알아야 한다.

고립 생활하는 자녀가 청소년기 경우는 학업을 마쳤으면 한다. 청년기인 경우는 학업, 직업, 결혼으로 부모에게서 자립하길 원한다. 중·장년기인 경우는 단위 가정을 이루면서 사회적 공헌을 하길 기대한다.

1. 부모-자녀 의사소통

먼저 의사소통(communication)은 '다른 사람과 함께 나누다' '공유하다' 등의 뜻이 포함되어 있다. 성취하고자 하는 목적을 성취하기 위하여 다른 사람에게 무언가를 하도록 시도하는 역동적인 과정으로서 개인과 개인이 정보를 교환하는 것이라고 할 수 있다. 한 사람으로부터 다른 사람에게로 정보를 의미 있게 전달하는 것을 의사소통이라고 할 수 있다. 또 의사소통에 있어 경청이라는 전제 조건이 필요하다. 그러나 그것만으로는 충분하지 않으며 효과도 발휘할 수 없다. 결론적으로 의사소통에서 경청이 효과가 있다는 것은 말하는 사람의 말을 듣는 사람이 이해할 수 있다는 것을 전제로 하고 있다.

사람은 누구나 태어나면서부터 자신의 의사를 엄마나 주 양육자에게

전달한다. 특히 언어로 표현이 되지 않을 때 웃음. 미소, 울음, 잠자기, 대변, 소변, 함께 놀기 등 다양한 의사를 전달하고 반응을 확인하면서 관계를 맺으며 의사소통으로 성장 발전한다. 이처럼 인간이 전 생애에 걸쳐 타인과 관계를 맺으며 상대방으로부터 받는 반응에 따라 자신의 대응

방식을 발전하게 되는 수단이다. 정보교환과 의미나 감정을 전달하여 상호이해와 관계를 증진하게 되는 과정이다.

의사소통은 자기의 의사를 표현하는 방법에는 언어적 방법과 비언어적 방법으로 나눈다. 언어적 의사소통은 언어로 자기 생각, 감정, 의도, 목적, 태도 등 다양하게 의사를 상호 교환하는 활동이다. 비언어적인 의사소통으로는 신체 거리, 시선 접촉, 침묵, 표정, 동작이나 몸짓 등이 있다.

언어적 의사소통은 7%, 어조 23%, 몸짓 70%의 소통능력을 갖추며, 비언어적 의사소통이 더 큰 영향력을 미친다. 개인의 모든 행위는 마음과 의미를 전달하는 의사소통의 행위라 할 수 있다. 결국, 의사소통은 보내는 사람과 받는 사람 간 정보의 공유뿐만 아니라 상호작용의 의미를 지니고 있다.

사람이 태어나서 성장과 발달하면서 가장 먼저 접촉과 영향을 받는 대상이 부모이다. 자녀는 부모와 끊임없이 의사소통과 상호작용으로 습득한 경험은 대인관계와 정서, 사고, 세상과 타인을 바라보는 시각, 자신의 미래, 어떻게 자신의 의사를 전달할 것인가를 학습하는 과정이며 개인에게 지대한 영향을 미치게 된다. 부모와 자녀 관계는 가장 기본적이면서 친밀한 관계이다. 태어나면서부터 성장과 발달하여야 하는 신생아기부터 중요하게 상호작용하는 대인관계로 한 개인의 행동 양식과 사고에 기초라고 할 수 있다.

의사소통의 의미에서 첫째. 의사소통하는 사람은 바로 그것을 받아들이는 의미가 담겨있다. 예를 들어 누군가 무언가를 외친다고 하자. 누군가의 외침에 그것을 듣는 사람이 없다면 의사소통은 없는 것이다. 즉 지각하는 행위가 의사소통이다. 둘째, 의사소통하기 전에는 수신자가 무엇을 기대하고 있는지에 대해 알아야 한다. 그래야만 의사소통에서 기대를 이용할 수 있는지 알 수 있다. 셋째, 의사소통은 언제나 요구를 한다. 언제나 수신자들이 어떤 사람이 되기를, 무엇을 하기를 또는 믿기를 요구한다. 넷째, 의사소통과 정보는 서로 다른 것이며 사실상 대립 관계에 있다. 그러나 한편으로는 상호의존적이다. 결론적으로 의사소통에서 가장 중요한 것은 정보가 아니라 받아들이는 지각이다.

가족 간 의사소통은 일반적인 의사소통과 다른 장단점을 동시에 존재한다. 또 특성으로 가족은 의사소통은 내면 깊숙한 의사소통이 가능하여 정서적 유대감을 증가시킬 수 있다는 장점이 있다. 그러나 다양한 방법이나 기술로 의사소통이 이루어지기 어려우며 의사소통 과정에 발생하는 갈등이나 대립에 대하여 중재가 어려워 심각한 갈등까지도 이어질 수 있다.

바람직한 의사소통으로 첫째, 상대방의 말을 잘 듣는다, 둘째, '나'를 주어로 자신의 감정을 전달한다. 셋째, 긍정적인 언어를 사용한다. 넷째, 언어적 의사소통과 비언어적 의사소통을 일치해야 효과적인 의사소통이다.

고립 생활하는 사람은 부모와 의사소통으로 자기 생각, 감정, 의사를 표현하여 세상과 소통을 시도한다. 또 이들은 타인과 의견 조정이나 어려움 극복하기 위해 부모와 의사소통을 시도하게 된다. 그러나 희망이 보이지 않으면 회피하는 선택으로 고립하는 경향이 많다.

개인은 가족과 일상생활 속에서 의사소통하고 서로 영향을 주고받으면서 생활한다. 또한, 개인은 학교나 사회와 의사소통을 하면서 영향 받는다. 그러나 고립 생활하는 사람의 경우, 개인, 가족, 사회라는 3개의 영역이 서로 폐쇄적으로 작용하기에 상황은 점점 악화하게 된다. 건강한 구조에서는 개인, 가족, 사회의 접점에서 의사소통이 원활하다.

고립 생활하는 사람 구조에서는 개인, 가족, 사회의 접점이 서로 괴리되어서 기능하지 않게 된다. 의사소통이 성립하려면 일방적이지 않은 상호성이 필요하다. 이들은 자신 안으로 함몰된 채로 대화를 단절하고 가족과 사회의 일방적인 당위적·강요적 언어만 존재한다. 그러므로 접촉점인 의사소통의 기능이 상실되어 각각의 세계가 단절된 채로 존재한다. 의사소통의 기능을 상실한 구조에서 자기 세계로 선택해 들어가는 것이 고립 생활하는 사람이다.

의사소통할 수 없는 고립 생활하는 사람의 현실을 다음과 같이 표현한다.

> 대화와 설득이 사라지고 맹목적인 의지만이 횡행하는 현실에서 개인의 선택이 많지 않다. 불굴의 의지로 끊임없이 소통을 시도하든가, 소통을 포기하든가. 하지만 불굴의 의지를 갖고 이 암담한 현실을 버텨갈 수 있는 사람은 그리 흔치 않다. 우린 안 될 거야, 아마 ......차마 소통을 완전히 포기하거나 그것의 불가능을 인정할 수 없어 애써 원활히 소통하고 있는 척이라도 하든가, 아니면 깨끗이 인정하고 포기해버리든가. 고립 생활하는 사람은 후자를 선택한 사람들을 지칭한다.

일반적으로 고립 생활하는 사람의 가족은 가정이라는 공동체에서 즐겁고 행복한 기능적이고 건강한 의사소통을 보여주지 못한다. 가족 간 갈등으로 무엇인가를 결정하고 선택하는 과정에서 부모는 자녀와 해결을 위한 의사소통으로 공통분모를 찾아가면서 활동하기보다는 회피하거나 무조건 덮어버리려는 경향이 나타난다. 부모-자녀 간 의사소통 없이 부모의 결정을 자녀가 따르도록 강요와 부모의 단독적인 결정으로 해결하려는 태도를 보인다.

자녀는 부모가 자신의 의견이나 선택이 없는 의사소통과 결정에 대하여 처음은 '내 의견은 물어보지도 않아!!!' 한다. 자녀는 부모의 계속된 일방적인 의사결정에 말을 하지 않거나 삐진다. 부모가 변화하지 않고 자녀의 의견을 수용하지 않으면 전혀 말을 하지 않거나 분노(초보적인 수동공격 포함)한다. 이 상황에서 부모가 일방적인 의사소통을 계속하면 자녀는 개인 공간에 고립하거나 범법 행동으로 본격적인 수동공격을 한다. 이처럼 부모-자녀 관계에서 건강한 의사소통 이루어지지 않는다면 크게 두 유형으로 나타난다. 주목하는 유형이 바로 의사소통 자체가 진행되지 않아 개인 공간으로 고립하는 사람이다. 이들의 생각이나 뜻이 부모에게 전달되지 않아서 부모와 소통을 거부하고 회피하면서 고립하게 된다.

따라서 부모-자녀 간 부적절한 의사소통으로 미성숙, 의존적, 자생력이 부족하게 성장한 고립 생활하는 사람은 현실에서 어려움이 있을 때마다 자신의 변화를 위한 노력보다는 타인에게 원인이라고 돌리는 만성적인 문제 상황으로 발전하기 쉽다.

고립 생활하는 사람은 정서적으로 건강한 의사소통 능력이 필요하다.

상대의 감정을 제대로 알아차리고 자신의 감정을 정확하게 전달하는 의사소통 기술은 경험이라는 과정을 통해 성장 발전한다. 의사소통 기술은 훈련의 측면과 함께 타인에게 수용되어 인정받거나 존재감을 확보해 나가는 경험을 통해 점점 향상된다. 따라서 고립 생활하는 사람은 대인관계의 어려움을 극복하기 위해서는 부모의 모델링과 함께 의사소통 기술을 발전시킬 필요가 있다. 그러나 이들의 현실은 가족과의 정서적 단절을 넘어 고립의 상황에서 생활하면서 자신의 감정과 언어를 정확하게 상대에게 전달하는 기술이나 훈련을 받지 못했다.

부모는 자녀를 양육하는 과정에서 자녀가 정말 잘 성장하여 아름다운 삶을 살기 원하는 마음으로 자녀를 양육한다. 그래서 부모는 자녀를 너무 사랑하여 미래에 건강하고 아름다운 삶을 살았으면 하는 그림을 그려 놓고 자녀에게 부모가 원하는 활동을 했으면 하고 양육한다.

부모는 자녀에게 유아기부터 예체능과 조기교육을 실시한다. 자녀는 아동기와 학령기 초기에는 부모가 강요하고 다른 친구도 조기교육이 이루어지는 것 보면서 자신도 해야 하는 줄 알고 부모가 시키는 것을 거부하지 않고 학습을 한다. 그러는 과정에서 자녀는 친구와 놀고 싶고 대화를 통하여 무엇인가 정서적 관계를 원하면서 부모에게 학원이나 공부가 싫다는 의사 표현을 하기도 한다. 그러나 부모는 자녀의 의견을 수용과 존중하지 않고 계속 부모가 원하는 학습이나 예체능을 하라는 의견을 자녀에게 강요한다. 또 초등학교 3학년~6학년 정도 성장한 자녀가 자기 의사를 분명하게 표현하면서 부모에게 학습에 어려움이 있고 하기 싫다는 표현하면 부모는 자녀에게 심한 언어적 폭력이나 신체적 폭력을 행사하기도 한다.

> 네가 잘되라고 그러는데 네가 왜 말을 듣지 않느냐!
> 다니라 하면 다녀!!

자녀는 부모가 계속 학업을 원하기도 하고 육체적 힘이 약한 상태에서 부모의 의견을 무시하거나 반항할 용기가 없어 학습을 수행하며, 부모의 요구를 거부하지 못한다. 그러나 자녀는 성장기에 부모로부터 받았던 언어와 신체폭력에 내면에는 힘이 생기면 부모에게 보복하겠다고 생각하게 된다. 실제 청소년기 부모가 청소년 일탈이나 비행으로 어려운 상황에 놓이도록 하여 수동공격 형태의 보복을 한다.

부모는 자녀가 사춘기가 되어도 부모 자신이 원하는 방향으로 양육하고 그로 인하여 원하는 것을 모두 하여 행복과 만족을 주는 자녀로 성장하여 주기를 바라는 경향이 있다. 부모는 자녀가 학령기부터 자녀자립까지 의사소통에서 변화하지 않고 성장할 것으로 예상한다. 부모는 변화하지 않아도 잘 성장할 것으로 보이는 부모–자녀 의사소통은 성장기와 남녀의 성별 및 상황에 따라 변화하는데 부모는 유연하게 변화하지 못하기도 한다.

부모–자녀의 관계 맺기에서 자녀는 부모에게 심리·정서·환경적으로 안정적이며 신뢰받으며 상처가 없는 자녀는 성장하길 원한다. 이렇게 성장한 자녀는 자신의 활동이나 언행에 대하여 자신감이 넘치고 안정적으로 성장한다. 반면, 부모로부터 불안정하며 신뢰받지 못하며 상처가 있는 자녀는 누구도 자신을 이해와 신뢰하지 않는다고 생각한다. 이렇게 성장한 자녀는 사회와 자신에 대하여 부정적인 사고를 한다.

그래서 자녀는 타인과 정서적 교류와 자신의 건강하게 성장하고 있는지에 대한 점검이나 확인을 할 기회가 주어지지 않아 정서적 단절로 인한 갈등을 경험하기도 한다. 또 신체적으로 성장과는 다르게 심리적 위축과 정서적 불안정은 다양한 세대에서 균형적인 성장이 이루어지지 않아 왜곡된 사고나 심리·정서·환경적으로 불안한 상태에 놓이게 된다.

2. 가족 해체와 정서적 단절

고립 생활하는 사람의 가족관계에서 가장 많이 나타나는 특징은 가정 해체 현상이다. 가정마다 다양한 가정 해체의 형태를 보인다. 사별이나 이혼으로 아버지가 양육하거나 어머니가 양육하기도 한다. 또 부모 중 한 분이 양육하다가 재혼으로 재구성된 가정도 있다. 또 부모가 양육하지 못하여 조부모가 양육하는 가정도 있다. 즉 부모나 양육자가 건강한 자녀 양육으로 사회일원으로 활동하도록 성장시키지 못한 경우이다.

외형상으로는 부모-자녀 관계가 형성되어 있는 형태를 나타낸다. 그러나 부모-자녀 의사소통이 원만하게 이루어지지 않거나 부모양육태도에서 역기능적인 양육태도로 심리·정서적 단절이 나타난다.

또 아버지는 경제활동으로 아침 일찍 출근하여 늦은 밤에 퇴근하기를 반복된다. 그래서 자녀 양육이나 관리는 어머니가 대부분 담당한다. 어머니는 자녀만 바라보고 생활하며 자녀는 어머니와 관계에서 자녀가 원하는 욕구를 어떻게 만족할 것인가를 알고 어머니와 관계를 유지한다. 그래서 어머니와 자녀는 서로 공생 관계와 상호의존 하는 역기능적 가족 관계가 유지된다.

고립 생활하는 사람 가정의 경제적 수준은 특정한 경제적 수준에서 주로 나타나지 않고 전체적으로 나타난다. 경제적 수준은 하위수준의 가정이 많았다.

이들은 외둥이인 경우가 있고, 형제가 있는 경우 나이 터울이 많은 막내도 있었다. 가족 구성원은 3~4명으로 생활하는 경우가 많았다. 한편, 이들의 나이는 모든 연령층에서 나타나기도 했다. 특히 10대부터 20대 후반까지의 나이에서 주로 시작한다. 장기간 걸쳐 고립 생활하는 사람도 있다. 최근 들어서는 40~50대 중·장년을 바라보는 시기에 실직과 가정 해체로 고립 생활하는 사람이 보고되고 있다.

가족의 해체로 인해 청소년 자녀가 공동체 생활에 적응하지 못하고 고립 생활을 유지하면서 살아가게 되는 것이다.

ㄴ 군은 형제가 없고 외둥이로 안정적이며 정서적 교류가 원만한 가족이었다. ㄴ 군이 초등학교 저학년 정도에 부모는 경제적인 이유로 이혼

하게 되어 어머니와 생활하게 되었다. 부모가 이혼한 이후로 ㄴ 군은 정서적 외로움을 호소하였고 어머니는 경제활동을 위하여 너무나 분주한 활동으로 정서적 고갈을 경험하게 되었다. ㄴ 군은 어머니와 정서적인 교류를 경험하지 못하면서 외로움뿐만 아니라 가정과 학교 관련 모든 생활을 혼자서 감당해야 했다.

ㄴ 군은 외로움과 정서적 고갈로 인하여 놀이터, 공원, PC방 등 대화 상대를 찾아 헤매기도 하였다. 그러나 친구들로부터 부정적 언어, 놀림, 이용당함을 느끼고 등교하지 않고 집에서 지내는 시간이 많아졌다. ㄴ 군의 어머니는 자녀를 다음과 같이 표현했다.

> 혼자 집안일과 경제활동을 하다 보니 ㄴ 군에게 신경 쓸 시간이 부족했어요.
> 원래 ㄴ 군은 말수도 적고 조용하며 내성적인 성격이라 그리 문제가 없었어요.

ㄴ 군은 등교하지 않는 날이 많아지고 집에서 활동하는 시간이 증가하여 등교하지 않게 되었다. 미래를 생각하면 공부를 하겠다고 어머니에게 말하고는 실제로는 거의 온종일 컴퓨터 앞에서 시간을 보낸다.

부모의 이혼이나 사별로 인하여 가족이 해체되어 학령기나 청소년기 자녀는 스트레스로 인하여 감정이나 정서적 교류를 내부로 향하거나 외부 또래 집단과의 친밀감을 형성하기도 한다. 고립 생활하는 사람은 정서적 교류를 내적인 에너지로 발산하거나 억압하는 경우로 이후 부모나 가족에 대한 분노 표현을 하기도 한다.

고립 생활하는 사람은 부모가 맞벌이 상황에서 자녀 양육에 소홀하거나 부모 간의 갈등으로 건강한 양육을 받지 못하는 경향이 있다. 유아기 및 성장기에 부모로부터 보호와 양육을 받는 과정에서 부모가 모델링이 되어야 한다. 그래서 자녀가 상황에 맞는 건강한 언어와 행동을 하면서 학습이 되어야 하는데, 성장기에 부모는 분주하고 자녀를 건강하게 양육할 여유가 없다. 부모 역시 자신에게 주어진 상황에서 판단을 보여주지 못한다. 그래서 자녀 또한, 경험과 학습으로 어떻게 판단하고 결과를 표현하는지에 결정하지 못한다.

부모나 양육자가 자녀의 상황에 맞는 언어와 행동은 자녀가 또래에게 관심과 사랑을 받게 되는 데 중요한 영향을 미친다. 반대로 상황에 맞지 않는 언어와 행동 및 대처는 또래로부터 비난이나 관계를 악화시키는 결과를 낳는다. 상담 장면이나 대인관계, 직업 활동, 학교생활에서 주어진 상황에 맞는 언어와 행동은 많은 사람과 관계를 증진하고 새로운 활력을 찾게 만든다. 그러나 표현이 되지 않고 아무런 행동을 하지 못하면 많은 어려움을 호소한다.

가족과 정서적 단절된 사람은 가족관계에서까지 장난스럽거나 사소한 말 한마디를 다시 장난으로 넘길 수 있는 언어에 대하여 큰 상처를 받아 다시는 말 한마디 하지 않는다. 이러한 상황은 당사자를 생각해서 조심스럽게 장난이나 농담을 해야 한다. 그렇게 상처받는 당사자는 내적인 상황에서 자신을 객관적으로 바라볼 수 있는 여유가 없다. 그래서 대인관계에서 건강성을 보여주지 못하는 현상이다. 다시 설명하면 기질적 특성 및 성격적 특성과 성장 과정에서 자기효능감을 경험하지 못하면서 자아존중감이 낮은 결과가 하나의 요인이다.

이들이 보이는 현상 중 하나는 타인에게서 듣는 장난이나 농담에 대하여 적극적인 의사를 표현한다. 반대로 자신이 보여주었던 언행과는 다르게 타인에게 상처를 주거나 작은 실수나 잘못에 대하여 아주 예리한 표현을 많이 한다는 사실이다.

우리 사회가 농업사회에서 산업사회로 전환되면서 태어나고 성장하였던 시기의 부모 세대(1950년~1970년경)는 경제적으로 어려워 식사뿐만 아니라 간식도 먹고 싶은 것이 있어도 먹지 못하고 공부가 하고 싶어도 못하고 성장했다. 이처럼 부모 세대는 결핍과 어려움으로 성장하여 자녀 세대에게 물질적 공급과 풍요로움을 제공했다. 그러나 현대사회의 부모-자녀 관계는 심리·정서적 교류가 줄어들어 자녀가 고립이라는 방법으로 선택하기도 한다.

현대인의 특성으로 즉흥적이고 감각적인 활동한다. 그래서 자신의 권리를 제한받으면 즉각적인 반발과 과도한 반응 보이는 것은 체력적인 한계가 빨리 나타나기 때문이다. 스스로 의식주를 해결해야 하는 부모 세대는 놀이가 의식주를 공급받아야 했기에 산과 들에서 활동하는 시간이 많았다. 이에 비하여 자녀 세대는 의식주는 물론이고, 원하는 간식, 장난감, 놀이문화 등이 부모 세대에게 요구하면 대부분이 자동으로 공급되는 자동화 세대라고 할 수 있다. 그래서 자녀 세대는 체력적으로 약하고 외부의 충격에 대하여 극복능력이 낮다고 할 수 있다.

가족이나 또래와 대인관계에서 친밀도가 높은 사람은 주변 사람과 다양한 의견 교환으로 해결책을 생각하고 실행한다. 반대로 친밀도가 낮은 사람은 타인의 의견을 듣고 싶어도 불가능하고 타인의 의견을 듣지 않은 경향이 있다. 그래서 이들이 선택하는 방법이 가장 안전하고, 외부와 분리되고 혼자만의 공간인 자신의 방이나 집으로 회피하는 것이다. 고립 생활하는 방이나 집은 사람의 생존에 필요한 부분을 해결이 가능한 곳이다. 또 생존에 필수적인 의식주가 해결되는 곳이다. 활동 과정에서 부족한 부분은 TV, 인터넷, 스마트 폰 등이 있어 외부에 나가지 않아도 충분한 개인 생활이 가능한 공간이다.

현대인은 분주한 일상 때문에 자녀를 보살펴주지도 못하고 정서적인 교류를 하지 못하는 가정이 많다. 분주하고 맞벌이하는 모든 가정에서 개인, 가족, 사회와 관련 이탈이나 사건이 발생하고 어려움을 호소하는 것은 아니다. 부모가 분주한 일상생활에서도 부모-자녀 관계에서 정서적 교류를 원활하게 한다면 자녀는 건강한 사회인으로 성장할 것이다.

일상적인 생활이나 주어진 활동을 건강하게 유지했던 사람이라고 해도 부모의 분주함으로 인하여 다가오는 부모의 부재는 한 개인의 삶에 있어서 자신의 존재감 및 공허감과 허탈감으로 자리를 잡게 된다. 이러한 상황에서 대부분의 자녀는 부모에게 심한 반항이나 투정 및 응석으로 부모의 빈자리에 대하여 항의하게 된다. 부모의 빈자리를 경험한 자녀들은 부모를 대신할 심리적인 제2의 가족을 찾아 나서기도 한다. 심리적 가족의 하나의 방향은 비행 또래와 함께 지내거나 가출하여 가출 팸(Family)을 이루어 생활하기도 하고, 또 다른 방향은 사람이 아닌 사물과 관계 형성으로 심리적 가족을 형성한다. 후자의 경우가 더 진전된다면 정서적 고립으로 인하여 방이나 집에서 생활하게 된다.

과잉보호와 방치

ㄷ 군의 어머니는 ㄷ 군이 영아기와 아동기에 말로 표현하는 것에 조용하고 타인과 활동하는 것에 소극적인 모습을 보이는 것에 자녀의 특성으로 받아들였다. 그런데 초등학교에 입학하면서 ㄷ 군은 또래와 대화하거나 놀이하는 과정에서 매우 소극적이고 관계의 폭이 넓지 않았다. ㄷ 군의 형제는 ㄷ 군과 다르게 대인관계나 자신의 의사 표현 방향이 외향적인 성향이었다. ㄷ 군의 어머니는 다른 어머니처럼 직장을 다니면서 자녀를 양육하고 가정 살림을 진행하는 과정에서 자녀들과 의사소통을 하려고 하면 힘이 빠지고 자녀와 관계를 어떻게 유지해야 하나 고민이 되기도 하였다. 어머니는 직장생활에서 정서적으로 고갈되고, 남편의 관심이 경제활동에 집중되는 사이 ㄷ 군의 어머니는 자녀에게 소홀한 상태로 의사소통과 부모-자녀 관계를 유지했다. 자녀 역시 어머니가 자신들에게 관심을 보이지 않는다는 사실과 정서적 고갈로 인하여 소홀하고 관계적 욕구가 낮아진 상황을 이용하여 인터넷과 스마트 폰에 집중하면서 정서적 단절상태를 유지한다.

부모가 내성적이며 사회적 관계에서 소홀로 친구와 교류가 별로 없는 경우에 자녀도 부모 이외의 사람과 접촉할 기회가 많지 않아 대인관계의 다양성이 줄어든다.

아버지는 주로 경제활동이나 외부활동으로 자녀와 가정에 관심이 낮고 어머니는 가정에서 자녀를 주로 돌보는 상황으로 어머니는 자녀와 일체감을 형성하는 경우이다. 고립이 만성화되는 과정에서 나타나는 현상으로 부모가 이혼하거나 사별하여 아버지가 없는 경우, 자녀에게 집중하는 어머니와 자녀가 하나의 공동체로 생활하는 현상이다. 일명 모자일체화(母子一體化)이다.

심리적 아버지의 부재로 인해 가족은 방향성을 상실하게 된다. 특히 한국, 일본, 중국 등 유교 문화권은 아버지의 권위와 가부장적 위치가 작용하는 사회를 이루고 있다. 아버지는 경제활동(직업)이나 외부활동에 집중하고 가정에서 자녀 양육이나 가사는 어머니가 책임지는 구조이다. 그래서 어머니의 관심과 집중을 받는 자녀가 어머니와 하나의 공동체로 생활하게 되어 어머니와 자녀가 일체감을 형성하게 된다. 가정 내에서 일어나는 대부분 문제가 아버지의 부재와 어머니의 결정으로 이루어지면서 고립 과정이나 이후에 해결 방법을 찾지 못하게 된다. 고립이 만성화되는 과정에서 나타나는 현상으로 심리·정서·환경적 관계와 사회적 관계가 원만하게 이루어지지 않게 된다.

부모가 자녀를 보호와 양육과정에서 건강한 사랑과 관심이 과도하다면 간섭이라는 느낌으로 접근한다. 당연히 자녀는 부모의 간섭이나 사랑에 부담스러워하고 거부하는 태도를 보일 것이다. 자녀에게 언어적으로는 관심 있거나 사랑한다고 말을 한다. 그러나 행동으로는 자녀에게 사랑과 관심을 보이지 않는다면 부모-자녀 관계에서 자녀는 부모의 의견을 수용하지 않거나 부정적인 가치관이 형성될 것이다. 다시 표현하면 부모가 자녀에게 지나친 사랑과 관심은 자녀가 스스로 미래에 대하여 정보를 수집하고 다양한 의견을 수용하여 결정하지 못한다. 그 결정에 따라 책임지는 과정을 부모가 해주었기에 자녀가 고등학교까지는 크게 문제가 되지 않는다. 이후 자녀가 대학에 진학하여 진정으로 원하는 것을 고민하면서 부모가 결정해주었던 것이 자신의 진로나 선택이 아님을 알고 청년기(20세 이후)에 이르러서는 자신이 원하는 진로를 위해 되돌아간다. 즉 성장 과정에서 부모가 모든 것을 결정하고 선택하고 해결해주었기에 어려움이나 극복해야 할 상황에 이르면 당황하고 불안해하면서 부모가 해결해주겠지 하는 심리가 나타나기도 한다.

> 사춘기라서 그런지 아들이 공부를 안 하려고 해요. 조금만 어른들의 말을 들었으면 좋겠는데 아예 듣는 척도 안 해요. 다 자기 좋아지라고 하는 건데 왜 이해를 안 하려고 하는지 너무 답답해요.

부모-자녀 관계에서 부모는 양육, 보호, 심리·정서적 관계, 학업 지원, 대인관계, 학습 등 다양한 역할을 한다. 부모가 자녀를 양육할 때 건강한 양육을 해야 한다. 자녀가 청소년이면 또래 관계는 학업성적을 올리는 것과는 비교가 되지 안 될 정도로 중요함을 부모가 인식해야 한다. 비행 친구를 사귀면 비행으로 빠질 것을 걱정해서 친구를 사귀지 말라는 부모도 있다. 이것은 좋은 선택이라고 할 수 없다. 물론 학업을 유지하여야 할 시기에 학업을 무시하는 것은 아니다. 건강한 또래 관계는 인격 형성과 대인관계를 통하여 균형 있고 건강한 사회성 발달에 중요한 계기가 된다.

부모가 경제적인 활동과 개인적인 성향으로 부모-자녀 관계에서 정서적 교류가 방치하거나 무관심으로 양육하면 자녀는 사회적 관계에서 학습할 대상이 없다. 이럴 때 자녀는 자신이 누군가와 신뢰 관계가 형성되지 못해 세상에 혼자라는 느낌을 들게 된다. 그러면서 부모도 믿을 수 없는 존재이며 신뢰가 되지 않아 서운함과 외로움을 표현한다.

이처럼 가족 관계에서 신뢰와 사회적 기술이 낮은 사람은 특정 상황에서 언어와 행동을 결정해야 한다. 그러나 이런 상황에서 자연스럽게 또래에 합류하지 못하는 결과에 이른다. 즉 이런 자녀는 특정 상황과 다른 언어를 사용하거나 정확한 언어 구사가 이루어지지 않아 대인관계를 형성하지 못하여 또래와 구별되기도 한다. 그 결과 간단한 과정으로 해소가 가능한 문제도 사회적 위축되고 주위에 적절한 도움을 요청하지 못한다. 따라서 대인관계 형성이 건강하게 되지 않은 자녀는 혼자서 놀거나 다른 방법으로 또래의 관심을 받기 위해 활동한다.

산업화가 진행된 이후 우리나라 가족은 1~2명 자녀인 경우가 많다. 자녀가 1~2명인 부모는 자녀에게 가능한 최고의 지원을 하게 된다. 이렇게 성장한 자녀는 대인관계에서 배려와 존중이 아닌 심리·정서·환경적으로 불안하고 외모지상주의 성향으로 성장한다. 그래서 자녀는 또래와 비교하면서 현실에 만족하지 않고 부모에게 더욱더 많은 것을 요구한다. 더욱이 ICT 강국인 우리나라는 인터넷의 발달과 스마트 폰 보급으로 현실에서 대인관계보다 가상공간에서 게임과 SNS에 집중한다. 이처럼 정서적 교류가 원만하지 않은 사람은 가상공간에서도 대인관계가 되지 않는 사람이 증가하고 있다. 자신이 어떤 존재이고 있는 그대로 받아들이지 못하고 좌절, 불평, 인내심 없이 자신이 생각하는 부분이 옳다는 주장을 반복하는 사람으로 성장한다.

부모 자신이 성장하면서 폭력적인 양육을 받았고, 다른 방식의 양육을 받아본 경험이 없어 다시금 자녀에게 폭력이라는 양육을 대물림하게 되는 경우이다. 자녀는 부모로부터 당했던 폭력을 다시 부모에게 고립이라는 방법으로 수동 공격하게 된다.

조부모로부터 폭력적인 양육은 받았던 부모는 자녀에게 폭력이 아닌 양육으로 관계를 유지하기 쉽지 않다. 왜냐하면, 부모가 받았던 양육 이외에 대안적인 양육으로 자녀와 관계를 유지하기가 어렵기 때문이다. 다른 방법을 사용하기가 어렵고 다른 방법을 학습하지 않았기 때문에 관계에서 어려움이 반복된다.

부모 역시 건강한 양육태도로 자녀를 양육하지 않았다면, 자녀가 고립하는 과정에서 주변의 도움을 요청하거나 부모가 새로운 방법으로 접근하지 못하여 쉽게 포기하고 고립을 인정해버리기도 한다.

부모-자녀 정서적 단절

가정은 최초의 사회적 경험이다. 부모-자녀 관계는 가장 기본적인 인간관계로서 그 어떤 사회적 관계보다도 더 직접적이고 많은 영향을 주고받는다. 부모가 자녀의 성장과 발달을 위해 행사하는 모든 행동과 사고를 양육태도라고 할 수 있다. 부모는 자녀에게 생각, 언어, 대인관계, 문제해결 능력, 성격 형성, 감정표현, 자기주장 등 다양한 방식으로 발달과 성장에 매우 중대한 영향을 준다.

부모-자녀 관계는 모든 인간관계의 가장 기본이 되는 관계이고 부모의 건강한 양육방식은 자녀의 건강한 성장에 매우 중요하다. 부모-자녀 관계에서 상호작용은 자아개념 형성에 중요하게 작용하여 성격 발달에 영향을 주고, 자녀의 대인관계와 적응양식에도 결정적인 영향을 준다. 부모양육태도가 자녀의 인지적 영역과 신체·정서·사회적 영역에 큰 영향을 주는 중요한 요인이다. 가정에서 부모양육태도는 자녀들에게 신체적, 심리적, 정서적, 사회적으로 커다란 영향을 준다. 자녀는 부모와의 언어적이거나 비언어적인 상호작용을 통하여 성격 형성이나 사회화는 물론 자아개념, 가치관, 태도 및 행동 등을 학습하여 가족뿐만 아니라 타인과 사회적 관계까지 확장 적용한다.

현대사회는 다양한 가족의 출현으로 가족 형태의 변화로 학령기와 청소년의 생활환경 변화가 학교에서 부적응이라는 문제로 확장하여 중요하게 부각하고 있다. 또, 자녀는 자신도 모르는 사이에 부모의 기대와 요구에 맞추어 반응하며 부모의 행동을 종합적인 경험을 내외부로 표현하면서 하나의 독립적인 인간으로 살아간다. 부모양육태도가 자녀의 친구관계에 직접적인 영향을 주어 자녀에게 학습되기도 한다. 부모는 자녀에게 언어나 태도에서 부정적이고 강한 어조로 질책을 하기보다 긍정적인 대화를 통해 갈등이나 어려움을 극복하도록 관계를 유지해야 한다.

사회불안을 보이는 사람들은 부모가 과잉보호하거나 통제했고 따뜻함이 부족한 양육을 받았던 것으로 보고한다. 부모양육태도를 긍정적인 것으로 경험했던 사람들이 도전적인 상황을 피하지 않고 자기와 상황에 대한 통제력을 가진다. 또 자신이 가치 있게 생각하는 목적에 집중하면서 심리적 안녕감을 유지한다. 또 부모양육태도를 부정적으로 지각할수록 낮은 수준의 심리적 안녕감, 우울, 비행과 같은 심리적 문제를 더 많이 경험한다.

부모-자녀 의사소통에서 자녀가 아동기 및 청소년기의 경우 판단 능력과 사회적 흐름을 잘 이해하지 못하는 시기이다. 자녀는 학교에서나 일상적인 대인관계에서 발달과정에 있음으로 가치판단이나 결정에 있어 미성숙하고 자기중심적이다. 그래서 판단 착오로 결정할 가능성이 매우 크다. 그런데 부모는 발달과정에 있는 자녀를 이해, 수용, 존중, 공감과 함께 대안적인 선택을 알려주고 학습할 기회를 제공하지 않고 비난하거나 거부하는 태도로 양육하기도 한다.

이렇게 성장한 자녀는 가정, 학교, 대인관계를 유지하는 과정에서 부모 및 타인으로부터 수용과 존중받고 있다는 느낌을 받지 못한다.

자녀: 다녀왔습니다.

모 : 왜!! 늦었어? 내가 전화했는데, 왜 전화 안 받아!

자녀: 아 깜작이야!

모 : 왜 소리를 지르고 난리야. 엄마가 물어보면 대답을 해야지. 이게 뭘 잘했다고.

자녀: 왜 큰 소리야. 친구네 집에서 놀다 보니까?

모 : 아이고 거짓말하지 마. 내가 속을 줄 알아.
너 진짜 짜증나게 할래. 내가 몇 번 전화했는데.

자녀: 친구네 부모님이 여행 가셔서 우리끼리 놀다가 전화 못 받았어.
나 배터리도 다 떨어졌단 말이야.

모 : 시끄러워.
야! 연락도 없이 늦은 주제에 뭘 잘했다고 변명이야.

부 : (귀가하면서)집안 시끄럽게 왜 난리야.
야 전화하면 제때 받아야지, 왜 안 받아 공부도 못하면서 뭘 잘했다고 말대꾸야.
(모에게) 당신은 애들 하나 못 잡아.

모 : 아무리 말해도 소용없어요.

자녀의 늦은 귀가에 대하여 부모는 자녀에게 수용과 존중하는 긍정적인 언어보다 부정적이며 불신, 무시, 언어폭력, 즉 '거짓말하지 마. 내가 속을 줄 알아' 등을 사용하는 빈도가 높다. 그래서 자녀는 부모와 대화를 거부하여 정서적 단절된다.

부-모 간은 서로의 의견을 일치하여 자녀와 관계, 언어, 의사소통하겠다는 합의가 이루어지지 않아서이다. 자녀를 건강하게 양육하기 위하여 부모는 서로가 어떤 양육태도와 서로의 역할을 할 것인가에 대하여 협의하거나 협조하지 않아서이다. 즉흥적이며 자녀의 내적인 상황을 이해하고 받아들이지 않으며, 활동적인 부분에 초점을 맞추어 변화시키려고 하고 있다.

부모-자녀 관계에서 정서적 단절은 자녀와 관련된 모든 활동에서 갈등이 발생한다. 자녀의 일상생활과 관련 모든 활동에 부모 간 협의나 약속된 양육 방향이 없다면 자녀는 어떻게 하면 원하는 것을 얻을 수 있는지 알게 되고 부-모 사이를 선택적으로 이용한다. 또 부-모 사이에서 양육에 대해 의견 일치나 양육 협의가 없다면 자녀의 활동에 부-모 사이는 갈등이 발생하고 그로 인하여 자녀는 부-모의 갈등을 이용하여 다양한 어려움으로 가족 전체가 심리·정서·환경적으로 불안하고 경직된 생활을 하게 된다.

부모양육태도(부모는 무관심)

부모는 성장기의 자녀뿐만 아니라 청년과 성인 자녀에게도 큰 영향을 미친다. 자녀의 성격·정서·인지발달 등과 같은 개인적 성향이 부모와의 관계에서 일차적으로 형성된다. 사람은 출생과 동시에 부모의 양육과 보호를 받아야 한다. 자녀는 부모양육태도 및 그 방식에 의하여 성격이 형성되어 학습 동기와 태도 및 미래 목표 등 전 생애를 살아가는데 영향을 받는다. 즉 부모양육태도를 자녀가 어떻게 지각하느냐에 따라 자녀의 성격 특성, 인지 발달, 정서 발달 등은 중대한 영향을 받아 성장이 진행된다. 가정에서 부-모 관계와 대화 수준에서 자녀에게 영향력이 크다.

부모가 자녀를 강압적으로 훈육하면 이 방법 이외는 다른 방법이 없다는 부정적인 신념이 고정된다. 부모가 화내는 패턴이 반복되면 부모 머릿속에는 자녀의 행동을 통제하려면 목소리가 커야 한다고 입력되는 식이다. 자녀의 긍정적인 부분보다 작은 실수에도 큰소리부터 낸다.

자녀는 상황 판단이 미숙하고 의존적이기 때문에 부모가 무시하거나 불안해하면 자신감을 느끼기 힘들다. 상황 판단이 미숙하고 유연하지 않아 머릿속에는 선(善)과 악(惡)이라는 이분법적인 사고가 자리 잡는다. 자녀가 볼 때 부모는 절대 잘못하지 않으며 늘 옳은 사람이다. 자녀는 자기 탓으로 생각한다. 자녀는 자신을 중요하지도 않고 힘도 없는 존재라고 생각하면서 세상으로 용기 있게 나아가지 못한다.

부모가 자녀의 문제행동을 확대하도록 하는 행동 중에는 부모의 허용적인 태도도 큰 비중을 차지한다. 최근 자녀가 1~2명이다 보니 어릴 때부터 무엇이든 허용하는 부모가 많다. 이런 부모는 자녀가 투덜거리거나 떼쓰면 사랑이 부족해서 그렇다고 생각해 다 받아주고 원하는 것은 무엇이든 들어주면서 그것이 자식 사랑이라고 여긴다.

허용적인 부모는 자녀가 문제행동을 하더라도 기죽는 것보다는 낫다고 여긴다. 자신감 있게 성장하여야 사회에 진출하여 지도자로 활동할 수 있다고 하며 어릴 때부터 기를 죽이면 안 된다고 양육한다. 부모의 허용적인 양육태도는 자녀의 행동과 가치관에 형성에 도움이 되지 않는다. 자녀가 떼를 쓰거나 응석을 받아주는 것과 사랑을 주는 것은 전혀 다르다. 떼를 쓰거나 응석을 받아주는 것은 좋지 않은 행동도 수용되는 것으로 전달되어 자녀의 습관을 역기능적으로 형성하게 한다. 반대로 부모가 자녀를 소중히 여긴다는 사랑의 표현은 자녀의 자존감을 높여준다.

무엇이든 허용으로 학습된 자녀는 부모-자녀 관계가 가정이라는 경계를 넘어서도 적용될 수 있을 것이라는 생각으로 타인과 사회적 관계를 형성하게 된다. 부모가 자녀를 받아주면 받아줄수록 자녀는 부모를 자녀 감정대로 표현해도 어떤 감정과 무리한 요구도 받아주는 부모라고 생각하기 때문이다. 가정에서 무엇이든 허용된 자녀는 가정 밖 사회적 관계에서도 자신 감정대로 표현해도 받아주고 수용할 것으로 예상한다. 가정이 아닌 사회에서는 또래나 사회적 관계에서 자녀의 언어와 행동을 그대로 받아주지 않을 것이며, 또 그런 언행으로 인하여 대인관계에서 사회적 기술의 미성숙함으로 나타난다. 이렇게 되면 자녀는 가정과 가정 밖의 생활 혼란과 자신감이 낮아져 사회적으로 위축되기 쉽다.

고립 생활하는 사람과 관련하여 가장 중요한 부모양육태도는 부모가 방치되는 태도를 보이는 경우라 할 수 있다. 자녀가 결정과 행동을 해야 하는 과정에서 부모로부터 방치된다는 것은 자녀가 어떠한 결정과 행동에 조정하고 중재하는 역할이 없어진다는 것이다. 현대사회 부모는 맞벌이를 통해 자녀는 혼자 있는 시간이 길어져 부모와 대화는 줄어들어 정서적 관계에서 단절되는 상황에 이르게 된다. 결국, 자녀는 방문을 잠그고 혼자만의 공간에서 점점 나오지 않게 된다. 또 부모가 아동기 자녀에게 무관심한 태도와 방치는 충동성에 영향을 미치고 자기 통제력과 문제행동에 관련된다. 부모가 부모 자신의 문제로 인해 자녀를 방치하면 자녀가 나타내는 감정표현에 아무런 반응도 보이지 않게 되어 자녀는 상상할 수 없을 정도로 큰 상처를 입는다. 자녀는 자기가 자기 자신을 어떻게 생각하느냐가 중요한 게 아니라 부모가 자기를 어떻게 생각하느냐에 따라서 자기를 확인한다. 그런 자녀는 성인이 되어도 확고한 정체성을 갖기 어렵다. 따라서 마음속의 어떤 감정과 부모를 향한 원망도 분노도 자각하기 어렵다.

고립 생활하는 사람은 부모양육태도에 대해 자신을 수용하지 않아 고독감, 외로움, 슬픔, 무뎌진 감정과 학대와 방치의 경험을 호소한다. 고립 생활하는 사람이 혼자 지내는 것처럼 보여 자립적인 활동을 할 수 있을 것으로 보인다. 그러나 자립할 수 있는 능력이 없다. 부모의 보호와 의식주의 공급원이 있어, 그에 의지한 채 하루하루를 견디는 것뿐이다.

방치와는 반대로 부모의 기대 수준이 매우 높아 자녀의 의사 결정이나 활동을 부모가 결정하여 자녀가 너무 유약하게 되는 과잉보호가 있다. 이러한 가정을 '호텔가정'이라고 표현했다. 즉, 부모와 자녀가 밀착되어 가정이 호텔화로 각각의 방에서 완전한 독립생활을 한다. 음식도 룸서비스에서 시켜 먹듯이 방 안에서 혼자 먹는 가정을 말한다. 모의 과잉통제를 오랫동안 받으며 성장한 자녀는 의존적인 상태에 머무르게 되어 불안감과 열등감 등의 신경증적 증상을 일으키기 쉽다. 이러한 증상은 분리 불안 등의 문제행동으로 나타난다. 자녀가 부모의 과잉통제를 친밀감으로 지각하고 있다는 사실은 부모의 과잉통제 양육을 지속하도록 하고 결국 자녀는 문제행동을 하는 악순환이 계속될 수 있다.

또한, 부모의 간섭과 잔소리 등 과잉간섭과 통제적인 양육이 자녀의 사회 회피적 경향성과 관련되어 있다. 성장환경에서 과잉보호와 간섭적인 부모양육태도가 자율적이고, 독립적인 능력이나 기술을 형성하는 것을 방해함으로써 외부활동에서 소극적으로 대응하게 하는 요인으로 작용할 가능성이 있다. 고립 생활하는 사람은 부모-자녀 간 대화나 정서적 교류 단절과 부모의 과잉보호 또는 과잉통제로 의사 결정에서의 어려움을 호소한다. 부모의 잦은 간섭이나 잔소리와 같은 지나치게 통제적인 양육태도가 내성적 경향과 낮은 자존감, 위기상황에 적절하게 대처하는 사회적 기술이 낮은 자녀의 성격적 특성과 맞물려 문제가 더욱 악화하는 것이다.

부모로부터 과잉보호, 과잉통제, 부적절한 양육태도로 인하여 자생력이 부족하게 성장한 자녀는 어려움이 있을 때마다 부모 탓을 하는 태도를 보인다. 또한, 부모-자녀 간 갈등적인 관계로 만성적인 문제 상황으로 발전하기 쉽다. 부모는 힘들고 지친 자녀의 마지막 울타리이다. 그러나 가끔은 가족이 날카로운 울타리가 되어 서로에게 더욱 상처를 주기도 하는 이중적인 모습을 보이기도 한다. 실제 가족은 상대를 어떻게 하여야 자신의 원하는 방향으로 의사결정하고 상대의 감정을 건드릴 방법이 무엇인지 너무 잘 알고 있어 긍정적인 면과 부정적인 면을 동시에 보인다.

부모가 자녀에게 따뜻하고 수용적이며 존중하는 양육이 아닌 부정적인 언어와 존중하지 않은 언어 '넌 그것밖에 안 되니?', '왜 일등은 못 하니?'와 같은 양육태도를 보인다면 자녀는 부모를 신뢰하지 못할 것이다. 또 부모에게 자신의 어떤 고민과 어려움도 표현하지 못하고 모든 것을 자녀 스스로 해결하려는 상태가 될 것이다. 부모로부터 수용과 존중을 충분하게 받지 못한 자녀는 심리적으로 불안하고 안정적인 일상이 고통스럽다. 어떻게 감정을 처리해야 하는지에 대해 어려움을 자신의 마음속에 깊이 간직하고 있다. 결국은 부모-자녀 관계가 정서적 단절로 이어진다.

부모로부터 방치와 무관심한 양육을 받은 자녀는 충동적이며, 자기 통제력이 부족하여 성인이 되어도 확고한 자아 정체성을 갖기 어렵다. 반대로 과잉보호, 과잉통제, 과잉간섭을 받은 자녀는 의사 결정이나 활동에 있어 자율적이고 독립적인 능력이나 건강한 사회기술을 형성하는 것을 방해함으로써 유약하게 성장하고 소극적이다. 현실에서 부모 탓을 하면서 부모의 결정에 의존한다. 이처럼 부모양육태도에서 방치, 과잉보호, 과잉통제, 과잉간섭 등은 자녀가 건강하게 성장하지 못하도록 하는 바탕이 된다고 할 수 있다.

부모나 주 양육자로부터 부정적인 언어를 반복적으로 들으며 성장하는 자녀는 자신의 언행에 대하여 수용과 공감 및 존중을 받아보지 못했기에 자신에 대하여서도 부정적인 가치관이 형성될 가능성이 크고 자신의 장래를 어둡게 생각할 가능성이 매우 크다.

반면 부모양육태도가 과보호, 독재, 방임으로 쉽게 화내고, 자기중심적, 충동적일수록 거부적 양육 태도를 보임으로써 자녀는 자아존중감이 손상하고 일상생활, 학업, 대인관계, 미래를 바라보는 시각 등에서 부정적인 가치관이 형성한다. 그래서 부모의 일관적이고 일치되며, 민주적인 양육태도로 성장하지 못한 자녀는 현실에서 즉흥적이고 미래의 삶에 심리·정서·환경적으로 부정적이며 왜곡된 생활을 할 가능성이 크다.

부-모 간 불일치한 양육

부모는 자녀에게 일관성 있는 양육을 해야 하는 데 부-모 간의 일치되지 않는 양육 그리고 부모 각자의 비(非)일관적이고 비(非)규칙적인 양육과 훈육이 이루어진 경우이다.

부모는 자녀를 양육하는 과정에서 다양한 상황과 결정을 해야 하는 선택의 갈림길에 선다. 자녀는 자신이 원하는 방향으로 부모의 결정을 유도하여 나의 선택이 아니라 부모가 허락해서 했다는 명분을 갖는다.

청소년기에 인터넷 게임을 하는 시간이 하루 3~4시간 사용하고, 자녀에게 주어진 학업 수행은 진행되지 않으면서 일정하게 사용하던 용돈보다 2배 가까이 용돈을 요구하면서 사용하겠다는 청소년이 있다.

이때 아버지는 청소년에게 많은 시간을 인터넷 게임을 하니까? 인터넷 게임 시간을 하루 1시간으로 줄이지 않으면 용돈을 줄 수 없다고 한다.

아버지가 그런 결정을 했어도 청소년은 여전히 하루 3~4시간 인터넷 게임을 했다.

어머니는 청소년이 인터넷 게임을 하는 시간을 줄이지 못하고 계속 3~4시간 유지하고 있음을 알고 있으면서 아버지에게는 '그래도 줄이고 있어요.' 하고 답변을 한다.

청소년은 어머니가 아버지에게 인터넷 게임을 하는 시간에 대하여 3~4시간이 아닌 '그래도 줄이고 있어요.' 하고 답변한 사실을 알고 계속해서 인터넷 게임을 3~4시간으로 유지한다. 자녀는 부-모 간 일치되지 않은 양육 태도를 알고 있고 이를 이용하여 자신이 원하는 것을 충분하게 얻거나 하고자 하는 것을 하고 생활한다.

부-모 간 의사소통으로 자녀를 어떻게 양육하고 성장하도록 하겠다는 합의된 의사결정이 있었다면 어떻게 되었을까?

먼저 청소년이 인터넷 게임을 하루에 3~4시간하고 학업 수행(학교 과제나 방과 후 공부)을 하지 않는다. 그러면서 용돈을 2배 가까이 요구하고 있는 사실을 부-모 간 공유 하는 의사소통이 필요하다. 부모는 자녀의 장단점과 특성을 공유하여 자녀 양육하기 위한 준비를 먼저 해야 한다.

부-모 간 합의가 이루어진 상황에서 자녀가 인터넷 게임을 하루 3~4

시간 한다면 1시간 이내로 줄이기 위한 방법으로 인터넷이 가정에 연결되는 시간, 용돈 제공, 학업 수행, 부모가 청소년이 요구하는 부분 수용 등 다양한 보상과 제한을 제시하여 자녀가 선택하고 따를 수 있도록 하는 의사소통이 필요하다.

우리나라는 전통적으로 아버지는 경제활동을 하고 어머니는 집안일을 하면서 자녀를 양육하고 돌보는 형태의 가족생활 형태(최근에는 다양하게 존재)이다. 자녀도 부-모 간 합의하고 부모가 일치된 언어와 함께 양육하면서 건강한 의사소통을 자녀가 건강하게 학습할 것이다.

자녀에게 신뢰할 수 있는 사람은?

부모는 자녀를 양육하고 교육하면서 다양한 어려움과 극복해야 할 사항을 계속 만나게 된다. 부모의 시각으로 자녀가 학업에 열중하지 않고 인터넷 게임을 하거나 또래와 함께 운동하면 과도하게 한다고 한다. 그러면서 자녀에게 고3까지 공부를 열심히 해서 좋은 대학에 가면, 하고 싶은 일(친구 사귀기, 인터넷 게임, 운동, 이성 친구 등) 얼마든지 할 수 있다고 자녀를 양육한다.

부모-자녀 관계에서 부모는 자녀가 학업성적이 최우수하기를 바라는 경향이 있다. 청소년기에 학업성적이 우수한 학생은 개인의 노력, 지적

능력, 부모의 뒷받침이 이루어져서 학업성적이 우수하다. 그렇게 학업성적을 계속 유지하여 직업적인 능력까지 연결하여 실생활에서 활동하는 경우는 매우 드물다. 물론 학업을 하지 않아도 된다는 것은 아니지만, 너무 학업에 집중하도록 하는 양육보다 학업과 또래 관계 및 운동, 사회적 관계라는 삶의 균형 있는 성장이 이루어지도록 양육하여야 한다.

사람은 누구나 부모를 포함한 타인에게 인정받고 싶고 사랑받고자 한다. 인정욕구가 강하여 타인이 자신의 행동에 대하여 적극적으로 인정하거나 사랑하는 표현을 할 때 자신을 인정해주는 사람에게 더욱 적극적인 관계를 유지하게 된다. 그래서 사람은 타인으로부터 인정을 받기 위해 큰 노력을 한다.

특히 청소년과 청년기에 성장 발달하면서 사회적, 환경적, 직업적 문제에서 시행착오를 줄이기 위해서는 미래를 바라볼 수 있는 지혜가 있으면 좋다. 그러나 청소년과 청년기 성장 과정에 있는 이들은 사회적 흐름이나 가치판단을 할 수 있는 안목(眼目)이 부족할 수 있다. 이 시기는 많은 시행착오로 자신의 참 자기를 찾아가는 시기이다.

자녀는 대인관계나 사회적 관계를 형성할 때 현실적인 어려움이나 해결이 되지 않은 부분을 신뢰할 수 있는 부모나 교사 및 멘토와 협의하거나 학습하여 생활 현장에서 적용한다. 그렇게 대인관계나 사회적 관계 형성에서 어려움을 극복하려고 한다. 한 번의 시도로 대인관계, 사회관계가 해결될 가능성이 작아 부모에게 대안을 협의하고 실행하여 자신의 방법을 반복 학습한다. 자신이 습득한 방법을 반복하면서 자신의 자료를 축적하고 또래와 공유하고 정보제공으로 시행착오를 줄이면서 사회 일원으로 성장 발전한다.고립 생활하는 사람은 부모를 비롯한 타인 한 사람도 자신을 믿어주는 사람이 없다고 생각한다. 부모(주 양육자)와의 관계에서 부모의 사회적 지위와 관계없이 한 사람이라도 청소년에게 정서적 지지를 하고 긍정적 관계를 유지하면 이는 긍정적인 요소로 작용하게 된다.

이들은 그동안 자신을 이해해주고 수용하거나 믿어주는 사람이 없었으며, 대부분은 부모와 단편적인 관계로 생활한다. 가정과 학교에서 부모까지도 지지해주지 않는다고 느낀다. 또한, 부모와 부정적인 관계를 맺고 생활했으며, 자신을 지지해주는 사람이 없다고 생각하며 생활한다. 가족은 아니어도 교사나 친척 한 사람도 자신을 믿어주는 사람이 없는 경우가 많다. 그동안 부모가 밉고 보기도 싫고 대화도 통하지는 않지만, 자신의 의식주를 해결하고 살아갈 곳은 부모이기 때문에 함께 생활하는 것이다.

반면 부모나 가족 구성원에게 인정받지 못하였다고 해도 친밀하게 정서적 교류가 가능한 사람이 있을 수 있다. 그러면 현실적인 고민이나 장래의 꿈을 어느 때나 상의하고 서로의 정서적 교류를 한다면 건강한 사회일원으로 성장 활동할 것이다.

가장 이상적인 상황은 부모-자녀 관계에서 부모가 자녀의 멘토가 되며, 자녀는 부모의 멘티가 된다면 좋다. 반드시 부모로부터 인정받지 않아도 교사, 선배, 친구, 또는 직장동료, 타인 등 자신을 인정해주고 사랑받고 있다는 느끼고 정서적 교류가 진행되면 자기 자신을 고립시키는 생활은 하지 않을 것이다.

기다릴 수 있는 부모의 여유

학령기와 청소년기 성장하면서 청소년은 현실에서 대인관계, 학업 성취, 사회활동, 어떤 선택을 해야 하는가? 등 성장과 발달 자체가 미지의 세계를 탐험하는 것과 같은 경험을 하게 된다. 부모는 자녀를 양육하면서 학업 성적이 우수하고 또래 관계도 잘하여 어디에서 생활하여도 자녀 자신의 삶을 살아가길 원한다.

청소년기는 가치관의 혼란과 정체성이 확고한 정립이 이루어지기 이전이다. 중·고등학생 시기에 병원 치료에서 아무런 이상이 없고 특별한 외상이나 관계적 어려움이 없다고 보고하는 가운데 등교가 어려운 상황이 발생한다.

> 집에서는 아무렇지 않아요. 그런데 등교하여 교실에 앉아 있으면 배가 아프고 숨쉬기가 어려워요. 다시 집으로 오면 아무렇지 않게 돼요. 밤이 되면 내일은 아무런 일이 없는 것처럼 학교에 갈 것 같아요.
> 반복적으로 등교하지 못해서 집에서 쉬고 있어요.

이처럼 자녀가 특별한 사항이 없는 상황에서 등교하여 교실에 앉아 있으면 배가 아프고 숨쉬기가 어려운 상황임을 표현한다. 부모가 보는 자녀는 학교에서 스트레스 받을 이유가 없다고 생각하고 계속 등교하도록 한다.

부모는 자녀의 여러 가지 상황에서 등교하면 배가 아프고 숨쉬기 어려운 신체·심리적 상황을 수용하고 대안을 제시한다.

> 등교하여 계속 아프다면 너의 건강이 가장 중요하다.
> 몸이 건강하면 언제든지 검정고시로 졸업하고 하고 싶은 일을 할 수 있으니 걱정하지 말고 집에서 쉬고 건강을 회복하는 것이 중요하다.

이후 자녀와 아버지는 운동, 시장, 여행을 함께 하면서 자녀가 건강을 회복하도록 했다.

부모는 자녀가 등교하기 어려운 상황에 왔다는 것을 인정하기 어려웠지만, 현실적으로 등교하면 아프고 숨쉬기가 어렵다는 부분에 대하여 인정하고 수용하였다. 그래서 아픔을 호소하는 자녀에게 등교하여 어렵게 생활하는 것보다 학업이 중단되더라도 건강한 모습을 바라보며 집에서 건강을 회복하도록 기다림이라는 여유를 선택했다. 그 결과 자녀는 2개월 정도 시간을 보내면서 마음의 짐을 덜어냈는지 등교하겠다는 표현으로 회복을 알렸다.

위의 사례에서 보듯이 부모가 자녀를 바라볼 때, 부모의 욕구인 고등학교는 졸업해야 직업을 선택할 수 있다. 최소한의 학력은 있어야 한다고 강조하거나 반드시 거쳐야 하는 학업이라는 명분을 고집했다면 청소년은 어떤 결과가 왔을까?

사례와 반대로 결정을 했다면 어떤 결과일까? 자녀가 고등학교에 다니다 중도 포기하고 자퇴를 하겠다고 하면, 부모는 '그래도 고등학교 졸업은 해야지' 하면서 갈등이 생기고 부모는 자녀를 잘되기 바라면서 훈육이라는 명목으로 체벌을 하기도 한다. 여기에서 자녀 기준에서 부모의 양육은 훈육이 아니라 폭력과 여러 차례 때렸다고 하면서 부모-자녀 갈등과 함께 자녀는 외부 활동과 고립이 반복된다.

부모는 안정적인 마음으로 자녀에게 관심과 사랑하고 있음을 알려야 한다. 자녀의 마음 상태를 살피면서 자녀가 마음을 열어 변화 의지를 가질 수 있도록 애정으로 기다리는 자세가 필요하다. 부모는 자녀의 회복과 건강한 생활을 하도록 기다리고 있음을 자녀에게 언어적, 비언어적 표현해야 한다. 부모는 자녀를 수용과 존중으로 기다리고 있으며, 평가하지 않고 있음을 끊임없이 알릴 필요가 있다. 구체적이고 긍정적이며 다정한 언어와 함께 부모의 시선, 말투, 몸짓, 몸 터치, 안정된 부모의 일상생활 등을 전달한다. 부모가 자녀를 신뢰하여 부모 스스로가 불안하지 않은 모습으로 생활하게 되면, 그런 부모의 생활 모습은 보이지 않는 파장으로 자녀에게 전달되어 회복할 기회가 주어진다.

부모의 여유와 미래를 바라볼 수 있는 안목으로 대안적인 방향을 제시하고 기다림이라는 방법으로 자녀에게 여유를 주었을 때, 자녀 스스로가 신체는 물론 심리·정서·환경적으로 회복할 기회를 찾을 것이다.

고립 생활이 단기간에 형성된 활동이 아니므로 하루아침에 외부활동이 자연스럽게 진행되기 어렵다. 외부활동으로 돌아가기 위해서는 기간을 정하거나 단기간 목표로 서두르기보다는 자녀가 편안하게 할 수 있는 일에 주목하면서 격려하는 것이 필요하다. 자녀가 외부활동이 진행되기 위해서는 아주 작은 변화부터 천천히 일어나야 하고, 그 작은 것들이 모여서 진정한 변화로 나타남을 알아야 한다. 자녀를 양육하고 보호하는 부모는 자녀가 어떠한 상황과 마음으로 생활하는지 정확하게 파악하는 것이 중요하다. 부모가 바라보는 이상과 고집으로 강요하는 것과 같은 선택보다는 자녀의 선택을 존중하면서 새로운 대안과 여유를 갖고 대처하는 성숙함이 필요하다.

신체·심리·정서적으로 건강한 부모는 자녀의 좋은 모델이 되어 자녀가 생활하면서 삶에 대한 긍정적인 태도와 희망을 품게 하는데 중요한 요소 중 하나이다. 부모가 지역사회 및 가정에서 활동적이고 건강하게 생활하는 모습은 자녀가 사회적 관계와 시각적 측면에서 학습하며 경험하도록 한다. 특히 부모가 일상에서 규칙적이고 활발한 사회적 관계 및 직업적으로 자신의 책임을 다하며 조화롭게 생활하는 모습은 자녀에게 좋은 모델이 될 수 있다.

부모가 자녀를 바라볼 때 현실적으로 고립 생활을 하고 있어도 일종의 '인내하고 기다림의 시기'라는 긍정적인 시각으로 바라봐야 한다는 것이다. 결국 이 시간을 낭비나 쓸모없는 일을 하는 관점으로 바라보지 않으며, 그 시간을 발판으로 새로운 도전과 극복으로 성장 발전할 수 있다는 여유가 있어야 한다.

해야 하는 일은 맞지만 ~

현대사회에서는 청소년의 왕성한 신체적인 발달과 심리적으로는 외롭고 공허한 시기이다. 사람은 각자 주어진 상황에서 결정하는 과정을 살펴보면 각 개인의 가치관에 따라 결정하고 행동하는 양식을 보여준다. 개인의 가치관은 다양한 측면에서 접근할 수 있을 것이다. 대인관계, 경제관, 직업관, 가족, 사회질서, 정치체계, 종교, 직업 생활, 소비생활, 결혼 등 복잡하고 다양한 부분에 대해 각 개인이 속해있는 사회에서 바라보고 추구하며 행동하는 근본적 태도와 관점(觀點)이다. 다시 말해 개인적인 입장에서 삶을 추구하는 방식이며, 어떻게 살아갈 것인가를 결정하는 기준이라고 할 수 있다.

가치관도 개인과 사회적 가치관으로 나눌 수 있다. 개인 가치관은 신념을 포함하기도 하고 행동 양식을 결정하기도 한다. 사회적 가치관은 사회가 움직이는 흐름이라고 할 수 있다. 그러나 구체화하기 어려운 추상적인 의미이며, 정치지도자나 언론 등 어느 일방적인 흐름에 왜곡되거나 거대한 사회적 비용을 지불해야 새로운 가치관이 정립되기도 한다.

전통적인 가치관에서는 생활이 삶이며, 삶이 생활이었던 시대를 지나서 직업의 다양성, 삶의 방식의 다양성, 경제 가치관의 다양성 등 개인이 진정으로 이루고 싶은 것은 무엇일까? 이 세상에 자신만의 독특하면서 다른 사람이 대신할 수 없는 것이다. 현대 사회는 물질의 풍요로움과 가치관의 다양성을 인정하고 허용하는 사회에서 개인은 사회구성원으로 우리가 느끼지 못할 정도로 서서히 사회적인 가치관으로 매몰되어 가는 것이다.

이처럼 가치관의 다양화는 개인의 특성이 사회 속으로 매몰되는 작용을 한다. 개인의 특성이 사라져간다는 것은 개성이 획일화되어가고 있으며, 개인적인 특성을 강조하면 다른 시각으로 바라보기도 한다.

가치관 정립에 혼란과 어려움을 호소하는 경우는 개인의 건강한 가치관 정립이 되지 않았기 때문이다. 개인 가치관 정립 이전에 또래 집단의 가치관을 따라 결정되는 예도 있다. 또한, 개인 가치관과 부모 가치관의 충돌, 개인이 가치관과 사회 가치관의 차이에서 오는 경우이다.

위와 같이 고립 생활하는 사람은 각 개인은 개인이 추구하는 가치관의 혼란을 경험하거나 정립되기 이전에 어려움을 호소한다.

청소년기에 고립 생활

청소년기는 자신의 성격과 자아 정체성을 형성하는 시기이다. 청소년 나는 누구인지, 어떻게 살아가기 원하는지, 바람직한 삶은 무엇인가에 대해 알아가는 과정이다. 청소년기에 성장하면서 진정한 자신의 모습을 만들어간다. 그렇게 자신이 만들어낸 자신의 모습을 이해하고 타인에게 비치는 자신을 확인하는 과정이다. 특히 자아 정체성을 형성하는 시기라고 할 수 있다. 자아 정체성이 간단하게 형성되지 않는다. 영·유아기부터 양육자에게 받는 언어, 타인과 관계, 자신의 행동에 타인의 반응, 또래 관계, 학업 성취 능력, 사회활동 등 다방면의 활동과 개인적인 사고 능력 등이 쌓이고 경험되어 형성된다. 사회 환경적으로는 빠르고 방대한 정보, 다양한 가족의 출현, 미디어의 홍수로 인하여 다양한 형태를 나타낸다. 현대사회에 복잡하면서 역동적인 청소년이 범죄나 비행에 노출되어 어려움을 호소하기도 하지만, 외롭고 공허한 청소년이 자신의 방이나 집에서 활동으로 사회적 무관심 상태로 생활하기도 한다.

청소년기는 사춘기를 지나면서 말수가 적어지고 어느 날 갑자기 등교거부가 시작된다. 또 지각과 조퇴를 반복하다가 등교하지 않는 날이 증가하여 외부활동을 거부하기도 한다. 방이나 집에서 생활하는 청소년의 일상은 일반적인 사람이 활동하는 낮에는 잠을 자고 오후 늦은 시간에 일어나 스마트 폰으로 게임을 하거나 SNS로 사회와 관심 있는 글을 읽는 정도이다. 그러나 직접 글을 쓰는 경우는 드물다. 밥은 부모가 준비해준 간편한 식사, 또 자신이 간편하게 조리하여 먹거나 전화로 주문한 배달 음식을 먹는다. 심리적으로는 오랜 기간 외부 활동을 하지 않아서 가족 및 타인과 의사소통이 건강하게 이루어지지 않고 자기 감정표현에 어려움이 있으며 예민하여 분노 감정과 충동적인 성향을 나타낸다.

청소년기에 고립 생활하는 사람의 다양한 특성과 욕구가 있다. 이들은 누구로부터도 이해와 인정받지 못하고 자신의 존재감을 확인하거나 내세울 것이 없다고 생각한다. 그래서 이들은 등교하는 자체가 매우 고통스럽고 피하고 싶은 공간이다. 부모, 또래, 교사, 지역사회로 인정받지 못하여 자신의 장점과 강점에 대하여 아무것도 없다는 대답을 반복한다.

부모는 이해와 사랑받고 싶은 사람이며, 의식주를 해소하여 준다. 그러나 부모와 정서적 관계에서 소통이 되지 않을 때와 목표지향적인 활동을 요구받게 되면, 정서적 관계가 유지되기 어렵고 단절 상태에 이르게 된다. 결과적으로 가장 가깝게 지내고 많은 영향을 받아야 할 가족은 경제활동으로 분주하고 부모 역시 정서적 관계 형성 경험 부족으로 청소년에게 건강한 사회적 관계 형성을 할 기회를 제공하지 못한다.

청소년에게 또래는 자신과 비슷한 고민과 함께 어떤 말을 해도 공감과 이해받을 수 있는 존재이다. 자아 정체성과 성격이 형성되지 않은 청소년기에 사회적 기술이 낮은 청소년은 또래와 어울려야 하는 시간에 공통된 대화로 소속집단에서 소속감과 자신의 역할을 알려야 한다. 그러나 고립 생활하는 사람은 또래가 어떤 주제로 대화를 하고 있으며 어떤 표현으로 또래와 의사소통하는지 알지 못하고 주제에서 벗어나거나 엉뚱한 표현으로 또래의 공감을 받지 못한다. 그래서 누구도 자신을 이해하지 못한다고 여긴다. 즉 친구가 없거나 아주 극소수의 또래와 관계를 유지한다.

고립 생활하는 사람은 교사 및 지역사회도 비슷한 상황이다. 학교생활이나 또래 관계를 유지하는 학교에서 학업 수행과 또래 관계 형성에 어려움을 호소하면서 건강한 자기표현과 감정조절이 이루어지지 못한다. 일방적인 의사 표현으로 교사의 지지를 받지 못한다. 청소년은 자신이 어떤 언어와 행동으로 교사와 그리고 지역사회에서 인정받고 사랑받아야 하는지에 대하여 학습과 훈련을 받은 경험이 부족하다.

이렇게 자신이 누구로부터도 수용과 존중받지 못한다고 생각하는 청소년은 '잘하는 것이 전혀 없다. 강점이 없다. 즐거웠던 활동도 없다, 즐겁고 행복했던 기억도 없다.'라고 하며 힘이 없으며 무기력하고 불안한 감정을 나타낸다.

그래서 고립 생활하는 사람은 장래에 어떤 일을 하면서 다른 사람과 관계를 유지하고 사회에서의 역할 등에서 자신감이 낮다. 그래서 누구에게도 자신의 감정을 잘 드러내지 못한다. 또한 비난과 거부당할 수 있다는 불안감으로 무기력하고 우울한 상태로 생활한다. 가정, 학교생활, 일상생활에서 사회적 기술과 자기효능감이 낮아 '미래에 하고 싶은 일이 없다.' '장래 희망이 없다.'라는 상황에 이른다.

고립 생활하는 사람의 내면은 외부활동으로 다른 사람과 즐겁게 어울리고 건강하게 등교하면서 또래와 관계에서 당당한 자신을 보여주고 싶어 한다. 그러나 내면의 욕구와 다르게 외연적인 활동에서 두려움과 불안으로 고립 생활을 유지한다. 가족은 청소년기에 이루어야 할 중등 학업 과정을 마무리하였으면 하고 더 성장하여 자립 생활로 사회일원으로 생활하기를 원한다. 대상자와 가족의 욕구가 현실로 연결되지 않아 어려움을 호소한다.

청년기에 고립 생활

청년기는 청소년기에서 성인기로 성장하는 과정이다. 또 청소년의 연장선상에서 신체적·정신적 성인으로 이행하는 과정에서 호르몬 및 성장 변화가 일어나는 시기이다. 심리적으로 자율성과 책임성이 부가된다. 경제적으로는 의존적인 생활환경에서 자립적인 생활환경으로 전환하여 사회적 권리와 참여를 준비하는 시기이다. 또 성인기에 진행되어야 할 경제적인 직업 활동으로 사회적 권리와 참여하여 자율성과 책임성이 강조된다. 심리적으로 부모로부터 자립하여 개인의 자유로운 활동이 보장되며 책임성이 부여되고 있다.

즉 청년기는 청소년기와 성인기에 중간에 나타나는 과도기적 단계라고 할 수 있다. 현대사회 이전에는 청소년에서 성인기로 성장하는 과정이 비교적 짧고 예측 가능하며 직접적이고 단순했다. 현대사회에서 이르러서는 청소년에서 성인기로 성장하는 기간이 연장되고 복잡해지는 현상이 세계적으로 나타나고 있다. 청년기가 생애주기 과정에 포함되어 새로운 발달단계로 받아들이고 있다. 특히 고도의 현대 산업사회에서 청소년기를 전기 청소년기(13세~18세) 후기 청소년기(19세~24세)로 분류하기도 한다.

청년기가 성인기로 이행했다고 보는 주요한 발달과업 중 하나는 학업을 직업으로 이행이다. 그러나 학업을 직업으로 이행에 어려움이 있는 청년층이 다수 존재한다. 일부이기는 하지만, 이 중에서 자신의 방이나 집에서 활동하는 사람이다.

정부에서도 2020년 청년기본법에 청년이란 연령을 19세 이상 34세 이하로 정의하고 있다. 청년기는 생애주기 관점에서 청소년기와 성인기와는 구분하고 있다.

특히 청년 발전이란 '청년의 권리 보호 및 신장, 정책 결정 과정 참여 확대, 고용촉진, 능력개발, 복지향상 등을 통하여 정치·경제·사회·문화의 모든 영역에서 청년의 삶의 질을 향상하는 것을 말한다.'와 청년 지원

이란 '청년발전을 위하여 청년에게 제공되는 사회적·경제적 지원을 말한다.' 정부에서 청년기본법을 제정하게 되었던 동기가 청년의 삶이 그만큼 어려운 상태에 있음을 방증하는 것이다.

청년기는 청소년기와 겹치(19세~24세)는 나이이며, 또 초기 성인기와도 겹치(25세~34세)는 나이이다. 그러나 이들이 느끼는 심리적, 사회적 어려움은 많은 고통을 따른다.

청년기에 고립 생활하는 사람의 첫 번째는 청소년기부터 고립을 선택하여 생활하였던 사람이 계속 유지하는 것이다.

두 번째 부류는 고등학교를 졸업하고 대학에 진학하지 못하거나 직업 활동을 선택하지 못하였던 사람이 방이나 집에서 활동하는 경우이다. 이들은 대학에 진학했는데, 고등학교와 다르게 자신이 선택하고 결정하여 주어진 학업 수행을 자립적으로 진행하기 어려워하거나 원하는 진로 방향과 전혀 다른 학업이어서 고립 생활을 하게 된다. 또 고등학교를 졸업한 이후 직업 활동을 영위하고자 하여도 직업적인 사회 적응이 어렵거나 직업 선택에 있어 거부당하여 고립 생활하게 된다.

세 번째 부류는 군 복무를 마친 후 자신의 현실과 이상을 극복하지 못하거나 너무 열정적으로 사회 적응하는 과정에서 현실적인 벽을 넘어서지 못하고 자신의 방이나 집에서 고립 생활하게 된다.

네 번째 부류는 대학 졸업은 부모의 직간접적인 도움과 비슷한 상황에 있는 또래와 관계를 최소한으로 유지하면서 생활한다. 이후 직업 선택과 자립하는 과정에서 대인관계 기술 및 사회적 기술이 낮고 사회적응력이 낮아 원하는 직업 선택과 자립이 이루어지지 않아서 자신의 방이나 집에서 고립 생활을 한다.

청소년과 청년의 고립 생활하는 사람은 공통점이 많다. 개인적인 성향과 함께 대인관계 기술과 사회적 기술이 낮은 상황에서 주변에 있는 타인에게 부정적인 피드백을 주로 받았던 대상자가 학업, 직업, 자립이라는 생활을 영위하고자 한다. 그러나 대상자의 준비 미비와 함께 사회적 적응하려고 하지만, 사회로부터 거부당하는 과정이다. 즉 청소년에게 나타나는 고립과 청년기의 고립은 비슷한 양상과 현상을 나타낸다.

중·장년기에 고립 생활

중·장년기(35세~64세)는 개인으로는 건강하고 공동체적 시민으로 삶을 살아갈 수 있는 확고한 인격을 정립하고 생의 목표와 가치관이 완성하는 시기이다. 그래서 자신의 삶을 스스로 책임지고 더 나아가서는 자신 안에서 젊음과 노화를 통합하여 긍정적인 의미를 찾는다. 경제적으로는 어떤 시기보다 안정되고 삶의 다양한 영역에서 경험을 통해 지혜를 터득한 상태이다. 그러나 이 시기에도 위기는 존재하며 사람에 따라서는 불안감과 우울감이 야기된다.

중·장년기는 단위 가족을 넘어 원 가족과 관계에서는 나이가 많고 의존적인 부모를 돌보아야 하는 상황이다. 또한, 개인의 독립적 자아 정체성을 수립해나가는 청소년 자녀와 관계를 조화롭게 이루어야 할 시기이다.

중·장년기를 성공적으로 보낼 수 있다는 것은 성공적인 노년기를 보장되고 그렇지 못하면 인생에 만족감을 느끼지 못한다. 성공적인 중·장년기를 보내기 위해서는 긍정적인 자아존중감이 형성되어야 한다. 자아존중감은 상호 관련된 두 가지 측면으로 구성되어 있다. 하나는 '개인의 효능감'이고 다른 하나는 '개인적 가치관'이다. 즉 자아존중감은 세부적이기보다는 전반적인 자기 평가에 중점을 두는 개념이다. 자기효능감은 일반적인 개념이 아닌 활동 영역, 작업 요구, 상황적 특성, 개인이 갖추는 능력에 걸쳐 다양한 상황에서 구체적인 자신감이다.

특정한 상황에서 사람들은 자신이 상황을 대처할 수 있는 능력이 없다고 여길 때면 그 상황을 회피하지만, 자신이 그 상황을 대처할 수 있는 능력이 있다고 여길 때는 자신감을 느끼고 대처 행동을 한다. 종합하면 자기효능감은 자신의 수행능력에 대한 기대와 판단으로 미래를 위한 자신의 과업을 준비하는데 중요한 작용을 하는 심리적·인지적 특성으로 볼 수 있다. 중·장년기에 찾아오는 사회 경제적 어려움, 가족과 갈등, 질병, 퇴직, 인간관계, 취업의 실패 등으로 자기효능감이 상실 및 자신의 상황을 대처할 수 있는 능력이 없다고 여길 때 고립 생활하게 된다.

최근 들어 다양한 연령층에서 고립 생활하는 사람이 증가하고 있는 현실이다. 이미 알려진 청소년과 청년 세대는 물론 건강하고 사회에서 중추적인 역할을 감당해야 할 중·장년 세대도 고립 생활하는 사람이 보고되고 있는 현실이다. 특히 중·장년층이 고립 생활하는 사람의 과정이나 욕구가 알려지지 않았다.

고립 생활하는 사람의 유형을 나누어보면 첫째, 70~80대 노부모가

40~50대 자녀의 의식주를 제공하고 있다. 고립 시기는 정확하게 알려지지 않고 있으며, 청년기 이전부터 의식주를 받았던 것으로 보인다. 이들은 자신이 경제적 활동이나 의식주에 관해 관심을 보이지 않는다. 장기간 진행된 고립 생활로 전인적 관심과 사랑의 대상이다. 노부모의 지원으로 자신의 방이나 가정에서 생활하며 외부와 연결이 되지 않고 단절

된 상태이다. 이 유형은 청년기부터 고립 생활이 시작되었던 사람이 중·장년이 되어서도 부모의 보호를 받으면서 생활하는 유형으로 자신은 그저 시간을 보내는 사람이다. 고립 생활하는 사람 대상자는 물론 노부모도 대상자와 비슷한 스트레스에 시달린다. 노부모는 자녀가 어떻게라도 외부활동으로 자립적인 방법으로 의식주는 해결해야 할 텐데 노부모가 죽고 나면 자식은 어떻게 하나? 걱정이 앞선다.

둘째, 동거하는 가족이 없이(단독 가구) 식사는 외부적인 지원으로 외롭게 생활하고 있다. 이 부류는 결혼하고 자녀가 있었던 사람이 가족의 해체 및 붕괴, 직장의 실직, 퇴직, 질병, 사회생활 문제, 취업 실패 등 다양한 이유로 고립 생활하는 경우이다. 이 부류 역시 고립 생활을 유지하면서 외부적인 공급으로 의식주를 해결한다. 개인적으로 연락하거나 대화를 유지할 사람이 없는 상황에서 일명 고독사(홀로 죽음을 맞음)의 위험과 누군가와 정서적 관계를 유지하고 있지 않아서 국가와 지역사회의 공적 서비스의 대상이다.

셋째, 일반적인 가정을 형성했다가 부-모 간 갈등이나 다양한 이유로 가정이 해체되거나 붕괴로 성장기(대략 19세 이하)에 있는 아동·청소년 자녀를 양육하며 함께 생활한다. 이 부류는 고립 생활하고 있는 자신이 고립 생활을 유지하기 위하여 성인기 이전의 자녀를 강압, 강요, 협박,

회유, 폭력 등 다양한 방법으로 아동·청소년을 통제한다. 그리고 동거하지 않는 배우자까지 조종하고 이용하기도 한다. 고립 생활하는 중·장년 대상자는 매우 폐쇄적이고 편협한 사고체계를 유지하고 있으며 타인의 의견을 전혀 수용하지 않는다. 이 부류는 자녀에게 통제와 협박은 아동·청소년 학대의 정황이 있다.

또 이들이 양육하는 자녀 역시 고립 생활하고 있는 부모의 영향으로 전인적인 측면에서뿐만 아니라 또래 관계, 학업 수행, 일상생활 등에서도 어려움이 나타난다. 이렇게 부모의 영향으로 고통스러워하는 아동·청소년을 분리하거나 단독가정으로 변화시키고자 한다. 그러나 법적인 문제와 양육의 현실, 아동·청소년이 안정적으로 생활할 공간 등 여러 가지 문제로 쉽지 않다.

Ⅳ부

세상은 나를 거부해

고립 생활하는 사람은 누구인가?

사회 환경의 급속한 변화는 대처능력이 부족한 개인에게 고통과 위기를 가져올 수 있다. 사회 환경 안에서 다양한 원인에 의해 발생하는 결과들은 개인적 역량과 사회조화를 이루어야 해결 가능성을 높일 수 있다. 현재 우리 사회는 심각한 저(低)출산과 고령화, 반복되는 세계적 경제 위기, 급변하는 세계에서 극심한 위기를 겪고 있다. 우리가 기대하거나 예상했던 것과는 전혀 다른 모습으로 빠르게 변화했다. 우리는 사회 전반에 걸쳐 다양하고 빠르게 변화하여 우리에게 수용과 적응할 것을 요구하고 있기에 새로운 내적 가치관의 정립과 변화가 절실히 필요하다.

우리 사회는 안전하고 그 누구와도 대화나 의사소통할 수 있으며 정서적인 교류가 진행된다. 다양한 방법과 의사 표현이 가능해서 일반적인 의사 표현은 가능하다. 그러나 다양한 방법과 자유스러운 의사 표현이 가능해도 개인 깊은 내면을 주고받으며 공감과 격려 및 지지하며 교류할 심리·정서적 대상이 찾기 쉽지 않다. 부모의 심리적 부재, 정보의 홍수, 또래나 대인관계에서 즉흥적이고 쾌락을 추구하면서 내면의 고민이나 인간 본연의 심리·정서적 교류가 진행되지 않아서 외롭고 공허함을 호소한다.

한국 사회가 의식주 해결이 어려웠던 1980년 이전에는 자신의 공간에서 고립되어 활동하는 사람이 발견하기 어려웠다. 그런데 경제가 발전하고 사회보장제도가 확대되면서 의식주가 개인이 노력하지 않아도 공급이 이루어지면서 자신의 공간에서 외부활동을 하지 않는 사람이 나타났다. 이런 측면에서 본다면 고립 생활하는 사람은 생존의 위협을 받지 않기 때문에 나타나는 하나의 사회적 현상 중 하나이다.

1. 나는 여기까지 가능하다고

우리나라는 인터넷과 스마트 폰 보급과 사용자는 세계에서 최고 수준이라고 할 수 있다. 특히 청소년기 스마트 폰 사용증가는 스마트 폰 과의존(중독, 과다사용, 과 몰입 혼용)하는 청소년이 많아지고 있다. 이로 인하여 사이버 협박, 폭력, 따돌림을 증가했다. 이러한 현상은 현실 세계로 이어져 왕따와 폭력이 증가했다. 이러한 경험을 겪은 청소년은 외상 후 스트레스로 인하여 대인관계의 어려움을 호소하다 점차 고립하게 된다.

산업사회가 급변하면서 청소년이 사회에 진출하는 시기가 점차 늦어지고 있으며, 우리나라나 일본뿐만 아니라 유럽과 미국에서도 비슷한 현상을 보인다. 산업화와 분업화로 인하여 사회 진출을 위한 큰 노력이 필요하고 사회에서는 사회 진출 이후 학교나 일반적으로 학습하기 어려운 전문지식을 요구하는 경향이 있다.

즉 청년기에 사회 진출을 위해서는 사회적 요구에 적응 가능한 매우 높고 다양한 수준의 고도화된 학습과 전문지식이 필요하게 되었다. 이전보다 청소년·청년이 학업을 마치고 사회로 진출하는 시기에 전문화와 분업화로 고도의 훈련과 함께 다양하면서도 새로운 전문적 기술을 요구하는 시대인 것이다. 사회에서 요구하는 능력을 학습하기 위해 청소년·청년은 전문적이고 고도화된 지식을 학습하기 위해서는 사회 진출 나이가 늦어지고 있다. 그래서 사회에서 요구하는 능력을 학습하고 적응하지 못한 청소년·청년은 사회에 진출하지 못하고 고립하게 되는 것이다.

나의 능력의 한계

부모는 자녀가 사회에서 명예와 돈과 높은 지위에서 생활하였으면 하는 기대는 당연한 일이다. 과도한 기대는 자녀의 행동을 긍정적으로 바라볼 수 없게 하며 계속 불만족스러운 정서를 갖게 하기도 한다.

그래서 부모가 자기 자녀에게 원하는 기대 수준이 실제 자녀의 능력과 상태 및 학업 수준보다 목표지향적인 수준이 매우 높은 것은 아닌지 살펴보아야 한다. 부모는 자녀가 대인관계 기술이 낮고, 자기 효능감도 낮은 상황에서 친구를 사귀고 자기 의사 표현을 어디에서도 잘할 수 있을

것으로 기대하고 있다. '저 정도는 할 수 있겠지'라는 생각이 든다면 자녀가 실현 가능한 것인지 객관적인 평가가 필요하다. 부모의 기대 수준이 높으면 자녀는 그 기대 수준을 달성해야만 부모로부터 인정과 사랑받을 것으로 생각하기 때문이다. 자녀의 능력과 부모의 기대 수준의 차이가 너무 클 때 자녀는 자신은 할 수 있는 일이 없다며 무능력하고 자기효능감은 낮으며 자신감도 낮게 나타난다.

기대와 관련하여 실제적 자기, 이상적 자기, 의무적 자기로 분류한다. 실제적 자기는 실제 자신이 어떠한 모습인지를 의미하며, 이상적 자기는 현실적인 상황을 떠나서 이상적으로 바라는 희망, 포부, 소망 등을 의미하고, 의무적 자기는 주관적으로 느끼는 책임 또는 의무, 도덕적인 기준을 의미한다.

여기에서 이상적으로 바라는 희망, 포부, 소망과 의무적인 책임, 도덕적인 기준이 일치하면 동기가 유발한다. 이와 다르게 실제적 자기의 어떠한 모습이 이상적으로 바라는 부분과 의무적인 책임과 의무, 도덕적인 기준이 일치하지 않을 때 심리적인 부적응과 정서적인 고통이 발생한다. 이상적 자기와 의무적 자기가 불일치하면, 긍정적인 성과의 부재라는 일반적인 심리적 상황을 나타내고, 개인의 낙담 또는 우울과 관련된 정서에 취약하다고 보았다. 의무적 자기와 실제적 자기와의 불일치는 사회적 제재가 따를 수 있다고 느끼기 때문에 초조, 긴장, 불안 관련 정서와 긴밀한 관계를 보인다.

자녀의 학업 수준이나 목표와 다르게 부모는 자녀를 부모의 기대 수준으로 성장시키기 위해 자녀의 의사 표현, 진로, 대인관계, 여가활동 등을 부모의 기대에 맞추도록 한 나머지 자녀가 너무 유약하게 되는 과잉보호를 한다. 부모가 원하는 기대 수준이 높은데, 자녀가 아무리 노력하여도 도달 가능한 수준이 낮다면 자녀는 포기한다. 우리 사회에서 많이 볼 수 있는 현상은 자녀의 도달 수준이 예를 들어 5 정도인데, 부모는 자녀에게 10을 달성하도록 한다면 자녀는 부모와 정서적 단절을 하게 된다.

여기에서 주의하여야 할 부분이 있다. 부모는 자녀에게 많은 사랑과 관심으로 양육하지만, 자녀가 느끼는 부분이다. 다시 말해 부모가 자녀에게 어떤 말이나 행동도 자녀가 느끼는 정도에 따라 결정된다. 부모가 언어로는 자녀가 중요하다고 하지만, 실제 부모가 중요하게 생각하고 행동하는 관심이 경제적 풍요, 친구, 취미, 명예, 직장, 놀이문화 등이 자녀보다 우선시 된다면 자녀는 부모에게 겉으로 표현하지 않지만, 속으로'부모 너나 잘해' 하며 심리·정서적 교류는 단절한다.

자녀가 등교하지 않거나 직업 활동을 하지 않은 상황에서 자녀 자신이 고립 상태를 부정하면서 괴로워하는 것이 악순환으로 이어진다. 이런 상태에서 부모가 부적절하게 대응하면 고립은 강화된다.

부모의 수용과 지지를 받지 못한 청소년은 부모와 점차 정서적인 단절이 진행되다가 결국 누구와도 정서적 단절하고 고립한다.

2. 누구에게도 방해받지 않아

개인의 공간이 보장되면서 고립 생활하는 사람으로 생활공간이 마련되었다. 농업사회나 초기 산업사회와 다르게 사회 발달과 분업화되면서 가족이 단위 가족(부모-자녀)이나 1인 가구로 생활하는 가구도 늘어나고 있다. 산업화와 분업화가 진행되기 이전에는 온 가족이 함께 텔레비전을 거실에서 같이 보면서 원하는 방송을 보겠다고 싸우기도 하고 간식도 같이 먹곤 했다. 전 가족이 식사도 한 밥상에서 하면서 대화와 생활 그리고 사회를 학습할 기회가 주어지기도 했다. 하지만 우리의 현대 생활 일상은 각자의 방마다 텔레비전, 컴퓨터, 스마트 폰이 있어 가족이 함께 만나서 대화하고 감정을 교류하고 사회생활에 대하여 피드백을 듣는 시간이 크게 줄어들었다. 이렇듯 개인 공간이 확보되면서 가족 간의 대화나 정서적인 교류가 줄어들어 고립 생활하는 사람이 나타나게 되었다.

정보화와 IT 산업의 발달로 개인 개인의 생활 주기나 활동 범위가 개인 삶에서 1인이 살아가도록 사회구조와 개인의 삶이 변화하고 있어 1인 가구(세대)는 더욱 증가하고 있는 현실이다. 이들은 혼자 살아가는 삶이 자연스러운 사람이다. 그러나 내가 아닌 타인과 관계를 유지하는 데 어려움을 호소하고 불편해 한다. 정보화로 첨단기술의 발달과 개인적인 삶이 보편화하고 있는 현대인은 적극적인 관계를 유지하려고 하지 않는다. 타인으로부터 간섭받거나 공동의 생활에 대해 불편해하고 있다.

대인관계에서 오는 힘겨움, 번거로움, 귀찮음, 자기 희생하기가 싫기 때문이다. 이처럼 다양하고 복잡한 과제와 대인관계에서 벗어나 개인이 편하고 원하는 것을 할 수 있는 개인 공간에서 생활을 유지하고 싶어 한다. 이는 누구로부터도 침범당하거나 간섭받지 않으면서 개인 자유공간으로 원하는 것을 할 수 있는 공간이다.

내 방안이 편하고 즐거워

일반적인 사람은 성장기에는 부모의 양육과 보호 아래 신체·심리·정서·환경적 관계와 함께 사회(학교, 또래, 일반적인 사회 등)에서 자신의 의견을 표현한다. 또 상대의 의견을 수용하여 경험적으로 학습하고 시도하여 자신의 생활방식을 도출하고 재(再)경험 후 자기 삶의 생활방식을 만들어 사용한다. 고립 생활하는 사람은 부모로부터 건강한 양육을 경험하지 못하면서 자신이 타인과 대인관계가 잘 안 된다고 한다. 이들은 사회적 기술이 낮고 의사 표현에 어려움과 장래에 희망이 없다는 표현을 한다.

도시화와 핵가족화 속에서 강한 자만이 살아남게 되는 현대의 경쟁 사회에 부적응 청소년·청년이 고착되면 고립하게 되었다. 약육강식의 사회에서 살아남기 위해선 오직 공부만이 살길이라는 절대 명제와 공부만 잘하면 학교에서도 집에서도 환영받는 현실로 인해 대인관계나 그 밖의 인성적인 문제는 무시해 버린다. 이러한 환경에서 고립 생활하는 사람은 자신에게 사회에서 살아갈 능력이 없다고 생각하면서 외부 사회로 나가고 싶은 욕구를 보이지 않아도 생존할 수 있게 되었다.

개인 공간에서 생활하는 이들에게는 자유스러우면서도 보이지 않는 속박으로 자기에게 불만으로 살아간다. 개인 공간이기 때문에 부모나 가족의 간섭을 받지 않고 누워 있는 것, 잠을 자는 것, 옷과 복장, 긴 머리로 지내는 등 원하는 활동을 자유스럽게 한다.

한정된 공간은 개인에게 자유를 보장하기도 한다. 그러나 그 자유로 인하여 나태한 생활과 위생관리가 철저하지 않아 씻지 않는 경우가 많고

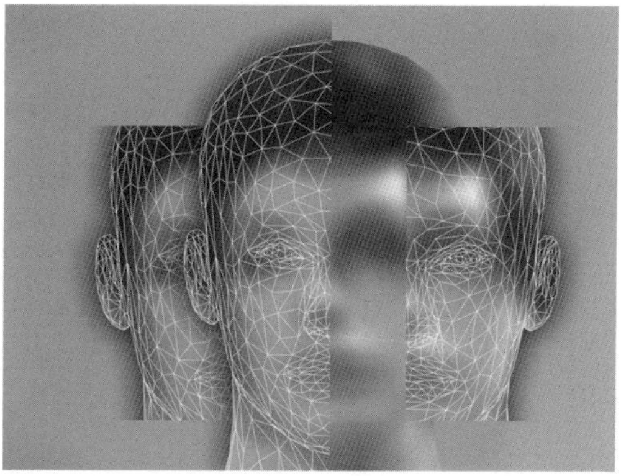

외부활동이 원활하지 않아서 긴 머리로 생활하는 기간이 늘어난다. 한편으로는 사적 공간으로 자유스러운 활동이 가능하여 그 자유스러움이 외부활동에 방해되는 요인으로 작용한다.

자신이 원하는 정보를 얻기 위해 다양한 미디어 기기를 사용한다. 또 더 많은 정보로 현실에서 대인관계나 만남이 없이도 생활하는 데 아무런 불편 없이 충분히 사회와 소통(가상공간)하고 있다고 표현한다. 현실공간이 아닌 가상공간에서 활동하기 때문에 타인이 또 다른 타인에게 욕설이나 폭력을 행사하는 것에 대리 만족한다. 또 최근 들어서는 개인방송(유튜브)을 시청하면서 직접적인 게임을 참가하지 않아도 게임에 참가하는 것 같은 대리 만족을 즐기는 사람도 많아졌다. 개인방송 진행자가 욕설이나 폭력을 행사하는 과정을 보면서 대리 만족하여 계속 시청하기도 한다.

사람은 자신의 즐거움과 잘하는 것을 서로 나누고 정서적인 교류하며 고통과 슬픔, 외로움, 고민을 함께할 친구가 필요하다. 그러나 현실 공간에서 교류하지 못하고 가상공간에서 친구를 사귀면서 공동의 주제로 공유한다. 가상공간에서 만나는 친구 관계는 오랜 기간 연결되는 데 서로의 의견이 다를 때는 가상공간의 특성상 일방적인 방법으로 차단하고 다시 자신만의 공간으로 들어간다. 이처럼 인터넷과 스마트 폰으로 원하는 정보로 세상과 접촉하면서 취미, 음식배달, 의류구입, 정치 참여 등을 즐기면서 방을 벗어나면 온갖 간섭과 타인을 의식해야 하는 삶을 거부하면서 살아간다.

2000년경부터 휴대전화가 일상화되면서 시간과 장소를 가리지 않고 원하는 사람과 통화할 수 있게 되었다. 휴대전화를 통한 전화는 원하는 시간과 장소에 구애받지 않고 정보의 전달과 정서적 교류가 이루어져 상의한 공간을 연결해주는 역할을 한다. 그러나 휴대전화의 소통은 얼굴을 마주 보는 소통과 달리 음성과 음색은 정보를 보완해주는 부분적인 의사소통에 불과하다. 이는 현실적으로 인격과 인격이 만나 심리·정서적인 교류에서 감정(emotion)과 분위기(mood)를 전달하지 못하게 된다.

휴대전화라는 새로운 개인 미디어를 보유한 개인은 점점 혼자 있는 시간이 익숙해지고 편안하게 느낀다. 개인은 그 사회적 공간이나 세계 어느 곳에 있는 사람과 통화할 수 있는 기능이 있다. 역설적으로 휴대전화를 사용하는 사람은 방이나 집에서 현실적인 외부활동과 직접적인 대인관계를 하지 않아도 최신의 정보와 사회적 흐름을 추구한다. 그래서 가상공간에서 얼마든지 많은 지지자나 사회적 관계를 형성한다. 이처럼 보이지 않는 실체와 대화를 하거나 문자를 주고받는 것은 새로운 가상 인물을 이미지화하고 머릿속에 또 하나의 사회적 소통 공간을 만든다.

각 개인이 휴대전화를 통한 전화가 문자메시지라는 형태로 변화했다. 심리·정서적 교류에서 감정까지 배제된 '음성'이 문자메시지로 더욱 무의미하고 건조한 정보교류로 변화하고 있다. 최근에 이르러서는 감정과 분위기조차 '이모티콘'으로 변화하고 있다. 또 여러 단어나 언어적 표현을 축소하여 신조어나 축약된 단어를 만들어 의사소통의 수단으로 사용하는 때도 많이 증가하고 있다.

2000년 휴대전화의 등장으로 언제든지 통화가 가능했었는데, 2010년경 새로운 개인 미디어 기기인 스마트 폰이 등장하였다. 스마트 폰은 지금까지 등장했던 어떤 개인 미디어보다 강력한 영향력으로 우리의 일상에 많은 변화를 주고 있다. 스마트 폰은 휴대전화에서 사용했던 기능을 더하여 움직이는 개인 휴대용 컴퓨터 역할을 한다. 스마트 폰으로 인터넷을 시간과 장소에 구애받지 않은 사용이 가능하여 누구와도 소통과 참여, 정보공유가 가능한 복합 다기능 매체로 집중화 현상이 나타나고 있다.

이를 기반으로 새로운 소통의 패러다임인 소셜 네트워크 서비스(SNS: Social Network Service)[1]가 출현하여 특징적이고 다양한 서비스와 함께 새로운 사회관계 형성의 장으로 주목받으며 급속한 이용자의 증가와 더욱더 많은 콘텐츠가 제공되고 있다.

인터넷과 스마트 폰 과의존과 관련하여 긍정적인 면과 부정적인 면 등 다양한 결과가 발표되고 있다. 인터넷과 스마트 폰 과의존으로 인한 긍정적인 영향을 미치기도 한다. 그러나 부정적인 영향으로 강박, 일상생활 기능 저하, 신체 기능 약화, 수면장애, 가족과 친구 등과 관계 단절, 시간 낭비, 집중력 저하 등 많은 영향을 주는 것으로 나타났다. 우리의 관심은 가족과 대화시간이 현저하게 줄었고 집안 분위기는 친밀감보다는 가족 단위가 개인 각자의 방에서 생활하며 일상생활에서 어려움으로

1) SNS란 Social Network Service의 약자로 누리소통망이라고도 합니다. 공통된 관심이나 활동을 하는 사람들 사이에 관계망을 구축하여 정보를 공유할 수 있도록 제공되는 온라인 서비스를 말하지요. SNS는 멀리 떨어져 있거나 직접 만나지 못하더라도 웹상에서 서로의 소식, 정보 등을 주고 받을 수 있어서 친구, 동료 등 아는 사람과의 관계를 강화시키고 또 새로운 관계를 쌓으며 폭넓은 인간관계를 형성할 수 있도록 해줍니다. 시공간의 제약 없이 다수에게 하고 싶은 말을 전달할 수 있고, 사회적 이슈를 언론보다 더 빠르게 수집할 수 있는 1인 커뮤니티여서 사회적 이슈에 대해 자신의 생각을 표현하고 토의 토론하는 곳으로도 사용되고 있지요. 스마트폰이 사람들 사이에 널리 퍼지면서 SNS를 좀 더 쉽게 사용할 있게 되었고, SNS를 사용하는 사람들 또한 점차 늘어나게 되었습니다. 반 친구들과 카카오톡을 통해 대화를 나누는 것, 관심을 갖고 있는 친구의 SNS 계정과 이웃을 맺어 사진에 댓글을 다는 등 SNS 활동은 일상 속에 자리 잡게 되었지요. 이처럼 SNS는 주변 사람들 간의 친분을 유지할 수 있고 편리하게 정보를 얻을 수 있다는 장점이 있지만 개인정보 침해나 사생활 보호 문제에 약하다는 문제점이 있으므로 주의해야 합니다.

전인적인 어려움이 발생하는 분야이다.

고립 생활하는 사람이 강박적인 증상을 보이는 경우가 있다. 자신의 물건이나 중요하게 생각했던 일에 대하여 강박적인 증상을 보인다. 고립과 강박의 관계에서 우선 강박 구조의 요소인 불안의 기원이 고립이라는 현상에 의해 발생할 가능성이 있다. 외부나 타인과 소통이 진행되지 않은 상태에서 고립은 지속해서 자극받는 것 이상으로 심적·정서적 구조의 작동이 불안정하게 된다. 고립의 연장선에는 스스로 어떻게 살아가겠다는 무망감과 허무감과 공허함으로 불안과 공포의 이미지가 들어 있다.

그래서 고립 생활하는 사람이 벗어날 수 없는 것은 대상자의 불안이 기저에 있는 것이다. 다시 말해 고립 생활에서 벗어날 수 없다는 생각이 스스로 선택한 생활인 고립을 계속 유지하기 경우가 많다. 가족이나 주변에 있는 친지나 또래로부터 고립 생활에서 벗어날 수단과 기회를 받았지만, 대상자가 고립이라는 선택으로 생활한다고 볼 수 있다.

고립은 보이지 않는 공포를 만들어낸다. 미래에 대한 불확실성과 사회부적응에서 오는 의욕 상실로 인한 그 공포는 자신도 모르게 강박 증상의 형태로 나타난다. 자신이 직면한 공포에서 벗어나기 위한 가상 구조에서 강박 증상이 나오기도 한다.

V부

자유롭게 날기

고립 생활하는 사람은 누구인가?

가정방문 상담

치유는 고립 생활하는 사람이 외부활동으로 자립적인 생활을 유지하는 것이다. 고립 생활하는 사람의 치유는 다양한 의미를 지니고 있다. 단순하게 표현하면 고립 생활하고 있는 방이나 집에서 밖으로 나가는 것이다. 고립 생활의 원인이라고 했던 부분을 해소하는 것이다. 가족이나 대인관계에서 심리·정서·환경적 고립에서 외부 활동하는 것이다. 고립에서 자립으로 개인적인 삶의 방식을 변화시키는 것이다.

최종적으로 개인이 영위할 생존능력을 외부적인 지원에서 개인 스스로 해결하려는 의지를 보이는 것이다. 즉 학업을 유지해야 할 시기에는 학업 수행, 청년기 이후는 건강한 직업 생활, 중·장년은 사회적 활동으로 지역사회에 긍정적인 영향을 미치는 부분이라 할 수 있다.

고립 생활하는 사람을 어떻게 치유하는가? 이는 이들에 특성과 접근 방법에 따라 결정된다. 정신과 질병이 아니며, 외부활동을 하지 않고 방에서 활동하는 하나의 사회 현상이다. 치유 방법에 다양한 의견이 제시되고 있다. 전문가와 정신과 의사 사이에서도 의견이 다양하고 복잡하여 어려움이 있다. 고립 생활하는 사람은 원인과 과정이 다양하고, 복잡하며, 미묘한 변화 때문에 치유는 단순하지 않다. 그래서 치유는 가정방문 상담, 개인 상담, 가족 상담, 약물치료, 자조 모임 등 여러 가지 방법론이 혼용하고 있다.

일반적으로 치료나 치유는 가장 하기 쉬운 부분에서 어려운 부분으로, 단순한 것에서 복잡한 것으로, 간접적인 것에서 직접적인 것으로, 영향이 적은 것에서 큰 것으로 진행한다.

1. 세상으로 나가기

가족이나 친구와도 관계를 유지하지 않고 자신의 방이나 집에서 고립 생활이 시작하였을 시간에는 부모나 자신 누구도 장기간 고립 상태를 예상하지 않았을 것이다. 그러나 한번 고립하면 자신의 결단하고 행동으로 옮기지 않는다면 다시 외부활동하기 위해서는 많은 시간과 노력이 필요하다.

고립 생활하는 사람이 고립되어 있을 때는 자신이 왜 밖으로 나갈 수 없는지, 지금 무엇을 하면 좋은지 대안이 없다는 것이다. 고립하고 있는 자신을 변화시키고 싶지만, 아무리 찾아도 그 방법을 모르겠다는 것이 이들의 전형적인 마음이다.

또 이들은 고립에서 벗어나는 방법을 몰라서 스스로 갈등한다. 그리고 고립의 어려움을 해결하기 위해 보이지 않는 손을 내밀고 있다. 고립하고 있는 상황에 안주하고 있는 듯해 보여도 자신도 자신에 대해서 알 수 없는 불안감을 느끼고 있다. 그래서 우리 사회는 고립 생활하는 이들의 생활이나 사고에 대하여 저렇게 생활할 수 있을까? 느끼고 있어도 사회적 관계를 유지하도록 한 줄기 빛을 보여주어야 한다.

산업화가 진행되기 이전에는 함께 외부활동을 하는 사람이 대부분은 가족이나 친족, 그리고 예전에 알고 있었던 사람이다. 그러나 농업사회에서 산업사회, 정보화 사회로 변화하면서 전문적 기술과 사회적 기술이 부족하며 낯선 사람들과 함께 지역사회에서 활동하는 사람은 대부분 낯선 사람이다. 자신의 방이나 집에서 활동하는 학업, 직업 생활, 사회공헌으로 변화된 생활을 하는 것은 매우 어려운 현실이다. 고립 생활하는 사람이 활동하기 위해서는 여러 단계를 극복해야 한다. 다음은 고립 생활하는 사람의 외부활동단계이다.

1단계: 자신의 방에서 가정이라는 활동공간으로 확대하는 단계이다. 자신의 방에서 활동을 가정이라는 울타리로 활동공간을 넓힌다. 부모나 가족과 정서적 단절을 넘어 고립하고 있던 사람이 심리상담이나 외부적 도움으로 갈등이 해소한다. 그래서 가정이라는 울타리에서 정서적 관계를 회복하고 가족과 완전한 회복은 아니어도 소통이 진행되는 단계이다.

이미 가족과 정서적 단절을 넘어 고립된 상황에서 가족이 대상자와 관계 회복이 어렵다면 대상자와 정서적 교류가 심리상담사, 지역사회 자원, 사회복지사도 가능하다. 이 단계가 출발단계로 매우 중요하고 집중력이 필요하다.

2단계: 가족과 소통으로 심리·정서적 고립 생활에서 벗어나는 단계이다. 가족과 소통이 이루어지지 않아 심리·정서적 고립 생활에서 자신의 방, 거실, 화장실 등 자유스럽게 활동하고 생활하는 과정이다. 가정이라는 생활공간에서 자신감 회복과 사회적 기술을 높여 외부활동을 하는 단계로 타인을 의식하는 부분과 자신감 회복으로 외부로 나아가는 단계로 고립에서 벗어나는 단계이며, 가정이 아닌 외부활동이 불편하고 어려움은 남아있다.

3단계: 가정에서 사회로 즉 사회 재적응하는 단계이다. 타인과 외부활동이 이루어지면서 어느 정도 불편함과 불안은 있다. 그러나 사회에 적응하고 대인관계와 사회적 기술을 훈련하는 과정이다. 가정에서 생활하였던 공간을 사회로 생활공간을 확대하여 자신의 의사 표현과 타인과 의사소통을 진행하고 스스로 선택한 활동이 가능하다. 외부활동이 가능해도 불편함과 불안을 극복할 수 없다고 느끼거나 자신감이 낮아지면 방이나 집으로 되돌아가기도 한다.

4단계: 사회적 적응 후 학업, 직업 활동, 사회공헌 활동단계이다. 외부 활동하고 있어도 사회 활동 참여나 자립을 위한 활동이 진행되지 않았다가 학업이나 직업 생활을 위한 다양한 대인관계기술 훈련, 자기 의사 표현, 감정조절 훈련, 의사소통 훈련 등으로 사회에 적응과 활동을 제기한다. 사회 적응 수준이 이루어지면 학업과 직업 활동 및 사회공헌을 가능하도록 한다.

5단계: 사례관리 단계이다. 고립 생활하는 사람이 학업이나 직업 활동 및 사회공헌을 하였어도 사회 적응하는 과정에서 의욕적으로 하였다가 대인관계에서나 업무량의 과다, 적응에 어려움 등 다양한 이유로 고립 상태로 되돌아갈 수 있다. 그래서 사회복지사나 심리상담사가 외부활동을 계속하도록 관리하는 과정이 필요하다. 이 과정에서는 이들이 어려움이 있거나 활동하는 과정에서 나타나는 어려움을 극복하도록 격려와 지지 그리고 새로운 대안을 제시하면서 외부활동을 유지하는 단계이다.

위의 1단계는 방에서만 활동하고 거실이나 가족과 단절하고 고립 생활을 하는 경우이다. 2단계는 가정에서는 개인 공간에서 활동하고 생활한다. 그러나 가족과 소통이 이루어지지 않아 심리·정서적 고립상태에서 생활하는 단계이다. 집이라는 공간에 고립한 사람은 1단계가 생략되고 바로 2단계가 진행되기도 한다. 3단계, 4단계에서 사회 적응이나 활동에 어려움을 호소하고 아무런 의사 표현 없이 방이나 집으로 다시 고립하기도 한다. 5단계는 고립 생활했던 사람이 사회에 잘 적응하고 건강성을 회복과정이다. 이 과정에서 개인이나 사회 취약성으로 다시 방이나 집으로 고립할 수 있어 장기간 사례관리가 필요하다. 2년~3년 기간 정기적인 만남은 어려워도 1개월에 1회 정도 전화 안부와 확인이 필요하다.

외부활동을 하지 않고 있는 시기에 따라 접근하는 방법과 서비스 제공과 관련 논의가 필요하다. 아직 우리 사회는 이들이 현황, 시기, 욕구, 필요한 서비스, 개입 방법 등 다양한 논의가 진행되지 않은 상황이다.

이들이 주로 활동하는 가상공간이 고립 생활하는 사람으로 만드는 것이 아니다. 심리·정서·환경적 안정을 찾는 사람에게 인터넷과 스마트 폰이라는 도구가 주위에 있었을 뿐이며, 근본적인 원인은 아니다. 고립 생활하는 사람과 정서적 교류가 가능한 부모, 친구, 심리상담사, 멘토 등이 대상자의 깊은 고민을 들어주고 관계를 유지할 한 사람이 필요하다.

고립 기간이 장기화할수록 자신감이 낮아지고 고립이 더욱 심화한다. 자기효능감이 낮아지면서 더욱 자신의 껍질 속으로 숨어 들어가서 완전히 외부와의 접촉을 단절한다. 이 껍질은 고립 기간이 장기화하면 더욱 강해지면서 고립을 악화시킨다.

따라서 고립 상태에서 벗어나기를 원한다면, 가장 우선시해야 하는 것은 고립 상태를 인정하는 것이 필요하다. 현실적인 상태를 있는 그대로 받아들이는 것이 무엇보다 중요하다. 고립 생활하는 사람은 자신이 원하는 고립이 아니다. 오히려 너무 괴로워서 고립 상태에서 탈출하고 싶어 한다.

외부활동

고립 생활하는 사람은 자신이 외부활동을 위해 가족이나 외부 누군가에게 도움을 요청하기 일은 거의 찾아보기 힘들다. 고립 생활하는 사람이 요청한다면 외부 누군가가 관심과 사랑으로 이들과 관계를 유지하여 외부활동이 가능할 것이다. 물론 자신의 노력이 필요하다.

주로 부모가 외부 상담 기관과 사회복지기관이나 정신과 병원에 자녀가 집에서 나가지 않고 부모의 말도 듣지 않는다는 표현으로 알려지게 될 것이다. 물론 대부분 대상자는 절대 외부에 나가지 않거나 필요하지 않다는 표현으로 거부하는 경향이 있다.

외부기관은 대부분 부모에게 부모가 먼저 상담 기관과 사회복지기관이나 정신과 병원을 방문하여 자녀의 상황을 충분히 이해하고 시작하도록 안내한다. 여기에서 많은 부모는 도움을 요청한 기관이 만능으로 이해하고 있는지 외부기관이 알아서 자녀를 '외부 활동하도록 해주세요.'

하면서 연결만 하면 해결되는 것으로 접근하는 부모도 있다. 부모가 치유과정에 참여하지 않는다면 치유는 불가능하다. 우리나라의 많은 부모는 자녀가 방이나 집에서 고립하여 생활하고 있다면 주변에 있는 친구나 친척에게도 말하지 못할 정도의 심리·정서적 고통을 호소하여 외부에 알리는 것에 부담감을 느끼고 있다. 역시 치유를 위한 접근도 거부하는 경향이 있다.

상담 기관이나 사회복지기관에서는 가정을 방문하여도 대상자가 방이나 집에 있으면서 문을 개방하거나 접촉이 되어야 개인별 특성이나 성향 특징에 맞는 맞춤형 개입이 가능하다. 대상자는 문을 개방하지 않는 경우가 대부분이다.

대상자가 치유를 위한 접근을 거부하고 있다면, 가족 면담으로 대상자의 관련된 다양한 정보를 확인하고 부모가 적극적으로 자녀의 상황을 이해하고 대처 방법을 학습하도록 한다. 이 단계는 가족이 대상자와 의사소통 방법과 양육태도를 교육하여 부모-자녀 관계가 개선되도록 한다. 이후 대상자에게 구체적이며 상황 상황에 맞는 접근이 이루어지도록 협의하며 진행한다.

주로 가족은 우리 가정에 고립 생활하는 사람이 생활하고 있다고 처음으로 외부에 알리면서 가정방문 상담이나 정신과 의사가 가정을 방문하여 달라고 요청한다.

자녀가 00살입니다.
어려서부터 학교생활이나 친구 이야기는 하지 않았어요.
또래 관계에서 매우 산만하고 집중력이 없었어요.
부모 말도 잘 안 들어요.
대인관계에 너무 힘들어하고 어떻게(어렵게) 고등학교는 졸업하고 집에 있는지 2년이 되었어요.
집으로 오셔서 자녀가 외부활동을 하도록 해주세요.

저자가 경험한 ㄹ의 모는 상담자에게 가정방문을 요청하였다.

상담자가 가정방문을 진행하기 모에게 상담센터에 오셔서 면담으로 자녀의 특성, 장점, 고려할 점, 어떻게 접근할 것인가를 협의하도록 안내했다. 이렇게 전달받은 모는 자녀에게 상담 기관에 나가서 치유를 위한 접근을 하도록 안내했다. 그러나 자녀는 '나의 일을 나와 상의하지 않고 엄마 혼자 결정해! 나도 나가기 싫고, 엄마도 나가지 마!' 대략 이런 표현으로 모도 자녀도 치유를 위한 접근은 진행되지 않았다.

많은 부모는 자녀가 외부활동을 하겠다고 하면, 곧바로 부모와 함께 외부로 나가는 연습이나 정신과 병원 및 상담센터에 활동이 진행될 것으로 예상한다. 그러나 저자가 경험한 고립 생활하는 사람 중 바로 외부활동으로 연결되는 사례는 만나보지 못했다.

자신의 방이나 집에서 고립 생활하는 자녀가 있다면 자녀와 함께 치유과정 참여하기 이전에 부모가 상담 기관이나 정신과 병원을 방문하여 첫째는 자녀 이해하기, 둘째, 자녀와 관계 및 의사소통 훈련, 셋째, 자녀 양육태도 점검 등을 하도록 한다. 부모-자녀 관계에서 작은 부분에서 변화가 일어나도록 한다.

자녀는 부모의 작은 변화에 다른 대안적인 관계나 활동을 시작 할 수 있다.

강박적인 활동과 청결

중·고등학교 학생이었던 청소년이 등교하지 않는 시간이 3년~4년 지나면 청년(대략 20세 이상)이 되고 더 많은 시간이 흐른다면 중·장년에 이르게 될 것이다. 신체적으로 건강했던 사람이 고립하여 외부활동을 하지 않으면 이들이 보이는 공존 질환은 어떤 것이 있을까?

우선 신체적으로는 오랜 시간 동안 외부활동을 하지 않으면서 운동이 부족하여 비만인 경우가 있다. 또 식욕이 매우 낮고 부모나 주변에서 정해진 시간에 식사하도록 해도 최소한의 식사와 영양공급의 불균형으로 매우 마른 유형도 있다.

가족이나 부모의 양육을 거부하는 경우와 외부에 나가는 기간이 오랜 경우에 정리되지 않은 긴 머리와 얼굴이 창백한 외모를 보인다. 청결 상태는 아주 깔끔하거나 몸은 씻지 않았는지 청결 상태가 아주 지저분하기도 하다.

심리·정서·환경적으로는 많은 시간 동안 방이나 집에서 활동하여 타인과 의사소통이 이루어지지 않아서 대인관계에서 대인 기피적인 경향이 두드러지게 나타난다.

고립 생활하는 사람의 공존 질환은 개인마다 다르게 나타나는 데 대부분은 무기력하고 불안과 우울한 감정을 나타낸다. 이들은 자신의 삶에서 희망이 없으며 누구도 자신을 이해하지 못하고 있다고 느낀다. 또 이들은 믿을 수 있는 사람이 없고 미래에 희망이 없다는 표현을 하며 잘하는 것이 없다는 표현으로 일상생활과 삶의 전반에서 욕구 수준이 매우 낮은 형태를 보이는 우울 경향이 나타난다.

다음은 다양하고 복잡한 이유로 고립하는 사람의 행동 특성 중 강박적인 성향을 보인다는 것이다, 자신의 물건에 대하여 집착을 하거나 목욕하는 시간이 다른 가족이 화장실을 사용하지 못하도록 2시간 이상 몸을 씻거나 아니면 전혀 씻지 않는다.

고립하기 전부터 나타나는 상태가 있는데 길거리를 걸어가고 있으면 누군가 따라온다고 하거나 자신의 말을 계속 듣고 있다고 하기도 하고, 아무도 없는 곳인데 누군가 자신에게 말을 걸어온다고 한다. 이러한 증상은 환시와 환청, 망상 등 조현병의 전조증상이다. 또 고립해 있는 시기에는 자신의 방을 감시한다고 하면서 암막 커튼과 같은 방법으로 아주 컴컴하게 꾸미기도 한다.

이들에게 가끔 나타나는 현상으로 폭력성이다. 이들이 요구하는 사항을 부모가 수용하지 않거나 실행하지 않게 되면 부모나 주변(외부 사람에게는 거의 하지 않음)에 있는 사람에게 혼잣말로 욕설이나 상대가 듣도록 욕설과 함께 신체적인 폭력을 하기도 한다.

자녀가 오랜 기간 고립하고 있다는 사실을 알고 부모에게 지역사회와 외부기관에서 도움을 주기 위해 많은 정보를 제공하며 활동하기 위하여 노력하고 있다. 그러나 대상자가 거부하여 아쉬운 마음을 표현한다. 고립하는 자녀를 돌보아야 하는 부모를 보면서 자녀가 외부활동을 하도록 준비된 심리상담, 학업성취, 직업 생활을 안내한다.

고립 생활하는 사람은 자신 상황에서 모든 것을 해석하고 원하는 방향으로 조합하여 자기 위주로 상황을 편집하는 경향을 보인다. 특히 또래 관계에서 친구가 없는 사람은 타인과의 관계에서 일방적인 것을 요구하게 된다. 자신에게만 집중하는 가족 관계처럼 타인에게도 자신이 중심이 되고자 대인관계를 요구하여 고립을 자초한다.

무기력과 우울증상

고립 생활하는 사람 개념에서 설명했듯이 정신질환이라는 원인으로 방이나 집에서 생활한다면 고립 생활하는 사람이라고 할 수 없다. 고립 상태가 계속되고 장기화하여 매우 무기력하고 무감동하여 우울한 상태, 대인 기피, 강박, 공황 공포, 망상, 환청이 나타나기도 한다. 우울한 상태를 나타내는 주요한 증상은 불면과 함께 식욕이 없으며 아침에 우울 증상이 강하다.

심리상담사가 고립 생활하는 사람을 만났을 때의 느낌은 질문에 대한 반응이 매우 느려 답답하였다. 아주 작은 목소리로 답변하는데, 무슨 말을 하는지 여러 차례 말하도록 한 이후에 들을 수 있었다(그것도 아주 희미하게). 또 언어적 표현을 거부하고 몸짓으로 답변을 하기도 한다. 신체적인 영양 상태는 알 수 없다. 외모는 비대한 체형이거나 매우 마른 체형이었다. 또 대부분은 오랫동안 머리를 정리가 되지 않아 긴 머리 상태가 많았다. 이들의 표정은 '내가 아무런 말썽을 피우거나 싸우지 않고 조용하게 지내고 있는데 당신이 누구인데 나를 귀찮게 하세요!' 하는 느낌이었다. 이들은 외부활동하지 않은 상황에서 대부분 시간을 보낸다.

우울 증상을 보이는 경우는 뇌의 신경전달물질인 세로토닌과 관련이 있다. 세로토닌은 행복을 주관하는 신경전달물질로 뇌의 좌우 균형을 조율한다. 뇌 전체의 기능을 조율하여 행복을 관장한다. 세로토닌은 기분과 식욕을 관장한다. 가벼운 설렘과 흥분 상태이다. 세로토닌은 상상만으로도 분비된다. 일상적으로 규칙적인 활동을 하면 세로토닌이 정상적으로 농도를 높이는 데 어려움이 없다.

고립 생활하는 사람이 우줄 증상과 식욕부진 및 일상에서 낮은 의욕을 극복하기 위해서는 세로토닌이 뇌에서 분비되도록 해야 한다. 세로토닌의 증가를 위해서는 첫째는 태양 빛을 직접 쬐는 시간이 필요하다. 해가 뜨는 야외에서 활동한다. 둘째는 하루에 30분 정도 약간 빠른 걸음으로 운동을 한다. 셋째는 의도적으로 맛있는 음식을 많이 먹는다. 넷째는 의도적으로 웃는 활동으로 기분전환을 한다. 몸의 균형 유지를 위하여 자신의 신체와 마음을 건강하게 돌보는 노력도 필요하다.

고립 생활하는 사람을 치유하는 과정에서 원인을 알지 못해도 활동할 수 있는가? 하는 의문을 품기도 한다. 물론 원인을 알면 치료하는 과정이나 접근 방법에서 도움이 된다. 고립 원인이 무엇이고 어떤 상황에서 고립하게 되었는지 고립의 촉발사건이 언제인지 몰라도 치유 활동은 가능하다. 치유는 상담 관계 형성에 어려움이 있고 활동을 하기 위한 시간이 오래 걸린다.

2. 누군가 찾아온데

심리상담이란 일반적으로 상담대상자가 상담실을 방문함으로써 이루어진다. 그러나 최근 수년간 상담실을 방문하기 어려운 사람들을 위한 '찾아가는 상담' 서비스가 활성화되어 왔다. '찾아가는 상담'이란 대상자 중심, 고객 중심으로 고객이 있는 곳을 찾아가 그곳에 머물며 진행하는 상담 방법이다.

상담이 필요한 곳

사람은 생활하면서 개인과 개인, 개인과 집단, 집단과 집단 등 여러 가지 형태로 다른 사람들과 교류를 하게 된다. 그런 과정에서 개인은 심리·정서적으로 복잡하고 미묘한 느낌으로 생활하며, 보이지 않는 정서적 파

장을 겪는다. 그 정서적 파장으로 인하여 누구나 심리적으로 기쁨, 분노, 슬픔, 즐거움 등 기본적인 감정을 타인과 교류한다. 그런데 여기에서 긍정적이든 부정적이든 정서에 의해서 개인이 호소하는 심리적 갈등과 고민이 나타난다. 이러한 갈등과 대인관계 어려움이 일상생활 가운데 언어와 행동으로 표현된다. 우리가 관심을 보이는 것 중에 긍정적인 관계나 영향뿐만 아니라 부정적인 정서 갈등, 대인 관계의 어려움, 일상생활의 부적응으로 인한 직·간접적인 심리·정서 상황이 심리상담의 영역이다.

상담이란? 개인 각자가 느끼는 심리·정서·환경적 갈등이나 고민이다.

대인관계에서의 심리·정서·환경적 문제로 인한 갈등, 대인 관계, 자기조절, 일상생활에서의 부적응 등 문제를 건강하고 적응적이며 행복한 삶을 위하여 대상자와 상담자가 협력하는 과정이다.

일반적으로 상담이라고 하면 상담자가 상담실에서 기다리고 있고 고객(Client: 대상자)은 상담실에 방문하여 상담한다. 대상자가 상담실에 내방하는 상황을 생각하게 된다. 상담 장면에서 고객은 상담을 원하는 사람을 대상자로 표현하기도 한다. 상담자는 고객을 상대로 업무를 수행하는 하나의 직업이다.

찾아가는 상담이란?

상담자의 관점에서는 고객이 상담실을 방문하는 것이 자연스럽다. 실제로는 상담실로 방문하기가 어려운 상황이 발생할 수 있고 효율성이 낮을 수 있다. 그래서 2005년 국가청소년위원회에서는 다양한 원인으로 인하여 상담실로 이동하기 어려운 경우에 가정, 학교, 사회복지관, 행정복지센터, 부모의 직장으로 찾아가는 상담전문가(Youth Companion: 청소년동반자)가 활동이 시작되었다. 찾아가는 상담자를 청소년동반자로 부르고 고객의 입장에서 찾아가서 상담에서 심리·정서적 지원 및 연계 활동을 하였다. 공식적으로 청소년동반자라는 찾아가는 상담이 진행되면서 대상자와 부모, 지역사회로부터 새롭고 효과적인 접근이라는 긍정적인 반응이 나타났다. 2005년에는 시범사업으로 시작하여 2020년에는 1,350명 이상의 청소년동반자가 활동하고 있다. 찾아가는 상담에 대한 많은 호응과 긍정적인 효과가 나타나면서 국가기관과 민간위탁기관에서 찾아가는 상담이 진행하고 있다.

찾아가는 상담이란 무엇일까? 단어의 문자적인 의미로는 심리상담을 실행하는 한 가지 방법이다. '상담자가 대상자를 심리적·물리적 공간으로 찾아가서 상담'으로 찾아가는 상담은 단순히 찾아오는 상담의 반대개념이다. 하지만, 찾아가는 상담을 좀 더 자세히 살펴보면 그 안에는 심리적·물리적 공간으로 찾아간다는 문자적인 의미 외에도 중요한 의미가 있다.

그곳으로 찾아가기

첫째, 상담자가 대상자의 생활공간으로 찾아가는 것을 의미한다. 이것은 찾아가는 상담이 가지는 문자적 의미이다. 일반적으로 상담은 대상자가 상담실로 찾아오는 것으로 출발한다. 그러나 상담센터에 내방하지 못하거나 하지 않는 대상자를 상담해야 할 때가 있다. 상담센터에 내방하지 못하는 대상자는 다양한 이유가 있다. 인터넷을 과의존하는 경우, 나이가 어려서 상담센터를 혼자 내방하기 어려운 경우, 상담 동기가 낮아 상담에 매우 소극적인 경우, 심리상담이라는 이유로 학업이나 업무수행을 회피(현실 도피)하는 경우, 상담센터로 이동하기 위해서는 경비가 없는 경우, 우울 증상이 심하거나 대인관계가 어려운 경우 등도 있다. 이때 상담자는 대상자가 생활하는 심리적·물리적 공간에 찾아가서 상담을 진행하는 것이다. 상담 현장은 가정, 학교, 시설, 행정복지센터, 거리 등 다양한 장소가 상담실이다. 상담자가 대상자를 상담하기 위해 어느 곳이든 찾아간다는 것은 기존의 내방 상담의 틀에서 벗어나는 상담방식이다.

그 공간에 머물기

둘째, 찾아가는 상담은 상담자가 대상자의 심리적·물리적 공간으로 찾아가는 것을 의미한다. 대상자가 주관적으로 경험하는 내적 상황에 찾아가서 머무르며 대상자와 함께 하는 것이다. 즉 상담자가 대상자의 심리적·물리적 공간에 찾아가는 것을 전제로 심리적·물리적 공간에 머무른다는 의미가 있다. 찾아가는 상담이 진행되면 긍정적인 효과도 있다. 그러나 대상자 변화가 필요한 상황에서 상담자가 대상자의 심리적·물리적 공간으로 찾아가 상담이 진행되면서 변화의 욕구가 형성되지 않을 수 있다. 또 심리·사회의 다양한 관계나 변화를 받아들이지 않으려 하고 대상자의 욕구를 타인이 모두 수용하고 받아들이는 것으로 인식할 수도 있다는 부작용도 있다.

생활환경 살피기

셋째, 대상자의 인지적, 정서적, 행동적 환경의 변화가 일어나도록 하기 위해서는 대상자 생활 및 주변 환경의 변화에도 관심을 가져야 한다. 즉 상담자는 대상자의 내적인 요소와 함께 대상자를 둘러싼 주변 여건도 주의 깊게 관찰하여 필요한 개입이 이루어져야 한다. 따라서 대상자 개인의 변화를 위해 가정, 학교, 지역사회 등 다양한 요소에 대하여 적절한 개입을 해야 한다.

그/녀에게 필요한 것을 제공하기

넷째, 찾아가는 상담은 상담자가 대상자의 필요에 맞는 고객 맞춤형 상담 서비스를 제공하는 것을 의미한다. 상담이라는 전문직도 고객 중심의 자세가 있어야 하는 영역이다. 심리상담자는 자기가 가진 특수한 기법을 간판처럼 걸어 놓고 이에 걸맞은 대상자를 수동적인 태도도 필요하다. 그러나 고객을 위해 자신의 고유 기법과 특성을 지키면서 고객의 욕구와 사회적 필요성을 제공하는 능동적인 전문가로서의 적극적인 태도를 가질 필요가 있다. 다양한 분야에서 사람의 심리상담이 발전하고 있다. 주어진 여건이나 환경에서 머무르기보다는 새로운 영역을 개척하고 다양한 분야의 사회적 욕구에 부합하는 활동도 필요하다.

환경적 조건에도 개입하기

다섯째, 찾아가는 상담은 상담자의 준비와 함께 대상자를 존중하고 이웃과 함께하겠다는 배려가 포함된 것이다. 찾아가는 상담을 진행하는 상담자도 방문하면서 대상자의 심리·물리·환경적 상황에 적응하기 위한 준비가 되어 있어야 한다. 또한 어떤 상황에서도 평정심을 유지하기 위한 준비와 대비로 만약에 어떠한 어려움도 일어날 수 있다는 마음으로 상담에 임한다. 심리상담이라는 고유한 기법과 특성들을 유지하면서도 고객의 요구에 맞는 맞춤형 서비스를 제공하기 위해 변화해야 한다. 상담 현장에서 심리상담자는 개인 대상자만을 상대하지는 않는다. 때에 따라서는 부모, 양육자, 지역사회의 단체, 학교, 지방자치단체, 군부대, 기업체, 나아가 국가로부터 상담 서비스 제공에 대한 제안을 받기도 한다. 이때 상담자는 대상자의 요구에 맞는 맞춤형 서비스를 제공하는 능동적인 태도가 필요하게 되었다.

위의 다섯 가지 의미를 종합하면, 찾아가는 상담은 '대상자의 심리·물리·환경적 공간에 찾아가서 대상자의 심리·물리적 공간에 머무르며, 환경적인 변화까지도 시도하는 것'이라도 정의 할 수 있다. 즉 찾아가는 상담은 대상자 중심, 고객 중심이며 배려와 존중을 바탕으로 상담하는 방법이다.

다양한 이들을 위한 다양한 심리상담

가정이라는 울타리는 일반적으로 안전하고 편안하며 서로의 의견을 아무런 제약을 받지 않고 교환하여야 할 공간이며, 공동의 생활공간이다. 그런데 현대가정은 이상적인 생활공간을 넘어선 심리·정서·환경적으로 위기라 할 수 있는 상황에 이르게 되었다. 현대가정은 개인이 가정이라는 공간에서 심리·정서·환경적 어려움에 대하여 극복하기 위한 타협, 양보, 조정 등 이루어지지 않는 상황에 놓이게 됐다. 그래서 개인과 가족은 일탈을 넘어 법적인 제한으로 활동이 자유스럽지 못한 상황에 이르기도 한다. 또 최근에는 다양한 요인으로 말미암아 외부활동이 자연스럽지 못하거나 하지 않는 이들이 나타나고 있다. IT산업, 미디어와 다양한 정보통신의 발달과 스마트 폰의 보급으로 인하여 인터넷과 스마트 폰 과의존 등 타인과 대화를 거부하거나 자신의 방에서 주로 생활하는 이들이 있다.

청소년 및 심리상담을 원하거나 타인에 의해서 상담이 필요하다고 한다. 그러나 양육자나 보호자가 심리상담이라는 과정을 위해 함께 참여가 어려운 상황에 놓여있는 청소년이 있다. 또 주 양육자가 양육하는 상태이나 이주민 가정의 청소년도 있다. 주 양육자가 조부모인 조손가정의 청소년도 있다. 주 양육자가 한 부모 가정으로 청소년이 상담 기관에 방문하여 상담 관계가 형성되기 어려운 상태에 이르는 다양한 형태의 상황이 존재한다.

최근 들어서는 청소년뿐만 아니라 자신의 방이나 집에서 활동하며 가정방문을 하여야만 하는 사람이 증가하고 있다. 또 농업, 산업, 정보화 혁명을 넘어 산업의 융합시대에 되면서 심리·정서·환경은 사회적으로 능력 있고 적응적인 사람을 원하고 있다. 급변하는 시대에 적응능력과 함께 유능한 사람이 살아가는 환경이다. 그러나 적응하지 못하거나 다르게 생활하는 사람에 대하여 다양한 접근이 필요하다.

이처럼 찾아가는 상담이 많은 사람에게 알려져 있다. 그러나 찾아가는 상담을 부정적인 시각으로 바라보는 분도 있다. 찾아가는 상담을 진행하는 활동가로 적극적인 수용과 변화가 필요한 시점이다. 즉 찾아가는 상담이 고객을 발굴이라는 측면에서 창의적이고 적극적인 상담 활동이 되었으면 한다.

3. 가정방문 상담 프로그램

먼저 찾아가는 상담 배경은 시대의 흐름과 공적 서비스에서 대두되는 주제이다. 고립 생활하는 사람이 상담이나 외부활동에 적극적이면 그 자체가 고립 생활하는 사람이 아니다. 현재 다양한 위기에 직면해 있는 가족은 많으나 상담센터를 방문하거나 위기를 극복하기 위한 노력을 하는 가족은 여전히 찾아보기 어렵다. 다양한 이유로 상담센터에 방문하지 못하는 가족을 위한 대안으로 찾아가는 상담 즉 가정방문 상담이 필요하다. 여인중 박사의 주장처럼 고립 생활하는 사람이 스스로 활동하려고 하지 않는다. 그래서 가정방문 상담으로 고립 생활하는 사람을 확인하고 만나며, 타인과 의사소통, 사회적 기술 습득, 학업을 위한 활동, 직업 활동과 관련된 정보를 제공하고 외부활동이 가능하도록 다양한 접근이 필요하다.

부모 중에는 고립 생활하는 사람이 가정에 존재한다는 사실을 외부에 알리거나 적극적으로 상담을 하고자 하는 부모가 있는가 하면, 반대로 고립 생활하는 사람이 가정에 있다는 사실 자체를 매우 불편해하고 숨기려 하면서 외부에 고립 생활하는 사람 존재를 비밀로 하는 경우도 볼 수 있다. 외부에 알리려 하지 않는 고립 생활하는 사람 가족과 청소년, 청년, 중·장년의 관계가 정서적 고립과 부정적 관계를 유지하는 상황에 이른다.

고립 생활하는 사람의 가족과 당사자에게 학업이나 사회참여를 권한다. 그러나 이들은 계속해서 자신의 공간에서 외부로 나가는 것을 거부하기도 하고 나가려는 의지가 있더라도 쉽게 나가지 못하기도 한다.

부모는 고립 생활하는 사람에게 치료적 개입을 위해 병원 방문을 하기도하고 다른 방법을 시도하지만, 고립 생활하는 사람은 거부와 저항하는 태도를 유지한다. 일본에서 히키코모리를 다수 치료한 이소베 우시오는 이들이 자신의 공간에 머무는 것을 즐기는 것이 아니라 괴로워하며 밖으로 나가고 싶어도 그 방법을 모른다고 하였다.

따라서 고립 생활하는 사람 가정방문 상담 프로그램 목적은 첫째, 가족이 아닌 지역사회에서 관심과 사회적 통로가 있음을 알리는 것이다. 둘째, 고립 생활하는 사람 개인이 자신의 모습을 자각하고 대인관계 기술, 감정 표현, 직업 능력 등 사회적 기술의 훈련으로 새로운 삶을 시작하도록 하기 위한 것이다. 셋째, 고립 생활하는 사람의 부모는 고립된 자녀를 이해하고 긍정적인 관계를 유지하기 위한 것이다. 넷째, 그동안 부모-자녀 관계에서 서로에게 상처를 주고 이해받지 못했던 관계적 단절을 줄여 회복하는 과정이다. 고립 생활하는 사람이 가정방문 상담이 개인, 가족, 사회에 미치는 효과를 살펴보면 다음과 같다.

고립 생활하는 사람 가정방문 상담의 개인적인 효과

첫째, 고립 생활하는 사람 개인에게 사회적 관심을 기울이는 것이다. 가족과 소통이 어렵고 의사소통도 거의 없는 상황에서 지역사회의 자원이 고립 생활하는 사람에게 관심을 보여주며, 수용과 사랑으로 지지를 하는 것이다.

둘째, 고립 생활하는 사람이 은둔에서 벗어나기 위해서는 사회기술에서도 특히 대인관계 기술을 다시 형성하도록 해야 한다. 이들은 대인관계에서 많은 어려움을 호소하고 있다. 가정방문 심리상담사와 대인관계 기술에 새로운 관계를 형성하며 대인관계 기술을 학습하고 연습하여 적용하는 과정이 되도록 하는 것이다.

셋째, 가족이나 가상세계에서의 만남만이 외부와 소통의 통로였던 고립 생활하는 사람에게 가정이라는 울타리는 자신이 원하는 활동을 하고 생활한다. 그러나 이들은 개인 공간이 자유공간이면서 속박의 공간이다. 가상공간에서 대인관계는 정서적 교류가 없는 문자적 소통이지만, 가족이 아닌 외부 가정방문 심리상담사가 방문하여 현실에서 심리·정서적 교류가 진행되어 외부와 연결되는 새로운 통로가 된다.

넷째, 고립 생활하는 사람과 가족은 의사소통에서 갈등을 해결하고 관계를 유지하는 것이다. 가족의 특성상 가족 중 누군가 조정·중재·협상 역할을 할 수 없었는데, 가정방문 상담사가 조정·중재·협상 역할을 해주는 것이다.

다섯째, 고립 생활하는 사람은 외롭고 힘겹게 생활하면서 지금까지 분노 감정을 마음속 깊이 감추며 살아가는 경우가 많다. 가정방문 상담사가 마음에 있는 분노 감정을 들어주고 수용하며 공감해줌으로 마음속의 감정을 표현하게 함으로 분노 감정을 정화하도록 한다는 것이다.

여섯째, 고립 생활하는 사람이 정신과적 진단 필요성이 있다면 지역사회의 정신병원에 연계하여 진단과 치료가 진행되도록 하는 일이다.

일곱째, 고립 생활하는 사람은 자기효능감이 매우 낮고 아무것도 잘하는 것이 없다고 생각하면서 외부활동에 어려움을 호소하는데 가정방문 상담사가 구체적인 강점과 장점을 격려하면서 자기효능감을 향상하도록 한다는 것이다.

여덟째, 다양한 요인으로 이들은 자신의 미래에 비관적이거나 자신감을 느끼고 있지 않다. 가정방문 심리상담사와 상담 과정에서 고립 생활하는 사람이 학업·적업 생활에서 다시 희망을 품기 시작하도록 한다.

아홉째, 지역사회에서 고립 생활하는 사람에게 관심을 보이는 것으로 고립 생활하는 사람에게 주어지는 관심은 인지 왜곡, 인지 부조화 등을 극복하고 인지 확장의 기회를 제공하고 새로운 인지적 재구성의 기회를 제공한다.

고립 생활자 가정방문 상담의 가족관계 효과

가족이라는 생활공동체에 정서적 고립된 사람이 존재한다면 개인적인 어려움뿐만 아니라 가족 전체에게도 많은 고통이 따르며, 새로운 관계설정이 필요하다. 이러한 상황에 가정방문 상담사가 방문하여 고립 생활하는 사람과 가족에게 심리·정서적 지지, 격려, 의사소통, 감정표현, 주어진 상황에서 대안 제시 등을 진행하게 되면 답답하고 암담했던 현실에서 외부활동이라는 새로운 희망을 품게 될 것이다.

첫째, 심리상담사가 가정을 방문하여 가족이 고립 생활하는 사람의 개인 심리·사회적 이해와 대안을 제공하고 외부활동을 위한 가족의 실천 과제를 하나하나 제공한다. 이러한 변화를 통해 고립 생활하는 사람에게 가족의 도움이 필요함을 알도록 한다.

둘째, 가족도 서로의 의사소통이나 대화가 어려운 고립 생활하는 사람에게 외부 상담사가 방문하는 과정은 가족이 지금까지의 의사소통 방식에서 벗어나 새로운 의사소통 방식을 학습하는 계기가 된다. 부모는 자녀를 양육하면서 자신의 방식으로 의사소통을 진행했었다. 그러나 그것이 고립 생활하는 사람에게는 매우 불편하고 일방적이었을 것이다. 그래서 새로운 의사소통을 하도록 교육하고 상담한다.

셋째, 가족 이외 타인과 의사소통 기술이나 대인관계 기술을 제공하는 기회가 된다. 가족의 영향이 크게 작용하여 고립 생활하는 사람으로 생활하는 자녀에게 대안적인 의사소통이나 대인관계 기술을 학습하도록 한다.

넷째, 고립 생활하는 사람이 있는 가정의 가족은 가족 구성원이 고립하고 있다는 사실로 심리·정서·환경적으로 괴로움, 슬픔, 아픔과 미래에 대한 걱정 등으로 어려움을 겪고 있다. 고립 생활하는 사람으로 인하여 발생하는 가족의 심리·정서·환경적 어려움을 충분히 수용하여 고립 생활하는 사람이 고립 상태에서 벗어나도록 가족에게 심리·정서·환경적 격려와 지지를 제공한다.

다섯째, 고립 생활하는 사람과 가족의 의사소통에서 갈등이 발생하고 서로의 의견을 조정·중재·협상할 필요성이 있는데, 이를 가정방문 상담사가 조정·중재·협상 할 수 있다.

여섯째, 다양한 원인으로 가정에 고립 생활하는 사람이 존재하게 된다. 가족 구성원(부모와 주 양육자)에게 의사소통 방식의 어려움, 고립 생활하는 사람과 관계, 부모양육태도 등 다양한 사회기술의 학습하도록 한다.

일곱째, 가정방문 상담은 상담실에서 진행되었던 상담 과정이 가정이라는 현장에서 상담이 진행되어 가족과 의사소통 대안적인 활동 등 변화에 심리상담사와 유연성 있는 적용이 가능하다.

가정방문 상담의 사회적 효과

자신의 방이나 집에서 고립 생활이 3개월 이상이지만, 고립 생활 이전에 고립하게 되었던 시간까지 고려하면 가정방문 상담이라는 방법이 개인 공간에서 가족공동체의 생활공간으로, 또 가족 생활공간에서 사회활동 공간으로 확대하는 계기가 되도록 한다. 가정방문 상담은 고립 생활하는 사람에게 대한 사회적 관심이다. 가족에게는 지지적, 치료적, 중재자, 조정자, 모델링 등 다양한 서비스를 포함하는 포괄적인 접근이다.

첫째, 지역사회에서 고립 생활하는 사람에게 관심을 보인다는 것이다. 고립 생활하는 사람이 자신에게 '아무도 이해하지 않는다.' '아무런 희망이 없다.' 등과 같이 무 쾌락, 무기력, 무관심, 무감동으로 누구도 자신에게 관심을 기울이지 않고 있다고 생각한다. 그런 자신의 모습을 비관하거나 사회에 무차별적인 공격성을 나타내기도 하는데, 지역사회 자원(심리상담사)이 이들에게 관심을 기울인다는 것이다.

둘째, 고립 생활하는 사람에게 학업 활동이나 직업 활동을 다시 할 기회를 제공한다. 또 두려움과 고통을 호소하는 이들에게 외부로 나아갈 수 있는 통로를 제공한다. 외부와 단절된 상황으로 생활하고 있는 고립 생활하는 사람에게 학업을 다시 하도록 하기 위해서는 절차, 학업 재기의 어려움, 학업 과정에서 나타나는 어려움을 극복하려는 방법 등을 제공한다. 직업 활동을 위한 대안을 제시하고 활동하도록 함께 탐색하고 대안 활동을 한다.

셋째, 자신의 방에서 지내는 고립 생활하는 사람이 경제적 무능력으로 좌절하고 아무런 가치가 없다고 생각하는 이들에게 학업 활동이나 직업 활동으로 사회에서 자신의 존재가치를 발견하는 계기가 될 것이다. 학업·경제 활동을 위해서는 고립 생활하는 사람의 강점과 장점을 탐색, 잘하거나 즐거운 활동 탐색, 관심 있는 분야 탐색, 직업 훈련 과정 안내, 대인관계 기술, 미래에 희망을 품고 생활하도록 연습과 훈련하도록 한다.

넷째, 고립 생활하는 사람의 연령층이 청소년, 청년, 중·장년 등 전 연령에서 나타나고 있다. 가정방문 상담으로 다양하고 복잡한 어려움을 극복하는 데 한계가 있을 수 있다. 그래서 행정복지센터, 건강가정·다문화가족지원센터, 정신건강복지센터, 중독센터, 도박 문제관리센터, 스마트 쉼 센터, 청년센터, 청소년상담복지센터, 정신과 병원, 사회복지기관 등 다양한 접근과 연계 활동으로 건강한 사회일원으로 생활하도록 한다.

3. 놀이터의 변화

유형별 개입 대안

◎ Ⅰ, Ⅲ → 상담(치유) → 자립, 직업교육(학업) → 사례관리

◎ Ⅱ, Ⅴ → 인지·행동(치유), 가족 상담(치유) → 자립, 직업교육(학업) → 사례관리

◎ Ⅳ → 가족 상담(치유), 가족과 분리 → 자립, 직업교육(학업) → 사례관리

〈표 1〉 고립 생활하는 사람(은둔형 외톨이) 유형별 특성, 속성, 정책대상

특성	속성	개인 요인	가족 요인	사회적 요인	대안
I 무망감형	무기력	자기 효능감 낮음 무망감	가족의 비난과 욕설 부모 간 갈등	경쟁사회 부적응	자기주장 훈련 자존감 향상 훈련 (직업교육)
II 비난형	네 탓	부정적인 사고 언어 활발 행동 없음	부모 방치 모자일체화	기대수준 높은 사회	인지행동접근 (공동체 생활)
III 대인 기피형 (사회기술 낮음)	대인공포 및 활동거부	내향형 대인관계 능력 낮음	가족공동체해체 부모 활동 낮음	의식주 해결 정서적 단절	사회기술과 대인관계기술 훈련 (가족상담, 공동체 생활)
Ⅳ 회피형	회피 과잉공급	상황회피 행동–인지왜곡	가족 정서단절 수동공격 신뢰 없음	의식주 해결 과잉공급	인지행동접근 가족과 분리
V 수동공격형	가족과 정서적 단절	부정적인 시각	건강하지 않은 양육훈육 가족의 폭력	전문적인 사회 요구	가족 상담(치유) 가족과 분리

고립 생활하는 사람이 학업과 직업 활동으로 건강한 시민으로 생활하고 즐거운 활동이나 자신이 하고 싶은 일을 하기 위해서는 자신의 노력이 필요하다. 또 가족 이외 누군가가 대상자를 격려하고 지지하면서 외부로 나가는 활동이 있어야 한다.

대상자마다 각각의 생활유형, 가족과 대화 정도가 다르다. 저자가 대상자를 만나면서 비슷한 유형별로 나누어 속성, 개인 특성, 가족 특성, 사회적 특성, 대안으로 구분했다. 개인 요인, 가족 요인, 사회요인이 각각

이며, 대안도 유형화했다.

1) 무망감형

고립 생활하는 사람이 무망감으로 할 수 있는 미래직업이나 장래 희망이 없다고 표현한다. 상담 과정에서 이들은 심리상담사의 질문에 대하여 답변하는 목소리가 작아 듣는 것이 어려운 상황이다. 이들은 불안, 무기력, 무감동, 무 쾌락하고 대인관계에서 외면하고 싶어 하면서 자신감이 낮게 나타난다. 자기 주장훈련과 성공 경험을 위해 아주 작은 일부터 시작해서 자기효능감을 향상하여 극복할 수 있도록 한다.

사례1. 생각할 수 있는 것이 많아졌어요.

준호(가명), 18세, 남.

부모, 형

준호(가명)는 학업을 중단하고 타인과 대인관계를 유지하지 않고 있었다. 중학교 졸업 검정고시를 준비하는 과정에서 만나게 되었다. 자신은 주변에 있는 친구들에게 왕따를 당하였고, 친구 사귀기가 너무 어려워서 누구를 만나는 것이 어렵다고 했다.

아버지는 직장 생활로 준호와 깊이 있는 대화가 잘 진행되지 않았다. 아버지와 의사소통은 진행되지만, 정서적으로 연결되었다는 느낌이 없다고 했다. 그리고 아버지가 분주하여 준호에게 삶의 멘토가 되어주지 못했다. 또 사회적인 어려움이나 또래 관계에서 극복해야 할 과제를 아버지와 대화를 하다가 도움을 받을 수 없었다고 했다.

어머니 역시 직장생활로 준호와 마음을 터놓고 대화가 진행되지 않았다. 형은 직장 생활하고 있으며 준호의 고민이나 어려움을 표현하면 대화가 잘 진행되었고 일상에서 느끼는 갈등이나 대인관계에서 오는 스트레스를 극복할 수 있도록 안내하여 주기도 했다. 준호는 부모님의 나이가 많다 보니 부모님을 조부모로 받아들이고 형을 부모로 생각했던 것 같다. 그래서 부모가 책임질 수 없어서 형에게 의지하면서 생활했다.

형이 군 복무를 하면서 준호는 의사 표현이나 대인관계에서 오는 스트레스를 표현할 수 없어서 마음에 담아두면서 생활했다. 부모는 준호와 함께 생활하고 의사소통은 진행되지만, 준호의 답답한 마음은 계속되었다. 또래와 관계에서 어려움이 가중되어 등교하기가 어려워졌다. 주변에 있는 또래 관계에서 대화가 통하지 않고 어떤 말도 하기가 싫어진 준호는 학업 중단하게 되었다. 아무런 말을 하지 않는 것은 어떤 표현에도 긍정적인 피드백을 받아보지 못해서 말을 하지 않았다고 한다.

준호는 장점이나 강점 그리고 즐거웠던 부분에 대해 생각을 해보겠다고 하지만, 장점과 강점이 없다는 표현을 여러 차례 했다. 심리상담사는 상담 시간에 장점과 강점을 기록하도록 했다.

한 주간에 장점과 강점을 생각하였지만, 없다고 하면서 주변에서 사람을 바라보는 시각이 다른 사람에 비하여 정확한 부분이 있다고 했다. 심리상담사는 그 상황에 대해 구체적으로 표현하도록 했다. 준호는 지금 학업 중단을 한 상황이고 그 친구는 가정위탁으로 생활하고 있다고 했다. 어느 날 그 친구와 방과 후에 전화하는 시간에 방에서 통화하면서 폭력을 당하는 소리가 들리고 부모가 욕설이나 폭력적인 언어가 들렸다고 했다. 그래서 준호가 아동학대 신고를 하고 폭력을 당했던 친구가 원하는 곳에 가정위탁을 할 수 있도록 해서 원 가정과 분리하여 생활하고 있다고 했다. 비슷한 활동을 2~3차례 더 있다고 했다. 심리상담사는 준호의 그런 과정을 교육이나 사회적인 인식이 변화하고 있어서 활동하였음을 지지하여 주었다. 아무리 교육을 받고 있고 사회적인 인식이 변화하고 있어도 실제 그 상황에 이르면 아동학대 신고와 함께 가정위탁이 진행되도록 도움 주기가 쉽지 않은데 어려운 일을 했음을 지지해 주었다.

준호는 진로 결정까지는 아니어도 방향을 선택하고 상급학교에 진학하여야 함을 안내하였다. 그런데 4~5회가 진행되어도 진로에 어떤 것을 하고 싶다는 의견을 표현하지 못하면서 대학에 진학하고 이후에 경제적으로 풍요로운 직업을 선택하고 싶다고 했다. 준호에게 아무리 경제적으로 풍요로워도 자기 적성이 맞지 않는다면 직업으로 결정하고 실행했다가 다시 적성에 맞는 직업을 선택하는 과정이 있음을 알렸다.

준호의 진로 결정을 위해 원하는 직업이나 하고 싶은 직업이 있는지 탐색하였을 때, 지금까지 생각하고 있는 직업이 없다고 했다. 추가로 장점과 강점을 탐색하여 진로 방향을 결정하는 데 참고하기 위해 탐색했다. 자신에게 장점이나 강점이 없다는 표현을 하다가 형과 그리고 주변에 서로 통하는 또래와 대화하고 의견을 교환했다. 지금까지 생각한 결과로는 인문계 고등학교에 진학하고, 고등학교에서 공부하면서 진로 결정을 하겠다고 했다.

자신은 활동하는 과정에서 다른 사람과 비슷한 평균적인 활동을 한다고 표현했다. 평균적인 활동은 다른 사람도 비슷한 활동을 하고 있는데, 평균적인 활동이 되지 않는 사람을 볼 때 답답하고 화가 난다고 했다. 자신이 공부를 잘하는 편은 아니어도 다양한 부분에서 잘하는 부분이 있다고 생각했다고 하면서 스스로 기대 수준이 높다는 것을 알게 되었다고 했다. 그러면서 준호는 일정 부분은 능력이 좋고 할 수 있는 분야가 있다고 생각하는데 현실에서 적용하는 것이 어렵고 실제로 잘 진행이 되지 않는다는 것을 경험했다고 했다.

자신이 생각하고 활동하는 분야에 대하여 적극적으로 수용하고 받아들이고 있기는 하지만, 실제 생각과 현실의 차이를 극복하지 못했다.

평균이라는 것은 전체적으로 높은 부분과 낮은 부분의 중간 정도를 표현하는 것임을 그림을 통해 알려주었다. 평균이라는 자체가 보통을 의미하지만, 실제 낮은 부분이 충분하게 많이 있을 수 있고 평균이 되지 않는다고 해서 못한다고 표현하기 어렵다고 알렸다.

학교생활을 유지하면서 또래와 관계에서 도움이 되지 않는다고 느껴지는 또래는 계속해서 만나자고 연락이 와도 단호하게 만나지 않았다고 한다. 상담이 진행되었던 과정에서 확인한 강점으로 학업 중단하고 외로움과 친구가 없는 상황에서도 현재의 준호를 지탱하였던 강점이라고 격려했다.

준호는 심리상담사를 만나서 생각할 수 있는 것이 많아졌다고 했다.

고립 생활을 유지하면서 목소리가 작고 행동에서도 조심스러웠던 행동과 목소리도 크고 밝은 표정과 자신감이 있는 행동으로 변화했다. 나이는 어렸지만, 실제 사고력과 실천력이 있는 대상자의 인지적 오류를 수정하는 과정에서 변화할 수 있었다.

사례2. 아버지는 나와 약속은 그래요!!!!

명수(가명), 23세

부, 조부모

늘 혼자 생활하며 배가 고프면 그냥 지내는 18살이었다. 용돈을 정기적으로 받고 있고 조모와 부와 함께 동거했다. 그러나 혼자서 지내는 시간이 많으며, 식사 시간에 밥이나 반찬이 없어 그냥 지냈고 학업을 중단하고 거의 타인과 대인관계를 유지하지 않고 있었다가 고교 졸업 검정고시를 준비하는 과정에서 만나게 되었다. 자신은 주변에 있는 사람에게 전화하거나 도움을 요청할 사람이 없다고 했다.

주 양육자가 자주 변경되면서 학습과 인격적인 부분에서 어려움이 있었다. 그래서 단시간 근로를 하거나 대인관계가 원만하게 이루어지지 못했다. 대상자의 강점은 함께하고 있는 타인의 마음을 파악하고 순간적인 대처 능력이 뛰어나다는 것이다.

아버지는 명수와 많은 대화를 진행하기도 했다. 그러나 대화 중간에 아버지에게 폭력적인 언행을 하여 이제는 포기한 상태라고 했다. 아버지는 청소년과 동거하며 정기적으로 용돈을 주고 검정고시로 고교를 졸업하고 자신이 노력하여 의식주는 해결했으면 하는 마음을 표현했다. 대상자에게 정서적, 경제적, 다양한 경험을 위해 노력을 했다. 아버지는 대상자가 건강하게 성장하도록 대안학교, 일반 학원, 어학학원 등 지원을 했다. 1주일 용돈을 주면 대상자가 어디에 사용했는지 버스 요금이 없다고 말한다고 했다.

아버지는 명수가 성장하고 건강하게 생활할 기회를 제공하기 위해 노력을 했었던 것으로 보인다. 그러나 대상자가 자신을 양육하는 조모 및 아버지에게 언어폭력과 신체폭력을 가하는 것에 화가 났는지 도저히 이해할 수 없다는 표현을 했다. 아버지는 청소년에게 정기적인 용돈을 주고 일을 할 수 있으면 하도록 안내했다. 그러나 아버지는 타인과 약속은 잘 지켰는지 모르지만, 대상자와 약속은 지키지 않은 것으로 보였다(대상자는 아버지를 '나와는 약속을 지키지 않아요. -원래 그래요' 표현).

대안학교 선생님과 심리상담사에게 보이는 아버지의 또 다른 면은 대상자가 필요로 하는 필수적인 버스 요금과 식사비용을 제공하지 않는다는 것이다.

어머니는 만나지 못했다. 어머니와 아버지는 명수가 대략 3세경에 이혼하고 상담 초기까지 어머니는 명수와 관심을 가지고 연락하는 관계를 유지했다. 어머니는 재혼하여 타 지역에서 생활하고 있고 명수가 성장하는 과정에 전화 연락과 경제적인 지원을 하기도 했다. 상담이 진행되는 중에 어떤 일이 있었는지 명수가 표현하지 않지만, 어머니와 전화 연락까지 되지 않았으며 정서적 관계까지 단절되고 말았다.

부모의 이혼 후 명수는 양육자가 자주 바뀌었는데, 주변에 있는 가족이 양육하였다. 중학교에 다녀야 하는 시기에 대상자는 대안학교를 가면서 집중적으로 도움을 주는 선생님을 만나게 되었다.

대안학교 선생님은 명수가 타인에게 인사, 자기 의사 표현, 학습, 축구, 일상생활, 노래, 컴퓨터 등 기본적인 의사소통 기술과 사회적 기술을 학습하도록 했다. 대안학교에서 노래할 기회를 제공하여 노래에 관심이 많았다. 또 애니메이션을 즐겨보면서 일본어에 관심과 언어적 소통은 가능한 수준이라고 했다.

대안학교 선생님은 명수의 어려운 양육환경을 확인하고 가장 기본적인 일상생활을 유지하기 위한 훈육부터 사회에서 대인관계를 맺고 활동할 수 있는 사회기술 훈련을 하나하나 학습하도록 했다. 명수는 그 선생님과 함께 생활과 여행을 하기도 했는데, 선생님의 지갑을 자주 만지면서 선생님에게 실망을 주기도 했다. 그래도 선생님은 명수가 건강하게 성장 할 수 있도록 지지하고 있었다.

상담 중기에 접어들면서 명수는 자신이 '80대 노인 같다'라는 표현을 했다. 심리상담자가 명수에게 노인 같다는 의미가 무엇인지 질문했다. 명수는 '80대 노인은 앞으로 미래에 대해 아무런 희망이 없고 그냥 집에서 시간이 가기를 기다리고 원하는 일이 없는 사람'라고 표현했다.

심리상담사는 명수가 관심 있게 가고 싶어 하면서 의사소통이 가능한 해외여행을 명수에게 제안했다. 상담 과정에서 희망과 활력 및 눈에 초점이 없던 청소년이었다. 해외여행이라는 말을 들었던 명수는 눈빛이 살아나고 무언가 기대하는 의미를 보여주었다. 심리상담사와 해외여행을 시도하기로 약속했다.

심리상담사는 명수와 함께 해외여행으로 명수가 삶의 새로운 활력을 얻을 수 있고, 해외에서 친구를 만나 그곳에서 일을 할 수 있는 기회를 찾아볼 수 있으면 좋겠다고 안내했다. 여행의 최소한 목표는 명수가 해외라는 곳을 혼자서도 갈 수 있는 곳으로 인식하기를 바라는 마음이었다.

심리상담사와 명수가 함께 해외여행을 계획 중이라고 듣게 되었던 아버지는 심리상담사와 명수의 여행을 취소하도록 했다. 그리고 아버지가 명수와 함께 해외여행을 하겠다는 것이었다. 결과적으로 해외여행은 진행되지 못했다.

명수는 주 양육자의 잦은 변경으로 대인관계 기술이 낮았다. 타인과 대화하거나 의사소통 과정에서 기분이 나쁘면 갑자기 분노 감정 표현으로 상대가 대화할 수 없는 상황으로 만들었다. 또 일주일 사용할 정기적인 용돈을 받았는데, 하루에 모두 사용(코인 노래방에서 사용한 것으로 추정)하여 가장 필요한 식사를 해야 할 물품을 사기 어려웠고, 버스를 타고 이동하지 못하기도 했다.

명수는 심리상담사와 연락하고 지내다가 연락하면 '그냥 뒹굴뒹굴 지내고 있다.' '할 수 있는 일이 없다.' '아무런 활동을 하기 싫다'라고 한다. 심리상담사가 최선의 다하여 상담하고 지역자원을 활용하여 고립 생활에서 외부활동을 시도했지만, 심리상담사의 한계를 느끼는 사례이다.

2) 비난형

타인을 탓하며 고립 생활하는 사람은 현재 생활하고 있는 현실이 타인이 원인이라는 의미를 계속해서 주장한다. 상담 과정에서 이들은 심리상담사를 만나면 자신이 불공평하게 양육 받았다. 자신이 원하는 것을 부모가 충분하게 해주지 않았다고 하면서 주로 부모를 비난한다. 또 학업 수행하는 과정에서 또래나 교사로부터 받았던 왕따나 불공평한 상황에서 부모가 적극적으로 수용하지 않으며 보호하지 않았다는 표현을 한다. 언어적인 활동이 왕성하고 자신의 신념이 확고한 상황이다.

이들은 대인관계에서 타인을 너무 많이 의식하고 있으며, 많은 사람의 관심을 받고자 하는 과도한 행동을 하기도 한다. 인지행동 기법적인 접근이 요구되며 많은 시간 동안 치유가 필요하다.

사례3. 모르는 게 없는 박사 안다!!!!! - 가족상담

현수(가명) 남, 23세

모, 여동생

현수는 대학생으로 학교도 다니지 않고 직업 활동도 하려고 하지 않은 상태에서 어머니가 상담을 신청했다. 군 복무 관련은 사회복무요원으로 예정이 되어 있어 사회복무가 진행되기 기다리는 중이었다.

현수는 신체적으로는 키가 작고 먹는 것은 원하는 것을 구매해서 혼자 먹었다. 가정에서 준비해 준 음식은 먹지 않고 자신이 원하는 즉석 음식을 주로 먹었다. 즉석 음식을 주로 먹고 불규칙한 식사로 소화가 잘 안 된다고 호소한다고 했다. 중·고등학교 때부터 키가 작고 다리 길이가 다르다는 이유로 놀림과 왕따를 당하여서인지 친구를 만나거나 관계를 유지하지 못했다.

어머니와 아버지는 현수가 유아기인 5세경에 이혼을 했다. 아버지는 현수가 연락하고 필요하면 만나서 대화와 생활지도는 하고 있다고 했다. 그러나 필요해서 만나지 정서적 교류는 되지 않았다. 어머니와 현수는 동거하면서 긍정적인 관계를 유지하고 있을 때도 있는데, 학업이나 직업 활동을 하지 않아서 갈등이 발생하고 있다.

어머니 및 여동생과 정서적 관계가 유지되지 못하고 있다. 가족과는 일상적인 대화를 하는 수준이다. 또래 관계에서는 연락하는 친구가 있기는 하지만, 만나거나 자신의 고민을 이야기하는 수준은 아니라고 했다.

그래도 다행스러운 것은 주변에 사촌 형과 관계를 유지하고 있다. 사촌 형은 대기업에 입사하여 자기에게 밀려있는 업무를 맡기며 용돈으로 주며 사용하도록 하고 있다. 그래서 현수는 일정부분 사촌 형의 조언은 듣기도 한다. 사촌 형은 현수에게 현재의 생활이 만족스러운지 확인하면서 공장노동자로 생활하거나 자격증을 획득하도록 안내했다. 현수는 그렇게 하겠다고 약속은 했다. 그러나 실제 공부하고 자격증을 획득하여 직업 생활을 하기 위한 노력은 하지 않고 방에서 주로 지내고 있었다.

현수는 인터넷과 스마트 폰을 주로 사용하여 사회현상과 지식을 모두 알고 있다고 어머니는 표현했다. 어머니가 외부활동을 하지 않는 부분에 말을 하면 다양한 사회현상과 함께 지식을 표현하여 자신이 모두 알아서 할 것인데 더 말하지 못하게 한다고 했다. 어머니가 현수에게 한마디의 말로 활동적인 부분에서 요구하면 현수는 자신이 현재 상태에서 노력하고 있는 모습과 활동 등을 말하며 어머니가 더 말하지 못하도록 다양하면서 박식한 논리로 반박했다. 일상에서는 노트북과 스마트 폰으로 검색으로 사회에 흐름을 이해하고 있어 '모르는 것이 없다.'라는 표현이었다.

현수의 키는 한쪽이 짧아 계속 수술을 요구했다. 어머니는 현수에게 경제적으로 부담이 되어 어떻게 할 수 있겠느냐고 했다. 그러나 현수는 계속 막무가내로 요구했다.

키의 균형을 맞추기 위해서 중·고등학교 때부터 수술을 원했고 외부 활동이 없는 동안에도 계속 수술과 병원에서 치료를 요구하고 있었다. 그래서 어머니는 가능한 방법을 찾아 호르몬 주사, 한방요법, 약물요법 등 다양한 방법으로 치료를 시도했다.

현수는 키의 균형이 맞지 않은 상황에서 자기효능감이 낮고, 사회적 기술이 낮아 대인관계의 어려움으로 외부활동을 거부하고 자신의 방과 집에서 고립 생활하며 학업이나 직업 생활을 하지 않고 있다.

태어날 때부터 타고난 신체적인 결함이나 고유한 특성을 변화하는 것은 매우 어려운 현실이다. 선천적인 특성으로 고립 생활하는 사람도 치유의 대상이다. 어머니 또한 치유의 대상이다.

3) 대인 기피형

사람을 만나는 것에 두려워하며 고립 생활하는 사람은 가족이나 외부 사람에 대하여 극도로 예민한 반응을 보인다. 상담 과정에서 이들은 가족이나 타인을 만나는 것에 대하여 불안해하고, 두려워하며, 외부활동에 대하여 거부적인 태도를 나타낸다.

가족관계에서는 부모의 분주함이나 부모-자녀 의사소통에서 수용과 존중으로 심리적으로 안정적인 경험이 낮다. 사춘기에 학업 수행하는 과정에서 또래로부터 긍정적인 피드백을 받아본 경험이 부족하고 비난받거나 인간관계에서 힘들었다. 이들은 사회적 기술이 낮아 대인관계에서 많은 고통과 피해를 받았던 경험이 있다. 의사소통 훈련, 대인관계 훈련,

자기 주장훈련으로 사회적 기술 훈련이 필요하다.

사례4. 부모가 달라졌어요.

상호(가명), 19세, 남.

부, 모, 누나

상호(가명)는 학업을 중단위기에 있었고, 등교하는 것에 흥미가 없었다. 밤에는 SNS를 하거나 스마트 폰을 사용하고 아침에 일찍 일어나 등교를 하겠다고 하였다가 등교하지 못하고 갈등이 가족과 갈등이 발생하고 있었다. 등교하면 학업에 흥미가 없는 상황에서 미래에 잘 할 수 있을까? 하는 자신감이 부족하다고 했다.

부모는 다른 사람이 부러워할 직장 생활을 유지하고 있었다. 어머니 역시 안정적인 직장 생활로 상호와 깊이 있는 대화까지는 아니어도 일상적인 대화는 진행되었다. 그러나 아버지와 정서적으로 연결되었다는 느낌이 없다고 했다. 그리고 아버지가 분주하여 상호에게 삶의 멘토가 되어주지 못했다. 또 사회적인 어려움이나 또래 관계에서 극복해야 할 과제를 아버지와 대화하다가 도움을 받을 수 없었다고 한다.

누나는 3살 정도의 차이가 있다. 상호가 외부적인 스트레스가 생기면 짜증과 욕설 그리고 화풀이를 한다고 가족은 보고했다. 부모는 안정적인 직장 생활로 경제적인 여유는 있는 상황이었다. 그래서 상호가 요구하는 것은 아주 특별한 부분이 아니면 모두 들어주는 상황이었다.

상호는 상담에 참여하면서 꿈이 있었고 원하는 직업도 있는데 이룰 수 있을지는 알 수 없다고 했다. 그러는 가운데 다른 또래를 보면 각자에게 주어진 여건이 충분하게 받고 있다는 느낌이 있다고 했다. 그러나 상호에게는 부모가 여가활동, 취미, 공부, 운동, 학습 등 최선을 다하여 할 수 있는 방법을 선택하고 있음을 안내했다. 상호의 대답은 자신감이 부족하고 어떻게 생활을 해야 하는지 결정하기 어려움이 있다는 표현을 했다. 상호의 현실적인 고민과 어려움은 자신에게 기대하는 부모의 태도를 보면 정말 잘해서 부모의 자랑이 될 정도의 학습이나 미래의 모습을 보여주어야 한다는 것이었다.

안정적인 직업 생활하는 부모는 직장동료에게 자녀의 학업 성취와 직업에서 자랑하고 싶은 욕구가 있었다. 그래서 학령기가 시작되는 시기부터 과도한 학습과 함께 상호가 시간적 여유가 생기지 않고 휴식 시간이 없도록 학습과 다양한 예체능 활동을 강요했다.

부모는 외부로 드러내지 않았지만, 상호가 부모의 기대에 따라 학업 성적이 우수하고 직업적인 부분에서도 자랑할 수 있었으면 했다.

상호가 학업과 장래 꿈을 탐색하면서 실제 상호가 현실적으로 가능한 학업 수준과 장래에 원하는 직업을 탐색했다. 상담 과정에서 대상자는 여행작가가 되고 싶다고 했다. 여행 작가가 되기 위해서는 외국어로 의사소통이 원활해야 한다. 또 미지의 세계를 어려움 없이 도전하는 탐험가 정신이 필요하다. 또한, 여행하는 과정에 실제 위치를 지각하는 능력이 있어야 하고 현실적으로 미지의 장소인 세계 각국을 여행하여 기록하고 작가로 활동하기 다양한 다른 능력이 필요함을 함께 탐색했다.

상호는 위험하고 어려운 일이기는 하지만, 하고 싶은 여행을 하면서 작가로서 활동하고 탐험해서 느끼고 활동했던 것을 책으로 펴내는 일이 흥미 있을 것이라고 했다. 심리상담사는 구체적인 부분에서 격려와 지지를 하면서 진행했다.

심리상담사는 상호에게 자신의 장래의 꿈을 생각하고 표현할 수 있도록 했다. 자신이 오래전부터 꿈꾸어 왔던 꿈을 표현했다고 하면서 아주 작았던 목소리는 커지고 표정이 밝아지며 적극적으로 상담에 참여했다.

심리상담사는 상호 상담과 함께 부모 상담을 병행했다. 어머니와 아버지가 상호에게 사용했던 양육을 대상자의 눈에 비친 모습으로 전달했다. 이에 대하여 부모는 자신들의 모습이 서로 다르게 상호에게 보여주고 있었음을 인식하는 계기가 되었다.

어머니와 아버지는 상호에게 사용했던 양육태도와 의사소통 방식이 달랐고 어디에 초점을 맞추어야 하는지 모르고 있음을 알렸다. 양육과 의사소통에서는 부-모가 태도와 의사를 합의하여 상호와 관계를 유지하도록 했다.

부모는 상호의 장래의 꿈을 알고 있었다. 그러나 부모가 원하는 것을 선택하도록 강요한 부분이 있음을 인정했다. 부모의 희망은 상호에게 안정적인 직업과 활동을 원했다. 상호가 안정적인 직업이 상호의 적성이나 원하는 부분과 일치하지 않는다면 어느 정도는 따라가겠지만, 한계에 이르면 다시 원점에서 시작하게 됨을 안내했다.

현실적으로 상호가 원하는 부분을 수용하고 존중한다면 있는 자리에서 큰 꿈을 품을 수 있음을 진행했다.

상호는 심리상담으로 부모가 달라졌다고 표현했다.

심리상담사는 부모가 상호를 적극적으로 격려와 지지가 있다면, 건강한 사회인으로 성장할 수 있음을 개입했다. 대상자와 부모 상담을 병행했을 때 고립 생활하는 사람이 외부활동하게 되는 사례라고 할 수 있다.

4) 회피형

주어진 상황에서 어려움을 회피라는 선택으로 고립 생활하는 사람이다. 이 회피유형은 주어진 일이나 자신이 극복해야 할 사항에 대하여 표현을 하지 않거나 아무런 의사를 표현하지 않는다. 상담 과정에서 이들은 자신이 하고자 했던 욕구와 특정 상황에서 필요한 모든 것은 가족으로부터 허용적인 양육 경험으로 성장하여 모든 세상이 자신을 중심으로 움직여야 한다는 사고를 갖고 있었다. 가족은 이들에 대하여 모든 것을 제공하며 개인 권리가 있으면 책임과 의무가 함께 공존하며 균형을 이루어져야 함을 교육하지 않았던 양육이다. 가족이 아닌 사회적 활동은 개인의 권리도 보장되어야 하지만, 책임과 의무도 함께 있음을 수용하고 활동하기가 어려움을 이해하지 못한다.

사회적 활동에서 많은 능력과 유능한 사람을 원하는데 자신의 능력으로 사회적 활동에서 성공하지 못한다고 여겨질 때 개인 공간에서 의식주를 해결하는 회피라는 형태로 나타낸다. 사회적 활동에서 개인의 욕구와 특정 상황에서 거부당하고 제한당하여 인지적 오류를 수정하는 과정이 필요하다. 또 자신이 의식주를 해결하는 과정이 필요하다. 가족과 분리하여 개인이 독립적인 생활을 유지하도록 해야 한다.

사례5. 집에는 나 혼자 있어요. –가족과 분리 치유

제석(가명), 23세, 남.

부, 모, 형, 여동생.

제석을 처음으로 알게 되었던 때는 중3 학년으로 등교하지 않고 밤과 낮이 바뀐 생활을 하고 있어서 어머니가 상담을 신청했다. 제석은 등교하는 것에 거부감이 컸고, 여러 상담자를 만났는데, 모두 같은 말만 한다고 하면서 상담에 참여하지 않았다. 어머니는 아버지에게 변화가 필요하고 제 3자인 상담자의 의견을 듣도록 권유했으나, 아버지는 상담에 거부적이어서 면담이 진행되지 않았다.

중 3학년 시기에 상담은 어머니만 만나고 짧게 진행되고 말았다.

제석은 중학교를 어렵게 졸업하고, 고등학교는 기숙사에서 생활하고 주말에 귀가하여 부모와 갈등은 계속되었다. 재석이 집에 오는 날에는 부모에게 '친구가 없다.' '우리 집은 경제적 여유가 없다.' '스포츠 자동차는 있어야 한다.' 등을 말하면서 부모가 다른 집 정도의 경제적인 수준이 되어야 하지 않겠느냐는 질문과 함께 부모와 가족의 여러 가지 상황에 대하여 불만을 표현했다.

고등학교 교육과정에서 예체능을 한 가지 하도록 하여 제석은 기타를 선택했다. 음악적인 재능이 전혀 없는 상황에서 제석은 최선을 다하여 졸업 시기에는 외부에 나가서 연주할 정도의 실력이 되었다고 했다. 고등학교를 졸업하고 제석은 대학에 입학하였다. 대학에 입학하여 가정에서 생활하면서 대학을 다녔다.

상담이 진행되면서 가족과 분리되어 생활하였다. 제석에게 경제적으로 풍족한 제공은 아니어도 생활에 어려움은 없었다. 상담은 장기간에 걸쳐 진행되었지만, 변화가 일어난 것은 아니었다. 성과라고 하면 혼자 생각하고 활동하였던 부분을 현실에서 적용하고 심리상담자와 의견을 교환하면서 조금씩 자기를 인식하는 과정으로 진행되었다.

초등학교 저학년부터 부모에게 음식이나 장난감을 요구했다. 어머니는 가정에서 해 줄 수 있는 것이 아무것도 없다는 표현으로 제석의 욕구를 수용하지 못했다. 아버지는 경제적인 활동했으나 가정경제 역할은 알 수 없었다. 제석은 경제적 부담이 크지 않다고 느끼는 간식이나 장난감 등 원하는 욕구를 해결 받지 못했다.

그러다 보니 제석은 자신의 장난감이나 놀이기구를 가지고 있지 않아서 친구 관계 형성에 어려움이 있었고 혼자 놀거나 관계 형성에 많은 어려움을 호소했다.

대학은 부모가 원하는 경제학과에 진학하였다. 대학을 다니면서 또래와 관계를 유지하는 데 어려움이 있고 만나기 싫다고 했다. 이유로는 또래는 명품을 입고 다니는데 자신은 가격이 낮은 옷을 입고 다닌다고 했다. 또 또래와 어울리기 위해서는 자신의 장점이 있어야 하는데 없다는 것이었다. 그리고 또래로부터 관심을 받고 잘한다는 말을 듣기 위해서는 최고급 스포츠 자동차가 필요하며, 다른 사람과 비슷한 경제적 수준이 되어야 한다는 것이었다. 그러면서 아버지는 젊어서 무엇을 했기에 다른 사람은 이루어놓은 것이 없이 볼품이 없냐는 것이었다. 제석은 부모에게 일반적인 자동차가 아닌 최고가의 차량과 집을 요구하기도 했다.

상담 과정에서 자신은 돈을 벌 수 있는 주식에 투자하여 많은 돈을 벌 수 있다고 했다. 상담자는 현실은 생각하는 것처럼 쉽게 많은 돈이 모이지 않음을 알렸으나 가능하다고 주장했다. 그래서 작은 일을 하여 있는 돈으로 주식투자를 시도하여 경험하는 것도 하나의 방법이라 생각했다. 결국은 자기의 생각을 변화하기 위해서는 경험으로 결과를 얻어야 했다.

예상했던 것과 다르게 처음에는 어느 정도 수입이 되기도 했다. 그러나 시간이 흐를수록 주식은 경제성이 떨어지고 투자했던 돈은 모두 잃었다.

상담 과정에서 재석은 어렸을 때 부모가 욕구를 충족해주지 않았던 과정을 되풀이하면서 과거에 해주지 않았으니 현재에 자신의 욕구를 해결해 주어야 한다는 말을 반복했다. 성장기에 요구되는 경제적 부담은 낮았으나, 지금은 부모가 감당하기 어려운 수준을 요구했다.

상담자는 현실적으로 부모의 능력을 정확하게 알 수 없지만, 부모의 직업과 거주하고 있는 집을 보면 재석의 요구가 현실성이 낮음을 알렸다. 재석이 주장하는 것을 대부분 수용하여 부모가 모든 것을 정리하여도 원하는 요구가 해결되지 않음을 알렸다. 또 과거에 이런 일이 있었으니 현실에서 요구하는 것보다 과거를 잊고 현재의 삶에서 최선을 찾아야 한다고 강조했다.

제석은 군 복무를 마치고 사회 적응을 위해 기술학원과 새로운 도전을 위한 활동을 하고 있다. 예전으로 돌아가서 집에서 생활할지 알 수 없다고 했다.

부모는 재석과 분리라는 의도적 방법을 선택하면서 혼자서 결정하고 생활하면서 변화를 기대했다고한다.

이 사례에서 고립 생활하는 사람이 상담을 거부할 우려가 높다. 그래서 심리상담자는 대상자의 장점을 최대한 파악하여 공감대 형성에 귀 기울였다. 또 대상자는 가족이 없는 상황에서 여러 상황을 혼자서 해결하고 생활하여야 함을 인식했다. 스스로 해결하면서 생활하여야 함을 받아들이며 조금씩 변화했다. 물론 언제든지 고립 생활을 선택할 수 있다.

5) 수동공격형

성장기에 부모 및 양육자로부터 수용과 존중을 충분하게 받아본 경험이 낮은 고립 생활하는 사람은 중요한 가족에게 수동공격성을 나타낸다. 상담 과정에서 이들은 아동기나 학령기에 성장 과정에서 부모나 양육자로부터 원하는 욕구와 특정 상황에서 너무 거부당하거나 제한적인 경험이 많다. 그래서 세상에 대하여 분노 감정이 가득하고 만족하고자 하는 욕구가 강했다. 성장 과정에서 거부당한 경험이 발생하여 욕구를 충족하고자 하는 욕구로 가득해서 자신만의 세계에 갇혀 있는 사고를 하기도 한다. 또 학업 과정과 사회적 활동에서 타인으로부터 긍정적인 피드백을 받아본 경험이 낮다. 가족은 건강한 양육 태도를 보이지 못했다.

수동 공격하는 형태는 자신이 어떤 행동을 하면 부모가 고통을 당할 것이라는 예상을 하기도 한다. 심하면 부모에게 욕설과 신체적인 폭력을 가하기도 한다. 치유를 위해서는 인지행동접근으로 사고의 전환과 가족과 분리하여 자립 생활이 이루어지도록 해야 한다.

사례6. 약속은 하지만, 지키지 않아요.

정국(가명), 19세, 남.

부모, 누나, 남동생

어머니는 정국이 고등학교 졸업 검정고시를 준비하고 있는 과정에서 밖으로 나가지 않고 집에서 게임을 하면서 지낸다고 상담을 요청했다.

정국은 고졸 검정고시를 위해 학원에 다니다가 집에서 게임을 하는 시간이 많고 외부에 나가지 않는 날이 많아졌다. 용돈은 직접 받고 있지는 않지만, 자신이 원하는 물건이나 건강식품을 온라인으로 구매하고 있었다. 또 외국어를 능통하게 하여 외국 온라인 사이트에서 직접 물품을 구매하여 사용하기도 했다. 식사 시간이 되면 어머니가 구매한 음식을 먹는 경우가 많았다.

학업성적은 어느 정도 상위권 학생이었다. 그런데 중간고사 시험을 보기 직전에 이번 시험에서 성적이 하위권으로 떨어질 것 같다는 생각에 갑자기 시험을 포기하고 등교하지 않은 계기가 고립 생활하게 되었다.

아버지 상담은 진행되지 못했다. 아버지는 가정에 관심이 없고 아버지가 음주와 친구를 좋아하여 성장 과정에 크게 도움을 주지 않았다고 했다. 아버지는 경제활동으로 대인관계나 사회적 활동에서는 누구에게나 사랑받고 인정받았다. 친구가 많고 세상에서 찾아보기 어려운 호인이라는 말을 듣고 생활한다고 했다. 어머니는 정국이 자신이 원하는 직업과 활동을 할 수 있을 것으로 기대하고 있었는데, 고등학교 때 갑자기 학업을 중단하고 고립 생활을 하게 되자 당황하셨다고 했다.

심리상담자가 보는 정국은 키가 보통 정도이며, 얼굴은 누구보다도 멋진 청년이었다. 그런데 정국은 자신이 키가 작아서, 얼굴에 여드름이 많아서 외부에 나가면 관심을 받지 못한다고 하여 외부활동하기 어렵다고 했다. 정국은 심리상담사에게 자신을 마음 편하게 설명하고 표현했다. 심리상담사는 정국을 공감하면서 상담은 진행되었다. 심리상담사가 방문하면 정국은 심리상담사를 조정하여 어머니와 관계에서 거래하거나 약속을 받아내려고 시도했다. 그러나 어머니는 정국의 의도와 다르게 표현하셨고 고립 생활은 계속되었다.

심리상담사는 10개월 정도 상담 과정에서 정국과 외부활동을 위해 약속했다. 첫 번째는 집 주변에서 함께 식사하기, 두 번째는 영화관에서 영화관람, 세 번째는 백화점에서 쇼핑을 위한 활동을 제시하고 약속했다. 그러나 정국과 외부에서 첫 번째 약속인 식사도 진행하지 못하고 갑자기 쉼터로 생활공간을 이동했다.

심리상담사와 쉼터에서 생활하는 과정에서 연락하면서 일상을 점검했다. 정국은 가정에서의 생활과 다르게 쉼터의 생활은 규칙적이고, 안정적이며, 지도자의 말을 잘 이해하면서 생활에 어려움은 없었다고 했다.

정국은 고졸 검정고시에 합격하여 다시 집으로 돌아오면서 심리상담사와 연락하였다. 집에서 생활하면서 단시간 일을 하고 용돈을 벌면서 대학 진학을 위한 준비를 하겠다고 했다. 대략 2개월 정도 단기간 일을 했다. 처음 일을 할 때는 재미도 있고 심리상담사를 만나겠다는 약속을 하기도 했으나 만남은 없었다. 어머니는 정국의 생활에 대하여 이해를 하면서도 다시 집에서 예전의 고립 생활로 어머니와 갈등, 낮과 밤이 바뀐 생활, 외부 활동이 없이 게임에 집중하는생활로 돌아갔다. 심리상담사와 만남에서 사용하는 언어도 반복되었다.

정국 자신도 집으로 갔다가 일상에서 생활이 어렵거나 부모와 갈등이 있다면 다시 쉼터로 돌아와도 가능함을 안내받았다고 했다. 부모는 많은 고민과 다양한 정보를 확인하면서 다시 쉼터에서 생활하는 것이 긍정적인 결과를 얻을 수 있다고 판단했다. 그래서 정국은 쉼터로 이동하여 안정적인 생활을 유지하고 있다. 가정에서는 부모와 갈등, 의사소통의 어려움, 분노 표현, 고집부리기, 부모를 고통스럽게 하기 등 부모의 한계를 확인하는 것으로 보였다. 가족과 분리도 대안이 될 수 있다.

이 사례는 고립 생활하는 사람이 가정이라는 울타리에서 생활하면서 가장 가까운 가족이라는 공동체에서 느끼는 편안함으로 부모에게 무엇이든 요구했다. 부모가 자녀의 의견을 거부해도 어떻게 할 수 없는 현실에서 자신이 성장기에 거부당하거나 아팠던 고통을 공격으로 또 다른 쾌감을 느끼는 것으로 보인다.

사례7. 공허해요!!!

철수(가명), 24세, 남.

부모, 형.

철수를 처음 만났던 시기는 고 2학년으로 등교하지 않고 외부 활동을 싫어하여 밤에는 게임하고 낮에는 잠을 잤다. 이모가 언니의 아들이 집에서 지내고 있고 아무런 의욕이 없으며 자신의 미래에 어떤 방향이나 욕구가 없어 걱정되어 상담을 요청했다.

이모가 상담을 의뢰하여 면담이 진행된 이후 어머니와 상담이 진행되었다. 이모는 언니가 철수로 인하여 고민하고 걱정이 많다고 했다. 고등학교를 졸업하고 이후에 좋은 대학에 진학했으면 하는데 철수가 말을 듣지 않고 계속해서 게임을 하고 잠자는 활동으로 신경을 많이 쓰고 있다고 했다.

어머니는 철수의 활동에 대하여 걱정을 많이 하면서 등교하는 시간에 함께 등교했다. 철수는 고2 학년을 자퇴하고 싶다는 말로 대답하여 답답하고 방법이 없다는 말을 들었다. 또 철수는 장래직업에 관심을 보이지 않으며,

무기력, 무욕구이며 또래를 만나거나 하고 싶은 것이 없어 활동하지 않아서 매우 신경이 쓰고 있다.

아버지는 철수에게 관심을 보이지 않고 있었다. 철수가 어떤 행동을 하든지 알아서 할 것이라고 하면서 심리·정서·활동적인 부분에 대하여 안내, 훈육, 모델링을 하거나 정서적 관계를 유지하지 않고 있었다. 아버지의 직업은 일반적인 회사원으로 가족에게 무관심하고 가족을 돌보는 일에 관심을 보이지 않았다.

철수는 초등학교는 보통의 친구들과 비슷하게 등교하여 성장했다. 중학교부터는 왜 학업을 하여야 하는지 아니면 자신의 미래에 대하여 어떤 활동으로 생활을 하여야 하는지에 생각하거나 하고 싶은 것이 전혀 없었다. 집에서 인터넷 게임을 하거나 잠을 자는 등 활동으로 대부분 시간을 그렇게 집에서 지냈다. 일반적인 가정환경의 영향도 있겠지만, 어머니가 경제적인 활동과 함께 철수와 형제를 돌보는 일을 했다. 그래서 어머니는 철수가 건강하고 사회적으로 영향력이 있는 사회인으로 성장하기를 기대했다.

고등학교에 진학하면서 철수는 원하는 학교에 진학하지 못했다. 집에서 학교까지 등굣길이 장시간이었고, 학업 환경도 철수의 마음을 끌지 못했다. 학교가 재미가 없다. 아프다, 친구가 없다. 등 이유로 등교를 거의 하지 않고 있었다. 또 하고 싶은 일이나 관심 있는 것이 없었다. 이런저런 이유로 철수는 1학년을 어떻게 학교는 마무리했었다. 2학년이 되어서는 흥미를 잃은 상황과 목표 의식이 없어서 등교하지 않는 날이 많아지고, 낮과 밤이 바뀐 생활로 지내고 있었다.

심리상담자는 이모의 상담 요청으로 면담 이후 어머니를 만나서 철수의 활동과 장점, 강점, 장래 목표를 확인했다. 철수를 만났을 때 상담 방향을 결정하고 어머니의 적극적인 도움을 요청했다. 그래서 철수에게 상담에 참여하도록 안내하자 언어적인 표현에서 적극적이지는 않아도 거부하지 않았고 상담에 참여하겠다는 의사를 표현하고 상담은 진행되었다.

철수와 심리상담자가 처음 만나서 인사를 한 이후 철수에게 포옹을 요청하였다. 철수는 포옹은 해보지 않았고 좋아하지 않는다고 하면서 너무나 어색하게 포옹했다.

철수는 보통의 청소년과 비슷하게 장래에 대한 목표가 없었다. 어떤 활동이나 일을 해도 흥미가 없었다. 그냥 밤에는 게임을 하고 지내다가 새벽 시간에 잠을 자고 오후에 일어나서 대충 밥을 먹고 활동하는 등 그렇게 시간을 보내고 있다고 했다.

상담은 진행되었다. 그 이후로 철수의 변화는 크게 달라지거나 곧바로 학업을 진행하지 않았다. 철수가 학업 중단을 부모에게 요구하면서 등교를 해야 할 이유가 없다고 하였다. 철수는 상담 이전에 했던 생활방식을 유지하면서 학업은 중단되었다.

고립했던 시기에 철수는 심리적으로 학업을 유지하거나 사회에 진출한다고 하여도 하고 싶거나 자신이 어떤 활동으로 만족 할 수 있다는 목표 의식이 없었다. 정서적으로 누구도 자신을 이해하거나 함께 정서적 교류로 긍정적인 힘을 얻을 수 있는 대상이 없었다. 즉 철수 개인 내적으로 목표 의식의 부재와 동기부여가 없었다. 그리고 외부적 요인으로는 가정이라는 울타리에서 정서적 교류나 긍정적 상호작용으로 삶의 방향성이 제시되지 않았다.

심리상담자가 철수의 가족은 아니어도 외부적으로 긍정성을 제공하면서 모델링이 될 수 있도록 심리상담자는 철수와 관계를 유지했다.

상담센터에서 진행되는 진로 집단프로그램, 자기 주장훈련, 자아 성장프로그램, 청소년 해외 연수 프로그램에 참여하도록 안내하였다. 철수는 적극적이지는 않아도 참여하면서 조금씩 변화가 일어났다. 부모가 철수와 건강한 관계를 유지하고, 부모와 철수의 분리 개별화를 위해 부모교육, 부모집단, 상담센터에서 진행하는 프로그램에 참여하도록 했다.

철수는 또래 청소년보다 늦은 시기에 대입 검정고시에 도전하여 합격했고, 대학에 진학하여 1학기를 마치고 군 복무를 하게 되었다. 철수는 군 복무 중에 상담자는 철수와 SNS로 관계를 유지했다. 군 복무를 마치고 다시 만나자는 약속을 했다.

군 복무를 마친 철수에게 만남을 안내했다. 철수는 군 복무를 마치고 무엇이든 할 수 있다는 생각보다는 도전하겠다는 생각으로 군에서 전역을 준비하고 왔다는 표현을 했다. 철수는 전역한 이후 자격증 시험을 위해 기술학원도 다니고 무언가 집중하기 위해 운동, 공부, 이성 친구 만나기, 음주, 친구 만나기를 한다고 했다. 그러나 깊이 있는 잠을 이루지 못하고 공허한 생각이 든다고 했다.

심리상담자는 군에서 전역한 철수를 연락하고 만나게 되었던 이유를 설명하면서 다양한 유형의 사람을 만나고 진행하였던 경험을 공유했다. 철수와 비슷한 고립 생활을 했던 사람의 대부분은 직업과 학업을 진행하다가 다시 고립 생활로 되돌아가는 상황을 자주 만나게 되었다고 알렸다. 그래서 심리상담자는 철수와 관계를 유지하면서 철수가 더욱 안정적인 직업 활동이 진행될 수 있도록 하겠다고 알려주었다. 그렇게 전달하였고 철수도 동의하면서 상담을 진행했다.

부모에게도 철수의 상황을 공유하고 심리상담자가 가능한 부분을 안내하면서, 부모도 적극적인 도움을 요청했다. 철수는 군 복무를 마치고 학업과 일을 병행하면서 상담에 참여하고 있다. 그러나 다시 고립 생활로 되돌아갈 수 있어 사례관리로 관계를 유지했다.

사례8. 우리는 형제 – 사회복지적인 개입

철호(가명) 40대 초, 남
소선(가명) 30대 후, 여
호균(가명) 30대 초, 남

가족은 형제로 약 15제곱미터에 공간에 하나의 방과 작은 부엌에서 생활하고 있었다. 처음 상담이 필요하다고 연락을 받고 가정방문을 하였을 때는 추운 겨울이었다. 작은 방에는 3명의 가족과 애완견이 함께 생활하고 있었다.

가족 중 철호는 가장(家長) 역할을 하면서 생활했다. 동생들은 철호와 생활하는 부분에 있어 서로 협의하고 논의하여 결정하여 처리하고 있었다.

심리상담자가 가족에게 경제생활을 할 준비가 되어 있는지 질문하였을 때 경제활동을 하고 싶지만, 이력서를 제출하거나 직업을 선택하고 싶어도 학력이 중학교 졸업장이 없다는 이유로 경제활동이 되지 않고 있었다. 가족 세 사람이 아버지에게 진학하여 공부하고 싶다는 표현을 했을 때 무슨 공부가 필요하냐며 진학하는 것을 반대하여 중학교 졸업을 못했다. 다른 친구나 주변에서 학업이 진행되는 시기에 가족은 어떻게 시간을 보내었는지 확인하였을 때 가족은 집에서 컴퓨터 게임이나 주로 TV를 보면서 시간을 보냈다고 했다. 그때 아버지는 충분하게 학교를 보낼 경제적인 능력이 있었으나, 경제활동 수입은 아버지의 음주나 욕구충족에 사용했다고 했다.

철호는 먹는 것에 관심이 없거나 욕구가 없어서인지 외형적으로 매우 마른 편이었고, 잠을 자지 못하는 경우가 많다고 했다. 소선은 비교적 건강한 모습으로 보였다. 호균은 외형적으로 느끼는 모습은 약간 마른 외형으로 보였고, 어려움이 있어 보이지 않았다. 가족에게 경제적인 부분에서는 어떻게 처리하고 있는지 질문했다. 10년 이상 경제활동을 하지 않은 상태로 생활했고 사회에서 소외되었던 사각지대의 가족이었다. 수입은 호균이 주로 맡아왔다. 경제활동은 온라인 게임 서버 관리이다. 게임 출시가 오래되어 많은 사용자가 없고 게임회사도 서버 관리를 하지 않는 온라인게임을 관리하고 게임 속에서 사용되는 무기 같은 물품을 제공하고 관리하여 온라인게임이 유지될 수 있도록 하면서 얻어지는 수입으로 생활한다고 했다. 수입이 얼마 되지 않은 돈은 방 임대료, 식품비용, 애완견 관리 등으로 사용하여 생활하기에 턱없이 부족했다.

일정한 수입이나 경제활동을 없는 상황에서 가족은 최소한의 생계도 유지하기 힘들었다. 그래서 가족은 병원에 가서 치료를 받아야 할 일이 있어도 치료비 때문에 병원 방문이 쉽게 이루어지지 않아 건강관리나 여가활동을 엄두도 내지 못했다.

철호는 잠을 못 자는 날이 많고 꿈에서 돌아가신 어머니로부터 계속 시달림을 당하면서 일상에서 매우 예민한 생활로 어려움이 있다고 했다. 그래서 상담자는 상담자의 한계(심리적인 부분은 가능하지만, 정신과 병원에 방문하여 검사가 필요함을 안내)를 설명하여 지역의 다양한 자원을 연계하여 정신과 병원에서 종합심리 검사를 받을 수 있도록 했다. 그래서 철호의 검사는 정신과 약물 복용 필요성과 심리적인 상태가 어렵다는 결과와 지적능력은 경계선에 속한다고 했다.

또 이 가족 세 사람이 작은 공간에서 생활하여 주거환경의 변화가 필요하였고, 또 세 사람 모두 정기적인 수입이 보장된 경제활동을 하고 있지 않아서 최소한의 생활이 유지하고 있었다. 가족 각자가 가능한 직업이 있는지 탐색과 육체적인 노동이나 직업훈련을 통하여 할 수 있는 방법을 탐색하고 경제활동이 이루어지도록 자원 연계를 했다.

이 성인 세 사람 가족이 고립 생활을 하게 되었던 이유는 개인의 신체적인 허약함, 심리적으로는 경제활동이나 사회활동을 시도할 때마다 거부당하는 좌절하는 아픔이 있었다. 환경적으로는 사회생활을 위한 학력, 원하는 직업기술 훈련, 사회 흐름에 따른 변화가 준비되지 않은 상태로 성장했다.

학력이 낮다는 이유로 직업활동 하는데 어려움이 있었다. 또 막노동을 하려고 하면 체력적인 부분에서 자주 한계에 도달하여 오랜 기간 일을 하지 못했다. 가족은 사회에 진출하고자 하는 의지를 보여주기는 했으나 다양하고 복잡한 이유로 생계를 유지할 방법을 찾지 못해 작은 공간에서 고립 생활하고 있었다.

상담사의 개입으로 이들은 안정적으로 생활이 가능한 주거공간이 확보되었다. 가장(家長) 역할을 하는 가족의 건강을 확인하고 돌볼 수 있었다. 정기적인 수입이 없던 부분은 공적인 부분에서 지원받게 되었다. 가족의 경제활동을 위해 고용지원센터에 연계하여 직업훈련을 받도록 했다. 마지막으로 고립 생활하는 가족의 사회적 관계 형성에 지역자원을 연계하였다. 심리상담자와 미술 작가의 전시공간을 관람하여 문화 활동을 했다. 집에서 가까운 공원으로 이동하여 식사 및 여가활동을 했다.

이 사례는 심리상담사가 고립 생활하는 가족을 만나서 심리 치유를 포함하여 사회 복지적인 개입도 이루어졌다.

치유에서 필요한 과정

고립 생활하고 사람을 치유하는 것은 대상자가 최종적으로 자립하도록 하는 과정이 필요하다. 그런데 이들이 자립 활동하도록 하기 위해서는 이루어져야 할 사항은 이들과 개인과 개인으로 1:1 인간관계 형성을 하는 것이 가장 우선시 된다. 이들이 성장 발달하면서 누군가로부터 따뜻한 언어와 감정으로 자신을 인정하고 이해하면서 세상은 살아갈 만한 기회가 있음을 느껴보지 못한 사람들이다. 그래서 1:1 인간관계 형성은 이들에게 새로운 경험이 될 것이며, 누군가 타인이 자신을 진정으로 따뜻한 정서를 느낄 수 있도록 하는 과정이다. 1:1 인간관계 형성과정에서 고립 생활을 유지했던 이들이 마음을 열기가 쉽지 않다. 성장기에 상처와 아픔, 그리고 배신, 신뢰가 무너진 관계, 아파할 때 주변에 아무도 없었던 상황 등 다양한 장면을 떠올리며 1:1 인간관계 형성은 노력과 시간이 필요하다.

고립 생활하는 사람이 외부활동이나 자립을 위해서는 심리상담사가 1:1 인간관계 형성이 첫걸음이며 가장 중요하고 어려운 과정이다. 이 과정이 진행되지 않으면 앞으로 나아가지 않는다. 고립 생활을 유지했던 사람은 외부에서 처음 가정방문으로 다가오는 심리상담사에 대하여 '누가 나를 귀찮게 해!!'하면서 지금까지 부모나 타인 관계에서 패턴을 반복한다. 심리상담사는 대상자의 마음이 개방하도록 충분한 시간을 갖고 접근해야 한다. 또 대상자를 만나기 전에 장점과 강점이 파악되었던 부분을 적극적으로 지지하면서 관계 형성에 집중한다.

관계 형성 과정에서 대상자는 심리상담사가 진정으로 자신과 관계를 형성하고자 하는 의미가 무엇인지 고민하면서 반복해서 확인하는 과정이 진행된다. 심리상담사는 여기에서 대상자에게 신뢰와 함께 충분하게 이해하고 있다는 메시지를 보내야 한다. 언제든지 상담 관계 형성이 처음으로 되돌아갈 수 있음에 주의하여야 한다.

심리상담사와 1:1 인간관계 형성이 긍정적으로 진행되었다면, 대상자가 표현하는 어려움과 욕구를 파악한다. 또 대상자의 가족과 면담으로 얻은 정보를 활용하여 상황에 맞춤형으로 진행하여 자립이라는 목표가 실현되도록 한다.

자신의 방이나 집에서 생활

고립 생활하는 사람이 정서적 고립이 시작하는 시기에 대하여 논란이 있다. 그러나 학령인 초등학교 고학년부터 나타난다. 고립 생활하는 청소년은 만나기 어렵지 않다. 일반적으로 학업을 중단하고 집에 있거나 방에서 나오지 않는 경우를 찾으면 가능하다.

대학생이거나 군 복무를 마치고 고립 생활하는 사람도 있다. 이들은 대학생이거나 군 복무를 마치고 생활하기 때문에 각자가 개별적이고 책임성이 부여된다. 그러므로 학업과 직업 생활에서 고립 생활을 하고 있다면, 좋은 일도 아닌데 부모가 자녀의 상황을 주변 사람에게 표현하기 어렵다. 부모의 자신의 형제에게도 자녀가 고립 생활하고 있음을 표현하지 못한다.

또 대학을 졸업하고 취업 과정에서 취업에 실패하거나 30세 전후로 취업을 하였다가 직장에서 부적응으로 고립하는 사람도 있다. 40세 전후로는 직장생활 과정에서 조기퇴직이나 직업 전환하는 과정에서 집에서 생활하는 시간이 길어지다 보면 외부활동을 하지 않고 다시 또래나 사회적 활동을 하지 않게 되는 악순환으로 인해 고립하는 사람도 있다.

중·장년기에 고립 생활하는 사람은 어떤 과정을 거쳐 고립하게 되었는지 알려진 바가 거의 없다. 단독가구인 경우, 노부모로부터 의식주를 받는 경우, 미성년자녀와 함께 생활하는 경우 등 다양해서 시기도 다양하다,

외부활동을 하지 않고 있는 시기에 따라 접근하는 방법과 서비스 제공과 관련 논의가 필요하다. 그러나 아직 우리 사회는 이들이 현황, 시기, 욕구, 필요한 서비스, 개입 방법 등 다양한 논의가 진행되지 않은 상황이다.

먼저 접근 방법에서 이들은 부모가 외부활동을 권유해도 자기 일은 자신이 알아서 하겠다고 하면서 부모의 권고나 활동 권유에 무반응과 신경질적인 대응을 한다. 또 실제 외부활동을 하지 않아 이웃집이라고 해도 고립 생활하고 사람이 있는지 알지 못하는 경우가 많다. 그래서 방이나 집에서 고립된 사람들에게는 가정방문으로 이들과 소통하고 고민과 어려

V부 | 자유롭게 날기

움을 들어주며 마음의 문을 열도록 하는 가정방문 심리상담이 필요하다.

고립 생활하는 사람의 생애주기에 따라 제공되는 욕구가 다르게 나타난다. 대략 20세 이하의 청소년기에 고립 생활하는 사람이 초·중·고졸 학력이 있는지 확인하고 고졸 학력까지 인정을 받지 못했다고 하면, 고졸 학력까지 진행될 수 있도록 학업지원과 진로지도가 필요할 것이다. 또 대략 20세부터 34세까지인 청년기에 고립된 생활하는 사람에 대해서는 스스로가 원하는 학업지원과 진로지도로 희망하는 직업이 선택될 수 있도록 한다. 또 35세 이상 64세까지 나이의 중·장년기 고립 생활하는 사람은 취업을 위한 재교육이나 자립 생활이 이루어지도록 지역사회와 연계하는 방법이 필요하다. 개인의 상황이나 개인의 역량에 따라 다르지만, 생애주기별 특성에 맞는 다양한 접근이 요구된다.

고립 생활하는 사람에 세대별 서비스 제공과 개인 욕구에 따라 진행되어야 한다. 이들이 보이는 공통적인 어려움은 자신이 어떤 부분에서 장점이 있고 자신이 느끼고 생각하는 감정 표현이 어렵다. 또한, 자신의 의사를 정확하게 상대에게 전달하고 자신이 원하는 답변을 위한 학습과 훈련이 이루어지지 않았다.

그래서 가칭 고립 생활하는 사람 지원센터가 설립되고 서비스가 진행된다면 감정 표현, 의사 표현, 의사소통, 자기주장 훈련을 진행해야 할 것으로 보인다.

이러한 고립 생활하는 사람 지원센터가 지자체별로 설치 운영되길 바라며, 이러한 지원센터를 지원하는 정책연구소가 설립되어 이와 관련된 연구개발, 자료축적, 프로그램 개발과 보급, 전문 인력양성 등을 위해 향후 설립되었으면 한다.

Ⅵ부

예방

고립 생활하는 사람은 누구인가?

자신의 방이나 집에서 고립 생활하는 사람은 세상이 변화하고 있는데, 자신도 변화하는 사회변화에 잘 적응하고자 한다. 자신도 변화하여야 함을 알고 관심을 보인다. 그러나 타인은 느끼지 못하는 경우가 많다. 자신도 변화되는 사회에 대하여 잘 적응하거나 또 변화하기가 어렵고, 변화한다고 해도 잘 해낼 것이라는 자기효능감이 매우 낮아서 세상으로부터 개인 공간에 도피한다. 개인 공간은 세상으로부터 회피하여 혼자서 자신이 편안한 상태를 누구에게도 간섭받거나 방해받고 싶지 않은 공간으로 만들어 버렸다.

그 개인 공간은 자신이 누릴 수 있는 편안함의 경험이다. 그 경험에서 벗어나야 한다고 생각하면서도 동시에 벗어나고 싶지 않은 생각도 있어 계속 심리 내적인 갈등은 일어난다. 개인 공간에서 활동하는 것은 편안함을 느끼기도 하지만, '언제까지 이렇게 편안한 생활을 누릴 수 있을까?' 의문을 달기도 한다. 사회에서 자신도 자신감이 넘치며, 타인들 앞에서 당당한 삶과 인정받고 싶은 욕구로 인하여 불안과 우울한 감정 등 다양한 심리·정서적, 관계적 갈등에 휩싸일 때도 있다.

개인 공간에 머무르고 있지는 않아도 그럴 가능성이 높은 부류, 잠재적 위험군으로 다음과 상황에 해당한다고 할 수 있다. 예비적인 경우이기 때문에 걱정할 수준은 아니다. 그러나 해당하는 사람이 있다면 부모, 배우자, 형제, 친구가 주변에서 관심과 사랑으로 관계를 유지하여야 한다. 잠재적 위험군으로 느껴지면 예방하기 위한 노력이 필요하다.

(1)대인관계에서 원만하지 않으면서 친구를 사귀기 어려워 친구가 한 명이거나 없다.

(2)자신의 심리·정서적 감정 표현이나 자기 의사 표현을 건강하게 표현하지 못한다.

(3)학교나 직장에 지각이나 조퇴가 자주 발생한다.

(4)집에서는 별 불편함이 없는데 학교나 직장에 가면 아프거나 숨쉬기 어렵다.

(5)학교에서 점심시간에 혼자 밥을 먹고 친구가 없어 혼자라고 생각한다.

(6)인터넷과 스마트 폰 과다사용으로 새벽 시간까지 사용하고 오후에 일어난다.

(7)자신의 장점이나 강점이 없다고 한다.

(8)자신의 미래 직업에 대하여 구체적이지는 않아도 방향까지 없다.

(9)사회를 보는 시각에서 대부분을 부정적인 시각으로 접근하고 표현한다.

(10)일상생활에서 의욕이 낮으며 무기력한 태도로 생활하거나 타인과

관계에서 감정이 무뎌진 감정무딤 상태이다.

(11)현재와 미래를 표현하지 않고 과거 이야기를 주로 하며 다른 사람에게 탓을 돌린다.

(12)사회적 관심도가 낮으며 이성에 아무런 관심을 보이지 않는다.

(13)취업하기 위해 많은 이력서를 제출하여도 번번이 취업이 되지 않아서 불안한 마음이 많아 거의 외출을 하지 않는다.

(14)직장에서 대인관계가 어려워 상사나 동료와 대화가 통하지 않으며 직장생활에 흥미가 떨어져 의욕이 없다.

(15)대학이나 직장 생활하다가 군 복무를 마치고 왔는데 계속 외부에 나가지 않는다.

(16)일상적인 직장 생활을 유지하다가 갑자기 퇴직하고 외부에 나가지 않는다.

(17)자신이 무가치하며 할 수 있는 것이 아무것도 없다고 표현한다.

(18)감정의 기복이 크고 말로는 어떤 것도 할 수 있을 것으로 보이지만, 행동으로 옮기지 못한다.

(19)자신에게 주어진 일이나 업무, 학업 등에서 회피라는 선택을 대부분 한다.

어떤 일이 발생하고 수습하는 것은 큰 노력과 시간 및 경제적인 손실 및 회복하는 데 많은 어려움이 따른다. 그러나 어떤 일이 발생하기 이전에 예방한다면 많은 위험요소를 제거하기 때문에 적은 노력과 시간으로 큰 효과를 볼 수 있는 것이다. 고립 생활을 하기 이전에 대상자에게 관심을 보이고 고통스러워하는 부분이 무엇이며, 원하는 것이 무엇인지 심리·정서·환경적 관계를 통하여 마음의 고통을 털어낼 수 있었으면 한다.

위의 다양한 경우에 하나 이상 해당이 된다면 고립 생활하는 사람으로 바뀔 수 있는 가능성이 있기 때문에 예방이 최우선이다.

1. 개인이 가능한 방법

사람은 누구나 자신의 활동에 대하여 다양한 개인적인 능력이 있는데, 크게 세 가지 부류로 나눈다. 첫째는 자신의 능력에서 실력 및 현실적인 상황을 정확하게 파악하지 못한 상태로 과대 포장하여 말로는 자신이 이 세상을 지배한다. 또 어떤 일이 벌어져도 자신이 개입하면 모든 것을 해결하면서 높은 지위도 언제든지 획득할 수 있다고 주장하는 과대 포장으로 비현실적으로 개인적인 능력을 형성한 부류이다. 둘째는 자신의 경제력, 학업능력, 대인관계, 개인적인 능력, 현실적인 지위 등 일부분이 아니라 전체적으로 현실에서 가능한 부분이 있다. 반대로 자신이 어떤 노력을 하거나 최선을 다하여도 한계가 있음을 수용하면서 최선의 노력으로 살아가고 있음을 실제로 수용하는 개인적인 능력이 정립된 부류이다.

셋째는 자신은 개인적인 능력, 장점, 강점, 대인관계 등 다양한 방면에서 아무런 능력이 없고 어떠한 일을 하여도 실패할 것이다. 그래서 누구도 자신에게 관심을 보이거나 사랑을 받을 만한 부분이 없다고 생각한다. 타인이 보기에는 너무나 멋있고 건강하여 어떤 일을 맡겨도 무리 없이 일을 잘 진행하여 평범하게 보이는 사람으로 현실적인 능력을 수용하지 못하면서 다른 사람의 능력을 높게 본다. 자신을 매우 무능력하고 무가치하여 무망감과 무기력으로 자신의 방이나 집에서 고립 생활을 하는 부류이다.

우리가 관심을 두는 부류는 셋째 부류로 이들이 건강한 사회 일원으로 생활하길 바란다. 이 부류는 타인의 관점에서 잘하는 장점, 강점, 즐거운 활동, 타인이 바라보면 충분하게 긍정적으로 볼 수 있다. 외모와 학업 및 개인적인 능력이 충분하다. 사회적 기술, 직업 생활을 할 수 있는 자격증과 언어능력, 언변 능력 등 일반적으로 크게 부족하게 보이지 않는다는 것이다. 그런데 이 부류는 자아존중감과 자기효능감이 낮으며, 타인에게서 존중받지 못하고 수용 받아본 경험이 낯선 것으로 보인다.

위와 같은 사람이 있다면 개인적인 노력이 필요하다.

1) 자신이 가지고 있는 능력을 시도

어떤 사람이 대인관계에서 주변 사람에게 자신의 의사 표현과 감정표현을 적극적인 표현이 이루어지고 있지 않다고 하면 학교생활, 직업 생활, 가정생활, 사회적 관계, 부모-자녀 관계 등 개인이 활동 가능한 대부분의 활동 전반에서 사회적 위축 현상이 나타날 가능성이 높다. 위와 같은 상황을 보이는 사람은 전 세대에서 나타날 수 있는 현상일 수 있다.

심리상담사인 저자는 상담하는 과정에서 대상자를 만나면 심리상담사가 태어나면서부터 심리상담사로 누구든지 상담하는 사람이었을 것인지 대상자에게 질문한다. '심리상담사가 처음부터 누구든지 상담하는 심리상담사이었을까요?' 그러면서 누구나 처음에는 서툴고 어려움이 있음을 전달한다. 누구나 주어진 일에 있어 처음에는 서툴고 어려움이 있고 이를 이겨내면서 잘하게 되고 전문가로 활동할 수 있음을 알린다.

처음에는 가장 말하기 쉬운 친한 친구와 대화를 하면서 다른 사람이 말하는 장점을 친구에게 적용하여 반응을 살피는 것에 집중한다. 그 시도에서 자신이 원하는 장점이 잘 적용이 된다면 능력이 있고 충분히 잘하는 것으로 볼 수 있다. 시도가 잘 되었다면 다른 상황으로 적용하여 확대한다. 처음 적용이 잘 안 되었다면, 부모에게 오늘 오후 1시간을 놀아달라고 부탁하여 부모와 놀이를 하는 시간에 부모에게 최근 고민을 솔직하게 털어놓는다.

여기에서 부모의 의사소통 기술과 부모양육태도에 따라 많은 변수가 생기는데 부모의 반응이 매우 중요하다. 부모가 자녀의 고민을 해결까지 해주면 좋다. 해결은 아니더라도 자녀의 이야기를 적극적으로 들어주고 수용하는 태도는 자녀에게 긍정적인 변화는 일어난다. 부모의 반응에 따라 자녀의 자아존중감, 자기효능감, 부모로부터 존중과 수용 등 자녀에게는 부모가 나를 위해 큰 노력을 하고 있음을 인지하게 된다. 자녀는 부모에게 표현하면서 심리·정서적 안정과 함께 비슷한 상황에서 대안을 찾을 수 있는 것이다.

물론 이 상황에서 부모가 자녀와 대화에서 수용과 존중하면서 공감과 대안을 제시하여주고 시도하도록 격려한다. 그러면 자녀는 부모라는 안정된 기지를 확보하여 어떤 어려움이나 고민이 있어도 부모와 협의하고 상의하여 건강하게 성장 발달하게 될 것이다. 자신이 알고 있는 모든 것에 대하여 생각만 하고 있다면 '~~하더라.' 끝나는 것이지 자신이 누구에게 '내가 활동을 했는데 ~~어떻더라.'라는 표현과 언어가 설득력이 낮으며 타인들도 수용하지 않을 것이기 때문이다.

2) 할 수 있다는 자신감을 가져라

어떤 사람은 가진 여러 가지 능력 중에서 학업능력은 전체적으로 상위권으로 형성할 수 있다. 그러나 또래 관계유지와 운동능력에서는 평균이하의 능력을 보이는 사람이 있을 수 있다. 그러면 자신이 가진 능력을 최대한 활용하고 대안적으로 부족한 능력은 최소한으로 하여 자신의 삶을 영위할 것이다.

일반적으로 자신이 가진 능력을 극대화하고 장점을 살리는 방향으로 생각하고 활동하기 쉽지 않다. 자신이 능력을 갖추지 않고 능력이 부족한 부분에 대하여 고민하고 부정적인 접근으로 대인관계 어려움과 의사 표현에 서툴러 소극적이고 수동적인 활동할 가능성이 크다. 물론 누구나 같은 능력과 재능, 강점, 장점이 있는 것은 아니다. 그래서 자신이 잘 할 수 있는 강점과 장점을 살려 활동 영역을 확대하면서 자신감을 가져야 한다.

소극적이며 수동적인 사람은 일상에서 내향형으로 친구를 사귀고 함께 활동하고 싶어도 외롭게 활동하는 경우가 많다. 이들은 스스로 생활하는 데도 어려움이 있고 실수가 반복되면 주변에서 나를 비난하거나 무시하지는 않을까? 하면서 불안해하기도 한다.

자신이게 '나는 할 수 있다.' '누구나 처음부터 잘했던 것은 아니다.' '실수해도 괜찮아!' 등 스스로 격려하면서 소극적이고 수동적인 마음을 도전하도록 격려하는 과정을 반복하여 자신감을 느끼도록 한다. 실수하거나 잘하지 못한다고 생각하면서 소극적이고 수동적인 사람이 스스로 반복적으로 격려하면서 시도하여 자신감을 느끼도록 한다.

결과에 대하여 자신감이 낮은 사람이었다면 가장 하기 쉬운 일부터 도전하여 본다. 실수 할 수 있어도 도전하면서 자신감을 느끼도록 한다. 작은 성취를 경험하고 성취 경험이 쌓이면 자기효능감이 커질 것이다.

3) 다양한 경험

대인관계에서 소수의 사람과 관계하고 친구가 많지 않은 사람은 소심한 성격으로 생활하여 자신이 생각하는 부분이 사회의 전부라고 말한다. 또 주로 과거 일이나 자신이 알고 있는 부분을 반복적으로 표현하여 주변에 있는 사람은 답답함을 호소한다. 부모나 친구, 직장 상사 동료 등 주변 사람은 그렇게 표현하거나 생각하는 사람에게 세상은 너무도 넓고 다양한 일이 많음을 알아야 한다고 하며 과거나 자신의 사고에서 벗어나서 새로운 세계를 보라는 말을 자주 듣게 된다.

어떤 대상자는 초등학생이었을 때이다. 부모의 경제적인 어려움으로 대상자가 탕수육을 먹고 싶다는 표현에 대하여 부모는 돈이 없다는 말로 대상자의 욕구에 반응해주지 못했다. 시간이 흘러 군 복무를 마친 대상자는 그 상황에서 어떻게 그럴 수 있었는지 되돌려달라고 한다.

대상자가 초등생 때 아버지는 아무런 반응이 없었다. 어머니는 경제적인 어려움이 있는 상황에서도 자신이 원했던 길을 가고 있었다. 그때 가족은 밥을 먹는 이외는 외식, 의복구입, 여행은 물론 학원도 다니지 않았다고 한다. 대상자는 자신이 그 어린 시절 욕구가 해결되지 않아서 상담시간에 반복적으로 그 욕구가 해결되지 않았던 것을 현실에서 부모에게 탓으로 돌린다. 현재 부모의 모든 재산을 정리해도 구입하기 어려운 스포츠 차량을 요구한다. 자신의 경험이 부정적이고 만족하지 못하여 예전의 감정에 계속 머물러 있는 것은 자신의 미래에 부정적인 방향으로 영향을 미치게 된다.

동시대를 살아가는 사람이라고 해도 같은 부모의 사랑, 경제적 공급, 환경적으로 같은 조건으로 성장 발달하지 않는다. 성장 과정에 불편하고 욕구가 만족하지 못했어도 성장 발달하여 극복하고 어려움을 자신의 성장 동력으로 삶는 사람도 있다. 이와 반대로 육체적인 성장은 이루어졌으나 심리·정서적으로는 욕구불만이 있었던 시기에 머물러 있는 사람도 있다. 즉 신체는 성장하였으나 심리·정서적 발달은 되지 않았다.

우리가 관심 두는 사람은 후자에 속하는 사람이다. 신체는 성장했으나 심리·정서적 상태가 과거에 머물러 있다면 그 사람의 미래도 역시 과거에 머물러 있을 가능성이 크다. 그렇게 생활하지 않기 위해서는 현재에서 자신의 삶을 잘 정리하고 새로운 도약을 해야 할 것이다.

과거에 있었던 아픔을 극복하기 위해서는 여러 가지 방법이 있을 것이다. 과거에 상황은 벗어버리고 다양한 업무, 주어진 환경에서 경제활동, 여행, 자원봉사, 다양한 모습으로 살아가는 삶의 현장을 직접 경험하는 것이 필요하다. 특히 새벽에 열리는 시장과 병원, 장례식장 같은 곳을 방문하여 타인을 관찰할 필요가 있다. 즉 자신이 보는 관점에서는 아무런 희망이 없어 보이는 타인도 주어진 삶의 현장에서 최선의 노력하는 모습을 보면서 다양한 사람을 간접적으로 경험할 수 있다. 결론적으로 자신에게 주어진 것이 가장 어렵고 힘든 것이 아니라 더욱 어렵고 힘겹게 살아가면서도 희망이 있고 최선의 삶을 보고 대안을 찾을 수 있다.

4) 타인의 말에 집중하기

학교에서 또래 관계가 원만하지 못하고, 직장에서 상사 및 동료와 불편한 관계, 일반적인 대인관계에서 타인과 의사소통과 자기표현이 원만하지 않다면 타인의 언어를 적극적으로 수용하지 않고 있는 경향이 많다.

타인으로부터 '과거를 버리고 현실적인 답을 찾아라, 고집이 세다, 대화가 통하지 않는다, 너는 4차원이다.'라는 말을 듣는 사람은 자신이 왜 그런 말을 들어야 하는지에 대하여 알고 있다. 그러나 타인의 그러한 표현과 대안을 듣고 인지적인 변화는 없다. 즉 변화를 위해 타인의 언어를 구체적이며 실질적으로 듣지 않고 자신은 그저 타인이 나에게 '또 그 말이야!' 하는 경향성이 있다.

그러나 이런 말을 듣는 사람은 또래 관계, 직장생활, 사회적 관계를 유지하는 데 어려움을 호소하면서 자신도 외롭고 타인과 대화를 하는데 힘겨워한다. 결과적으로 가장 가까워야 할 부모나 형제까지도 말이 통하지 않는다고 대화를 거부한다. 또 학교와 직장에서도 자신과 마음에 맞는 사람이 없어 놀거나 시간을 보낼 사람이 없다고 호소한다. 자신이 긍정적인 변화하기 위해 타인의 말에 관심을 귀 기울이지 않아서 타인으로부터 거부를 당하는 것이다. 이러한 상황을 극복하고 대인관계에서 타인과 대화와 소통에서 어려움이 없다고 느끼도록 하기 위해서는 자신의 노력이 필요하다.

먼저는 상대가 어떤 말을 하는지 정확하게 들을 수 있는 귀가 있어야 한다. 다시 말해 상대가 말을 할 때 말하는 내용이 정확하게 '어떤 내용을 말하는가?'를 정확하게 듣고 이해하는 것이 중요하다. 정확하게 듣지 못하거나 이해가 되지 않는다면 말했던 상대에게 질문하여 정확한 내용을 파악하는 것이 중요하다. 정확한 내용을 이해했다면, 말하고 있는 속에 어떤 뜻이 담겨 있는지 확인하는 과정이다.

상대가 말했던 내용을 정확하게 파악하여 어떤 뜻이 담겨 있다는 것을 알게 되었다면, 다음 단계는 상대가 말했던 내용에 대하여 자신이 사고(

思考)를 변화시키거나 행동으로 상대의 의견을 충분히 수용과 존중하고 있음을 보여주어야 한다. 이들이 실제 변화하면 말하는 상대는 말하기가 쉽고 관계적 어려움도 해결된다. 또 이들이 변화하여 건강하고 활동력이 있을 것이다. 결론적으로 대인관계에서 상대의 언어와 행동을 정확하고 이해하는 노력이 필요하다.

자기 주변에 사람이 없다면 자신의 대인관계 패턴을 변화하기 위해 큰 노력이 필요하다. 가장 중요한 것은 상대의 표현이나 사회에 흐르는 감정을 적극적으로 들으려는 노력이 있어야 한다.

5) 규칙적인 생활하기

일반적으로 사람은 아침에 일어나서 학업이나 직업 생활이라는 일상을 활동하고 저녁에 잠을 자는 생활을 한다. 규칙적인 생활하는 사람은 신체·정서적으로 긍정적인 영향을 주며, 정신건강에도 영향을 주어 사람이 행복을 추구하는 데 매우 중요하다. 규칙적인 생활은 자기 관리와 스트레스 해소에 영향을 주어 일상이나 외부적인 어려움에 부딪히면 극복하고 이겨내는 밑거름이 된다. 규칙적인 생활은 개인뿐만 아니라 가족과 이웃에게 영향을 주고받아 상호 간에 정서적 교류를 증진하도록 한다.

학교나 직장에 지각과 조퇴를 자주 하는 사람은 주어진 생활에서 흥미가 없고 삶에서 보람을 느끼지 못한다. 이들은 생물학적으로 뇌에 신경전달물질 세로토닌 분비가 느끼지 못하기 때문이다. 이를 극복하기 위해서는 신체 운동, 햇빛보기, 먹기, 웃음 등으로 가능하다.

생활이 불규칙한 사람은 심리·정서적 이유로는 우울, 불안, 강박 등을 들 수 있다. 특히 우울 증상은 자신이 가지고 있었던 모든 것을 잃어버리고 아무것도 없는 것 같은 느낌이거나 실직하여 낮에는 갈 곳이 없어 숨고 싶은 기분일 것이다. 즉 자신이 생활하는 삶에 대하여 긍정적인 힘이 부족하기 때문이다. 환경적 이유로는 게임을 많이 하거나 대인관계가 원만하지 못하는 사람은 외부활동을 하여도 함께 시간을 보내거나 함께 놀이할 사람이 거의 없다. 낮에는 많은 사람이 학교생활을 하거나 직업 활동한다. 그러나 밤에는 인터넷과 스마트 폰이라는 가상공간에서 게임을 하기 편하고 밤에 또래나 사회적 관계에서 자유롭게 지낼 수 있다.

어려움을 극복하기 위해서는 사회적 기술훈련으로 자기효능감이 증가하도록 하고 심리적으로 이완하는 훈련과 심상 훈련으로 마음의 여유를 갖는 것이다.

불규칙한 생활을 하는 사람은 방이 지저분하고 자신의 몸도 청결하지 않아서 일상생활에서 의욕이 낮고 무기력, 무감동, 무 쾌락한 경향이 악순환하여 더욱 불규칙한 생활에서 벗어날 수 없는 것이다. 불규칙한 생활에서 규칙적인 생활로 선순환하기 위해서는 다른 가족과 비슷한 흐름으로 변화가 필요하다. 변화하기 위해 먼저 시도할 것은 밤 10시경에 잠을 자기 시작하여 아침 7시경 일어나서 공원을 산책하거나 운동으로 기분을 전환하여야 한다. 아침 7시경 일어나서 식사와 세안을 한 이후 미래를 위하여 부족한 학업을 보충하거나 직업 훈련활동 한다. 저녁 7시경 식사하고 필요한 활동을 한 이후 밤 10시경 잠을 자는 선순환 활동이 이어져야 한다. 밤에 인터넷과 스마트 폰을 사용하면서 활동하고 낮에는 잠자는 사람이 단번에 오전 7~8시경 일어나서 규칙적인 활동은 어려움이 있을 수 있다. 그래서 오후에 일어났다면 오전에 일어나서 활동하는 방법을 선택하는 것도 하나의 방법이다.

밤과 낮이 바뀐 불규칙한 생활을 가족과 같은 시간에 일어나고 활동하는 것에 큰 의미가 없다. 아침 일찍 7시경 일어나도 마땅히 할 일이 없다. 생물학적 이유로 생각할 수 있는 것은 낮 동안 태양 광선을 쬐지 않아 생체 시계가 고장 나서 리듬이 깨지는 예도 있다. 심리적 이유로는 불안과 초조를 들 수 있다. 그래서 고립 생활하는 사람의 기상 시간은 점심시간 이후가 되어 버린다. 인터넷과 스마트 폰 사용 시간을 다른 활동으로 즐겁고 행복할 수 있는 활동을 찾아 규칙적인 생활로 전환하여야 한다.

외부활동을 하기 어려워하거나 가능성이 있는 사람에게 강요하는 언어를 사용하거나 명령적인 언어에서 청유형으로 표현하여 거부할 수 있는 여지로 규칙적인 생활이 이루어지도록 한다. 가족관계에서도 심리·정서적 관계를 증진하기 위해 식사는 가족과 함께하기와 가족이 활동하는 부분에서는 공동으로 하고 나머지 시간을 자유스럽게 활동하도록 약속하고 지키도록 한다.

다양한 이유로 불규칙한 일상과 사회적 위축으로 거의 활동성이 없었던 사람이 단기간에 활동적인 직업에 종사하거나, 왕성한 활동은 어려움이 있을 수 있다.

일정한 시간에 일어나 아주 간단해 보이는 자신의 방을 정리하고 환기하면서 정서적인 새로움으로 매일매일 생활하는 습관을 유지한다는 것은 개인적으로 자기관리에서 철저한 모습으로 나타난다. 아주 간단해 보이는 부분부터 변화가 일어나면 새로운 활동과 자기계발을 위한 활동까지 영역을 확대가 가능할 것이다. 신체적으로는 생체리듬의 균형을 유지하고 안정된 정서 상태로 개인과 사회를 위한 활동을 도전하는 힘을 갖는다. 규칙적인 활동으로 신체·심리·정서·환경적 균형을 이루는 과정에서 자신이 하고 싶어 했던 학습, 취미생활, 직업훈련, 자기계발로 발전할 것이다.

2. 가족이 가능한 방법

부모가 자녀를 양육하여 성장 발달하고 건강한 사회일원으로 활동하기를 바라는 마음으로 부모가 가진 경제력과 다양한 자원으로 모든 것을 집중한다. 부모는 입고 싶은 옷, 먹고 싶은 음식, 경제력, 투자할 수 있는 모든 것을 자녀를 위해 쏟아 붓는다.

부모는 자녀를 낳아 양육하고 학업 수행을 하도록 하면서 '자녀가 행복하면 부모가 행복하다.'라고 생각한다. '자녀의 행복이 나의 행복이다. 자녀의 성공이 나의 성공이다.'라고 생각하면서 자녀의 의사나 능력에 상관없이 부모의 생각으로 아침부터 저녁 늦은 시간까지 예체능과 특기 학원에서 배우도록 강요한다. 학령기 자녀는 부모와 심리·정서적 관계를 원하는데, 부모는 부모가 원하는 학습을 우선시한다. 학령기 자녀는 부모가 원하는 것에 거부하지 못한다. 예체능과 특기 학원에서 지내는 시간이 많다. 심지어 밥은 차에서 먹기도 하고, 어머니는 직장이나 집에서 자녀가 이 학원에서 저 학원으로 이동했는지 스마트 폰으로 확인하여 자녀의 이동 시간을 점검한다. 이렇게 학령기를 지낸 자녀는 사춘기가 시작되면서 자신이 신체·심리적 힘이 생기고 감정조절이 어려워져 부모와 갈등이 생기기도 한다. 부모의 양육방식이나 부모-자녀 관계에 육체적인 힘의 균형이 자녀에게 기울어지기 시작한다.

대략 사춘기가 시작되는 중학생 자녀는 부모와 심리·정서적 관계보다 또래와 관계에서 많은 정보를 얻는다. 자녀는 부모보다 또래 관계 사회집단을 중요시하는 경향이 있다.

자녀가 고등학생 이상이 되면 부모는 신체적인 힘으로 자녀에게 영향을 주기가 어려운 상황이 된다. 이때부터는 부모는 자녀와 혈연관계 부모 역할과 방향 제시를 하고 자녀 스스로가 결정하고 책임을 지도록 해야 한다. 그러나 부모는 자녀에게 자율성과 책임성을 부여하지 않으면서 계속해서 자녀의 하나하나 행동에 간섭과 지시로 영향력을 행사하려고 할 때 갈등이 심화한다.

부모는 자녀를 양육하고 건강하게 성장할 수 있도록 조력자의 역할과 멘토 역할을 하면 된다. 자녀가 도움을 요청하면 적극적 수용과 존중으로 자녀가 건강한 사회일원으로 성장하도록 해야 한다. 부모 역시 자신을 양육했던 부모로부터 건강한 양육 받아본 경험이 없는 경우도 많다. 그러다 보니 부모는 자녀를 어떻게 양육하고 부모-자녀 관계를 어떻게 유지해야 하는지에 대하여 어려움을 호소하기도 한다. 부모도 고통스러워한다.

고립 생활하는 사람은 역기능적인 가족 관계 및 양육 태도에서 나타난다. 즉 부모가 자녀를 건강하게 양육하지 않은 것이 있다. 방치, 학대, 폭력, 유기 등은 법적인 문제까지 연결되기도 한다. 법적인 문제와 건강하게 생활하는 사이에 가장 흔하게 볼 수 있는 과잉보호와 과잉통제이고 그로 인한 많은 어려움이 발생한다. 부모가 자녀에게 의존하는 경우, 자녀가 부모에게 의존하는 경우, 부모-자녀가 공생관계 등 자생력이 부족한 가족이다. 다양한 경우가 나타나는데 자녀는 대학진학이나 미래의 진로를 결정할 때 스스로 결정하지 못하고 부모가 원하는 학과나 대학에 진학했다가 적성과 미래의 진로에서 자신이 가능한 방향과 전혀 달라 진학했던 대학을 중도 포기하고 적성을 고려하여 다시 진학하는 경우가 많다.

고립 생활하는 사람은 만성화 경향이 있다. 자신은 물론 괴롭고 고통스러운 슬픔과 함께 생활해야 하는 가족도 같은 심정이다. 장기간 고립 생활하는 사람을 지지해주기 위해 가족이 필요한 것과 마찬가지로 가족을 지지해주는 사람이 필요하다. 즉 가족의 아픔, 괴로움, 답답한 심정을 받아주는 사람이 있어야 한다. 그것이 고립하고 있는 사람의 회복에도 연결이 된다. 또한, 가족도 일상에서 건강한 생활을 하는 모습을 보여주어야 한다. 가족이 활발하게 활동하면 고립 생활하는 사람의 많은 어려움도 결과적으로 줄이는 효과가 있다. 인터넷과 스마트 폰을 과다사용하거나 대인관계 및 다양한 요인으로 개인 공간에서 활동하지 않아도 그럴 가능성이 큰 경우 부모, 배우자, 형제 등 가족이 예방할 수 있는 몇 가지 방법을 찾아보았다.

1) 가족이 수용과 존중하기

가족 중에 고립된 생활하는 사람이 있다면 가족 역시 누구에게도 말하기 어렵다. 그렇다고 누군가에게 도움을 요청할 곳도 거의 없는 상황에서 고통과 어려움은 계속된다. 고립 생활하는 사람이 있다면 가족은 대상자에게 흔하게 하는 실수는 비판, 명령, 강요, 부정적 태도를 보인다. 대상자는 무언가 요구를 하고 있는데 정확하게 들어주지 못하고 있다.

외부에서 가족의 상황을 이해하지 못하는 것은 아니다. 그러나 고립 생활하는 대상자도 일상에서 자연스러운 외부활동과 건강한 자기표현을 원한다. 고립 생활하는 사람은 외부활동이나 건강한 자기표현에 대한 방법을 몰라서 당황하고 있는데, 스스로 방법을 찾아서 활동하라고 강요하는 것은 아무런 도움이 되지 않는다. 고립 생활하는 대상자뿐만 아니라 가족도 현실 그대로를 인정하고 '지금 여기에서'의 대안으로 감정을 구체적으로 말하면서 긍정적인 메시지를 보내야 한다. 예를 들면 '지금은 밖에 나가는 것이 어려운 모양이구나. 지금은 힘들구나.'라는 식으로 부모의 느낌과 감정을 그대로 전달하는 것이 좋다.

사람은 학교생활, 직업 생활, 사회적 관계, 이성 관계, 부모-자녀 관계, 또래 관계 등에서 자신의 의사를 표현하고 상대의 의사를 수용하면서 관계를 유지하게 된다. 타인과 의사소통하는 과정에서 상대가 자신의 의견을 잘 들어주면서 대화가 진행되면 말하는 사람은 상대가 자신의 말에 수용과 존중함을 인식한다. 그래서 말하는 사람은 자신이 가진 속마음을 표현할 수 있는 것이다.

자녀가 학교에 갔다가 학원에서 공부하고 밤 8시경 귀가를 하였다. 자녀는 지친 표정을 지으며 현관문을 열고 들어오면서 안부 인사를 하고 가장 기본적인 식사를 하도록 하는 부분에서 부모가 자녀에게 관심 없는 경우이다.

자녀: 다녀왔습니다.

모 : 응 밥 먹어라(어머니는 TV를 보면서 자녀와 눈 마주

치지 않는다.).

자녀: 엄마는~~~ , 나 밥 먹으라고 하면서 준비도 해주지 않아!!!

모 : 식탁에 반찬 있고 밥솥에 밥 있잖아!

자녀: 엄마는 나보다 TV 보는 것이 중요해(화난 표정으로 자신의 방으로 들어가 버린다.)!!

비슷한 상황에서 엄마는 보고 있던 TV를 그만 보고 바로 자녀를 안아주면서 함께 식사하는 모습은 자녀가 안정적으로 받아들이고 존중받고 있다는 느낌을 받는다.

자녀: 다녀왔습니다.

모 : (모는 바로 일어나 자녀를 안아주면서) 우리 00가 학교에서 바로 학원 가서 공부하다가 이제 오는데 배가 고프지!!!

자녀: 네 배가 고파요.

모 : 엄마가 자녀가 좋아하는 ~~반찬을 만들어 놓았지. 엄마랑 함께 먹자.

자녀: 그래요.

모 : 그래 네가 좋아하는 반찬이니 많이 먹고 힘내서 공부도 열심히 하고 어려운 것 있으면 엄마에게 말해라.

자녀: 최선을 다하고 있는데 어려운 부분도 있지만, 그래도 괜찮아요.

자녀는 부모와 관계의 많은 부분에서 심리·정서·환경적인 영향을 주고받으며 생활하게 된다. 물론 자녀가 분리 개별화되어 물리적으로 거리가 있는 상황이 발생한다면 관계가 없지만, 부모-자녀는 사회적 관계를 형성하여 대인관계의 방법과 다양한 상황에서 어떻게 대처하는지 학습하고 경험하는 가장 기본적인 사회적 관계이다. 사람은 누구나 태어나면서 죽음에 이르기까지 성장하고 발전한다. 누구나 사회적 관계를 형성하는 한 사람으로 성장하기 위해서는 영아부터 노년까지 수많은 사람과 만나고, 헤어지고, 대화, 다툼, 갈등, 협력, 타협, 사랑한다.

그중에 가장 먼저 만나며 중요한 역할을 하며 영향력을 크게 주는 사람은 역시 부모이다. 부모가 중요한 이유는 기본적인 의사소통을 시작할 때부터 자녀의 작은 비언어적인 욕구에 반응하여 수용과 존중한다. 그러나 무관심하거나 거부하는 태도로 관계를 형성하여 자녀 성장의 영향을 주기 때문이다. 영아기 자녀가 칭얼거리면 어머니는 자녀가 잠을 자고 싶은 욕구인지 함께 놀아주어야 할 욕구인지 판단하여 수용한다. 자녀의 잠자고 싶은 욕구를 인지하여 어머니가 자녀를 안고 등을 토닥토닥하면서 잠을 자도록 한다. 어머니가 자녀의 욕구를 정확하게 알지 못하고 다른 욕구로 인지하여 함께 놀아주거나 밥을 주면 자녀는 계속 칭얼거리게 된다. 그러면 부모는 자녀에게 다르게 반응하여 자녀의 욕구가 해소되도록 해야 한다.

부모는 자녀가 부모에게 요구하는 것이 무엇인지 수용과 존중한다면 자녀는 부모와 관계에서 자신이 어떤 욕구를 표현하여도 수용과 존중받고 있다는 느낌을 알게 된다. 그렇게 성장 발달하는 자녀가 청년기까지 성장하는 과정에서 사회에서 어려움이나 또래 관계의 어려움이 있다면 부모에게 질문하고 답한다. 또 부모가 했던 방식을 모방하거나 학습하여 대인관계나 사회적 관계로 확장하게 된다. 여기에서 부모가 자녀의 모든 욕구를 100% 수용하는 것은 또 다른 문제를 만들기 때문에 부모가 수용 가능한 것과 불가능한 것의 구분은 해야 한다.

부모가 보는 자녀는 아무런 고민과 갈등이 없어 보인다. 그러나 자녀는 학교에서 만나는 또래나 교사와 관계에서 관심을 받고 싶어 한다. 그러면서 크고 작은 고민과 갈등은 계속된다.

부모가 자녀를 보는 시각을 넓혀, 보이는 것에 한계를 넘어 자녀의 심리·정서·환경적인 면을 적극적으로 수용과 존중하는 자세가 필요하다. 그 예로 자녀의 식사량 감소, 잠자는 시간변경, 평상시에 보이는 표정이 변하고 있는지 다각적인 방면에서 깊이 있는 관찰과 관심이 필요하다. 그러하여 심리·정서적 교류가 단절되지 않도록 노력해야 한다.

부모-자녀 관계에서 어려움을 호소하는 사람은 부모에게 과거에 대한 원망과 서운함으로 생활하는 경우가 많다. '내가 원했던 것을 해주지 않았다. 내가 집에 있는 것은 부모가 눈 수술을 해주지 않았다. 내가 원하지 않는 학교를 부모가 억지로 가게 했다. 아무런 잘못도 없는데 때렸다. 성적이 좋아도 한 번도 칭찬해 주지 않았다. 나 혼자 학원에 보내주지 않았다.' 등이다. 부모는 자녀가 하려는 말을 차단하지 말고 끝까지 들어주어야 한다. 옳고 그름의 문제가 아니다 부모가 자녀를 적극적으로 수용과 존중하는 태도를 보일 때 자녀는 부모와 심리·정서적 관계를 유지한다.

부모 자신이 성장하면서 자신을 양육한 부모로부터 균형 있고 건강한 양육을 학습할 기회가 부족한 사실이었다. 부모로부터 받았던 양육환경을 고집하거나 '내 방법이 옳아!!' '엄마 클 때는 먹을 것이 없었다.'라는 의식에서 벗어나 자녀를 양육하는 성장 발달하도록 과정에서 자녀를 수용하고 존중하여야 한다.

부모는 자녀에게 처음 만나고 중요한 역할을 하며 영향력을 크게 받는 사람이다. 사회적 관계에 가장 기본적인 부모로부터 수용과 존중받는다면 자신감 넘치고 활력이 있는 대인관계 및 자신의 장래에 긍정적으로 도전하게 될 것이다. 또 사회에서 만나는 친구, 사회적 관계, 이성 관계, 교사, 직장 상사, 배우자 등 타인에게도 당당하면서도 자신의 의사를 정확하게 표현하고 전달할 것이다. 그러하면 사회에서도 긍정적인 영향력을 발휘할 것이다.

2) 가족이 긍정적인 언어 사용하기

자녀가 부모로부터 청년기까지 긍정적인 언어로 보호와 양육을 받은 자녀는 자신이 어떤 일이든지 하고 싶은 일이 있다면 먼저 긍정적인 언어로 선포하게 될 것이다. 그러나 부정적인 언어가 익숙하고 주로 부정적인 언어로 대인관계와 사회적 관계를 맺었던 자녀는 주어진 상황을 바라보는 시각부터 부정적인 시각과 언어를 사용한다.

부모가 긍정적인 언어를 사용에 훈련이 되어 있지 않았다면 긍정적인 언어사용을 위한 훈련이 오랜 시간 필요하다. 부모가 자녀에게 긍정적인 언어 사용과 특정 상황에서 대안을 청유형으로 제시하면 자녀는 부모의 언어사용에 변화가 있음을 알게 되면서 익숙하지 않은 언어이지만, 새로운 언어에 긍정적인 반응이 일어날 수 있다.

개인의 사고(思考)를 외부로 표현할 때 그 사고가 개인의 삶이 되는 것이다. 언어는 우리의 사고에 영향을 미치는 다양한 조건 중에 가장 중요한 것이다. 사고에 뒤따라서 표현되는 것이 아니고 사고하는 과정에 작용한다. 사람의 행동은 자신이 생각하고 사고하는 결과이므로 어떤 사고를 하느냐가 그 삶의 방향을 결정한다. 긍정적인 생각을 하는 사람과 부정적인 생각을 하는 사람의 살아가는 삶의 형태는 매우 다르게 나타난다.

부모가 자녀에게 긍정적인 언어를 사용하는 것은 첫째, 부모가 자녀를 긍정적으로 바라보고 있으며 자녀가 스스로 삶의 방향과 형태에서도 가능성을 찾아가는 일이며 새로운 에너지를 발생시키고 창조적 사고를 가능하게 한다. 둘째, 부모가 자녀를 바라보는 시각에서 추구하고 예상했던 결과가 아니더라도 흔들리거나 자녀에 대한 비난이나 비판을 하지 않고 대안적인 사고가 가능하다. 자녀 역시 주어진 상황 상황에서 최선을 다하여 극복하기 어려운 상황이라고 해도 도전하는 의식이 강하게 나타난다. 셋째, 긍정적인 언어로 훈련과 사고하는 사람은 자신감이 가져다주는 에너지를 주변 상황을 긍정적인 환경으로 변화하도록 하거나 실제보다 높을 가능성을 도전한다. 넷째, 긍정적인 언어를 사용하는 부모나 자녀에게 공통으로 긍정 정서가 느끼도록 하며 적응과 생존에 방향을 제시한다.

3) 칭찬과 격려하기

사람이 어떤 행동을 하는 것은 그 결과에 대하여 원하는 긍정적인 예측을 하므로 행동에 의한 결과를 바라고 행동하는 것이다. 행동하는 심리 내적 동기에 대하여 가치관을 정립하고 행동으로 옮긴다. 즉 목표를 달성하는 과정에 행동하는 심리 내적 동기가 있다. 심리 내적 동기는 사람 행동의 중요한 방향과 목표를 제시하고 행동의 수준과 강도를 결정하는 상태인 동시에 과정이다.

칭찬을 통한 심리 내적 동기 향상은 자녀가 일상에서의 활동을 성공적으로 수행하도록 한다. 내적 동기를 효율적으로 지속하는 방법이다. 부모가 자녀에게 칭찬하는 것은 자녀에게 심리 내적 동기를 불어넣어 주기 위하여 자녀와 주변 관련 목표와 대상을 높게 평가하고 인정하는 언어적 표현이다. 칭찬은 자녀의 행동 결과를 가치 있는 것으로 평가하여 언어적으로 강화하여 심리 내적 동기에 많은 영향을 미친다.

칭찬의 긍정적인 효과로 첫째, 부모의 언어 설득으로 자녀의 필요한 능력을 갖추고 있음을 확신하도록 하는 심리 내적 동기를 향상한다. 둘째, 자녀의 능력과 자율성을 충족하여 자녀가 심리 내적 동기화되도록 돕는다. 셋째, 긍정적 분위기를 조성하여 자녀가 자신을 좋게 느끼게 되므로 심리 내적 동기 향상에 효과적이다.

격려는 자기 자신을 믿고 있는 그대로 수용하여 개인의 행동을 긍정적인 방향으로 나아가도록 하는 기술이다. 어떤 행동을 통해 개인의 내적 세계와 외적 세계를 함께 끌어당겨 자극하고 동기화하는 역할을 하여 목표에 도달하게 하는 것이다.

격려는 대상자의 노력과 성취 과정을 강조하고 자신의 만족감과 수행을 인정하여 내재적 동기를 높이는 언어적 표현이다.

격려의 긍정적인 효과로 첫째, 자녀의 행위와 노력이 바람직한 방향으로 나아가게 하고, 목표를 뚜렷하게 한다. 둘째, 부모의 격려는 목표를 달성하는 과정에서 자신의 현재 위치를 파악한다. 현재 수준을 이해하여 스스로 수정할 기회와 나아가 주변인들에게도 사고와 행동을 경험하도록 한다. 셋째, 격려는 노력의 의미와 그것이 얼마나 가치 있는지 인식하여 긍정적 자아를 인식하도록 도와주며, 자존감, 자신감, 목적의식과 같은 개인이 가진 내적 장점을 발휘하도록 한다. 넷째, 부모가 자녀에게 과정 중심의 격려는 가족 구성원의 다양성을 존중하고 협력하도록 하는 유익한 언어이다.

칭찬을 부모가 자녀에게 사용하는 시기는 아주 사소한 활동이나 결과를 보여줄 때 사용하면 효과적이다. 예를 들어 부모의 시각에서 자녀의 능력을 생각하면 학업성적이 30% 이내는 가능할 것으로 예상했다. 자녀가 최선의 노력으로 70%이라는 결과가 나왔다면 많은 칭찬과 보상이 자녀가 학업을 더 충실이 하고 노력하면 충분하게 가능하겠다는 심리 내적 동기를 높이는데 작용하게 될 것이다.

격려는 목표에 중점을 두고 있지 않으며 활동하는 노력과 과정 자체에 관심을 두는 것이다. 즉 목표를 이룰 수 있다는 도전할 용기를 준다. 그래서 부모는 자녀가 도전할 심리 내적 동기가 낮은 자녀에게 동기를 부여할 수 있다.

부모는 자녀의 활동이나 목표를 보면서, 칭찬과 격려를 상황에 적절한 언어를 사용하는 연습과 훈련하여 사용할 필요가 있다.

그렇다면 부모가 자녀에게 칭찬과 격려를 해야 하는 시기는 언제가 적절할까요? 먼저 칭찬은 자녀가 성취하면 부모는 구체적으로 자녀가 성취하려고 노력했던 과정과 행동 및 결과에 대하여 칭찬을 하고 추가로 격려를 한다면 가능하고 발전된 성취목표를 설정할 수 있을 것이다. 그리고 부모-자녀가 대안적인 결과도 함께 공유하거나 토론하는 시간을 갖는다면 심리·정서적으로 수용 받고 있고 지지받는 느낌이 들게 될 것이다.

OO아 공부하기도 싫고 인터넷 게임을 하고 싶었을 텐데, 어려운 과정에서도 학원도 잘 다니면서 공부를 열심히 노력하는 모습이 참으로 아름답다. OO아 다른 일을 할 때도 너에게 주어진 것을 먼저하고 놀거나 인터넷 게임을 하면 네가 하고 싶어 하는 엔지니어가 될 수 있을 것이다.

자녀가 학업성적이 좋게 나왔던 것에 초점을 두지 않는다. 자녀가 놀고 싶고, 인터넷 게임을 하고 싶지만, 학원에서 성실하게 공부하는 결과를 칭찬한다. '그렇게 열심히 노력하는 습관이 계속되면 장래 꿈인 엔지니어가 될 수 있을 거다.'하며 격려를 한다.

격려는 자녀가 주어진 과제나 어려움을 극복하기 위해 많은 고민이 이어질 때 한다. 어떤 성취목표에 대하여 갈등하는 태도를 보일 때 한다. 결과를 예측하기 어려운 상황에서 선택하여 결정해야 할 때와 먼 미래에 방향과 자녀의 장점과 강점을 구체적으로 설명하면서 격려를 한다. 격려하게 되면 자녀는 원했던 결과가 아니어도 충분히 부모가 자녀를 수용하고 있음을 안다. 그래서 고민, 갈등, 결과에 대하여 수용하게 된다. 특히 격려는 결과에 초점이 아니라 과정에 있음을 알도록 한다.

OO아 네가 엔지니어가 되고 싶다고 했지! 너는 수학적인 두뇌를 가지고 있고, 주어진 일에 성실하게 처리하고, 특정 상황에서 네가 어떤 언어를 사용하여야 함을 알고 행동하여 대인관계도 원만하니까? 지금처럼 노력하면 충분하게 엔지니어가 될 거다. 부모인 우리는 너를 믿는다. 네가 최선의 노력을 하는 모습에 우리는 응원한다.

사람은 자신이 하는 일에 확신으로 생각하고 행동으로 옮긴다. 그러나 성장기에 있는 자녀는 자신이 하는 생각이나 행동이 원했던 결과를 얻으면 좋겠지만, 실제 원하는 결과가 나오지 않을 때를 생각하면서 고민, 갈등, 선택에 어려움을 호소한다. 그럴 때 부모는 자녀가 확신하고 생각과 행동하도록 하여 중요한 것은 결과에 상관없이 부모는 자녀를 지지하고 있음을 알린다.

4) 일치되고 일관된 양육과 태도

인간의 발달과 성장에서 가정환경이 가장 크게 영향을 미친다. 이 가정환경은 신체·심리·정서·환경적 요인으로 다양하게 구성된다. 크게 물리적인 부분과 심리적인 부분으로 균형적인 조화가 건강한 발달과 성장의 토대가 된다. 가정은 상호작용 관계로 부모는 원인적 요인으로 자녀는 결과적 요인이라 할 수 있다. 자녀는 부모의 보호와 양육으로 수동적 관계에서 성장하기 때문에 부모의 건강한 보호와 양육이 절실하게 요구된다. 자녀가 열악한 심리·정서·환경에서 발달과 성장이 이루어져도 사회에 긍정적 영향력을 미치는 예도 있다.

부모가 자녀를 양육하는 과정에서 일관되게 나타내는 태도와 행동이다. 이는 자녀의 신체·인지·정서적 발달에 영향을 미치고 행동 양식이 형성하도록 한다. 부모양육태도는 하나의 문화적 양식으로 부모가 자녀의 발달과 성장을 위해서 양육하고 훈육하는 태도이다. 자녀는 부모양육태도에 반응하는 심리·정서적 관계와 행동 양식이라 할 수 있다.

부모양육태도는 특히 자녀의 성격 형성에 크게 영향을 주고 부모의 가치관과 부-모 간 심리·정서적 분위기가 자녀의 자아 정체성, 자아존중감, 회복 탄력성, 심리, 정서, 행동, 인지발달에 큰 영향을 미친다.

부모양육태도는 자녀가 지각하는 주변의 환경을 주관적으로 지각하고 해석하여 부모양육태도를 이해한다. 자녀의 기질적인 특성과 심리·정서·환경적 특성은 부모가 자녀를 어떻게 양육하고 훈육했는가에 따라 다르게 나타난다. 그러므로 자녀가 부모양육태도를 어떻게 지각하고 있는가에 따라 자녀가 부정적으로 받아들일 수 있고 반대로 긍정적으로 받아들일 수 있다. 부모양육태도를 받아들일 때 자녀는 개인적 의미에 의해 받아들이므로 부모의 실제 태도와 자녀가 지각하는 부모양육태도는 일치하지 않을 수 있다. 다시 표현하면 자녀가 느끼는 부모양육태도가 중요하기 때문에 자녀의 의견을 확인하며 양육과 훈육이 이루어져야 한다.

먼저 부-모 간 일치된 양육이 필요하다. 자녀를 양육하고 훈육하는 과정에서 부-모 간 불일치한 양육은 아동기와 학령기까지 외형적으로 두드러지게 나타나지 않는다. 그러나 청소년기가 시작하는 시기부터는

부-모 간 불일치한 양육은 외형적으로 빈들거림, 반항, 일탈, 탈선, 비행 등으로 나타난다. 또 청소년기 및 이후에 불안, 우울, 강박, 소심, 사회적 위축 등으로 내적 상태로 성장하면서 자존감, 정체성, 자기효능감 형성에 부정적인 영향을 미친다.

부-모 간 일치된 양육을 하면 자녀는 학교생활, 대인관계, 미래를 위한 진로 등에서 안정적인 활동과 건강한 사회적 관계를 유지하게 한다.

자녀가 예전에 부-모의 일치되지 않은 양육과 비일관적인 양육 태도에 대하여 지적과 이유를 질문하는 예도 있다. 자녀가 부모에게 약속을 지키지 않았던 것을 지적할 때 부모는 부-모의 내·외적 상황이나 변명하지 않고 인정과 사과를 하여야 한다. 부-모가 자녀에게 변명하거나 상황 설명하는 것은 부모-자녀 관계에 도움을 주지 않는다. 그 이후로 부모는 비슷한 상황에서 반복해서 실수하지 않도록 해야 한다.

부-모가 자녀를 보호하고 양육과정에서 상황에 따라 일관된 언어와 행동을 해야 한다. 그래야 자녀는 가정에서 주어진 상황에 결정하고 행동으로 옮길 수 있을 것이다. 그런데 부-모가 상황에 따라 자주 말을 번복하거나 비(非)일관성으로 부모-자녀 관계에서 자녀는 부-모를 신뢰할 수 있는 사람이 아니라는 사고(思考)를 하게 될 것이다. 이렇게 자녀는 부-모의 비일관적인 양육으로 성장과 발달하였다면, 자녀는 세상을 바라보면서 어떤 결정을 해도 자신에게는 비난이나 탓으로 돌아올 것에 심리·정서·환경적인 혼란에 빠지게 된다.

자녀는 부-모 간 일치되고 일관적인 보호와 양육이 이루어질 때, 심리·정서·환경적 안정과 함께 학업 수행, 일상생활, 대인관계, 이성 관계 등에서 자신의 능력을 최대한 발휘 하도록 노력한다. 또 자신의 실수나 어려움에서 벗어나 대안적인 활동도 가능하다.

3. 예방과 지역사회 유관기관

서구 유럽 사회가 13세기부터 현재까지 일(iob)을 나누면서 사회복지라는 이름은 아니지만, 어떻게 이웃과 함께 살아야 하는지 고민했던 사회 변화를 한국 사회는 반세기 정도의 짧은 기간에 변화하여 왔다. 서구 유럽 사회가 변화하고 많은 고통을 공유하고 발전하였던 많은 분야를 한국 사회는 서구 유럽 사회보다 더욱 급속하고 많은 변화가 일어나고 있다.

20세기 말부터 현재까지 국제사회 및 한국 사회는 각종 지식 축적과 새로운 ICT 기술 및 과학기술로 다양한 국제 질서에 매우 빠르게 변화하고 있다. 이를 수용하고 적응하는 과정에서 국가와 지역사회를 비롯하여 개인은 적극적인 대처와 적응하기 위해 노력하고 있다. 이러한 국제사회 및 사회 환경의 변화에 적응하기 어려워하는 사회와 개인을 위한 지역사회의 여러 분야에서 역량 강화와 적응력을 강화가 절실하게 요구된다.

과학 및 기술적인 발전은 하루가 다르게 변화하여 공상과학 만화에서나 만날 수 있었던 상상의 세계가 현실에서 우주여행을 하고 가상세계를 여행하는 등 실생활에서 활용되고 있다.

현대사회는 대화나 의사소통이 필요하면 시간과 장소를 가리지 않고 누구와도 가능하다. 최근에 등장한 미디어기기는 다양한 방법과 기술로 의사 표현이 가능하다. 이렇듯 기술의 발전은 그 기술적 사용과 적응하고 대처하여 생활하기 위해 노력이 요구된다.

이렇게 많은 방법과 현대적 기술이 적용되어도 개인의 심리·정서·환경적 내면 깊이에 있는 고민이나 예민한 부분을 교류할 대상이 없어 외로움과 공허함으로 생활하는 사람이 있다. 이러한 개인과 부모의 아픔과 고통을 극복하기 위한 많은 지역자원이 요구된다.

한국 사회는 출산율의 저하와 고령화로 가정 해체가 급속하게 일어나고 있다. 부모 세대는 아침부터 밤늦게까지 일해야 하는 상황에 놓이고 자녀 세대는 심리·정서·환경적 교류 대상이 없다. 이러한 변화로 개인과 개인, 부모-자녀 간, 부-모 간 건강한 의사소통과 자기주장이 연습, 훈련, 적용, 확대하는 기회가 줄어들었다.

지역사회가 건강한 공동체를 형성 발전하기 위해서는 다양한 훈련과 자원으로 각 개인이 발달하고 성장하도록 하기 위해 노력해야 한다. 또 사회적 관심을 기울여 구체적이고 개별 맞춤형 프로그램을 제공하고 있다. 그래서 지역사회에서 제공하는 개인과 부모를 위한 대처능력 강화 프로그램과 기관을 소개하고자 한다.

1) 의사소통 훈련

의사소통은 자신의 의사를 누군가에게 전달하여 자신의 목적을 성취하는 역동적인 과정으로 개인이 개인이나 집단에 교환하는 것이다. 즉 개인이 타인에게 정보를 의미 있게 전달하는 것을 의사소통이라 할 수 있다.

우리나라의 의사소통은 개방적이며, 사적인 대화는 사회적으로나 법적으로 자유롭게 할 수 있다. 의사소통은 다양한 매체와 방법으로 가능한 시대에 살고 있다. 그러나 다양한 매체와 방법으로 의사 표현이 가능해도 개인 깊은 내면을 주고받으며 의사소통하는 가운데 서로가 공감과 격려 및 지지하며 교류할 심리·정서적 대상을 찾기 힘들고 어려움에 있다.

현대사회는 대화나 자유로운 의사소통이 제한은 받지 않지만, 정서적 교류를 원활하게 할 대상을 찾기 어렵다는 것이다.

의사소통으로 누군가와 심리·정서적 신뢰의 대상을 찾지 못하는 이유로 첫째, 부모의 심리적 부재에 의한 심리·정서적 교류를 경험하지 못한 의사소통이다. 둘째, 여러 가지 방법과 수많은 정보는 서로 주고받으나 그 정보가 경험이나 사실에 의한 것이 아니다. 다시 말해 다양한 경험과 검증되지 않은 정보가 있다. 셋째, 또래와 대인관계 및 사회적 관계에서 즉흥적인 쾌락을 추구하여 깊이 있는 사고의 어려움이다. 즉 깊이 있는 사고가 반영되지 않고 있다. 넷째, 개인 개인이 자신을 내면의 고민이나 정서적 교류에 의한 성공적인 경험이 없으며, 타인과 부정적인 정서 경험이다. 의사소통에서 인간 본연의 심리·정서적 교류가 진행되지 않아서 외롭고 공허함을 호소한다.

의사소통으로 표현되는 긍정적인 정서는 구성원의 자아존중감 발달에 좋은 영향을 주지만, 부정적인 정서는 열등감과 무가치하다고 느낄 수 있다. 역기능적 의사소통은 욕구불만의 증가와 부정적 감정을 누적하여 결국은 많은 정서적 갈등과 불안, 우울 증상이 발생하게 된다. 부모-자녀 의사소통에서 건강하고 친밀한 선행감정을 가지고 상호관계를 하게 되며 서로에게 믿음이 생긴다. 부모-자녀 간 '관점 전환'이 자연스럽게 진행되어 상대방 상황을 배려할 수 있고 의사 표현에 자기주장도 설득력 있게 할 수 있다.

부모와 자녀라는 관계적 특성에 따라 부모-자녀 의사소통은 양육과 관련되어 있다. 의사소통유형은 크게 개방적 의사소통유형과 역기능적 의

사소통유형으로 두 가지로 나누어 볼 수 있다. 개방적 의사소통은 부모와 자녀의 의사소통에서 자유롭게 사실이나 감정을 표현하는 의사소통을 말한다. 역기능적 의사소통은 주제 선택과 감정표현이 부모로부터 비난이나 부정적인 표현을 더 많이 경험하여 의사소통이 활발하게 이루어지지 않는 의사소통을 의미한다.

가족이 대화 시간이 많고 화목할수록 개방적인 의사소통을 많이 한다. 개방적 의사소통보다는 역기능 의사소통을 하는 가정은 부모-자녀 간 갈등과 정서적 갈등이 높다. 역기능적 의사소통에서 발생한 갈등을 기능적 의사소통으로 갈등이 풀리면 그 갈등에서 기능적 의사소통을 경험하여 다른 일반적인 관계에서도 갈등 해결 능력을 키우게 된다. 그래서 부모-자녀 간의 개방적 의사소통이 필요하다. 부모-자녀 대화 시간이 많고 화목할수록 개방적인 의사소통으로 서로의 정서적 교류가 증가하고 훈육 부분에서 부모-자녀 간의 욕구와 반응에 최선을 다하는 긍정적 의사소통이 진행된다.

부모는 일관된 태도와 안정적으로 자녀와 의사소통 관계를 유지하는 것이 중요하다. 천천히 기다려주면서 작은 변화에도 격려해 주는 마음가짐을 잃지 않고 지켜봐 주는 것이다. 자녀를 평가하지 않고 지지해주고 기다리고 있다는 것을 끊임없이 알려줄 필요가 있다. 이것을 언어뿐 아니라 다양한 비언어적 태도에서도 느낄 수 있도록 전달되어야 한다. 자녀가 부모에게 어떠한 말을 한다 해도 이를 수용과 존중하는 태도를 보이며 자녀가 긍정적인 말뿐 아니라 부정적인 말도 할 수 있을 분위기를 만들어 주어야 한다.

부모가 자녀와 마음을 터놓고 의사소통하여 자녀를 진정으로 이해하려는 노력만 보여도 자녀에게는 도움이 된다. 부모가 자녀를 믿어주려는 의지만 있어도 자신감과 자기에 대해 긍정적인 생각을 가질 수 있다. 이것은 다시 말해 부모-자녀 간의 건전한 의사소통을 통해서 이루어진다고

볼 수 있다. 외부활동이 활발하지 않은 사람과 부모의 의사소통에서 가장 중요한 것은 부모가 자녀와 서로 동등한 위치에서 자녀가 마음을 열도록 해야 한다는 것이다. 부모가 자녀를 수용과 공감하려는 노력을 보여주면 자녀는 심리·정서적 관계능력을 회복할 수 있게 된다. 부모-자녀 의사소통으로 모두 해결되는 것이 아닌 의사소통의 안전 기지를 부모-자녀 관계라고 할 수 있다.

자녀는 외부 세계와 인간적인 교류를 정서적 단절 상태로 일상생활을 한다. 그러나 자신들이 어떻게 이러한 상태에 이르게 되었는지는 알지 못한다. 사실 외부활동이 활발하지 않은 사람은 인간관계를 외면하고 있는 것이 아니고 오히려 이해가 잘 되는 서로를 강력하게 원하고 있다. 이들은 SNS를 통해 많은 친구 만들기를 하고 있다. 그러나 진짜 속마음을 거리낌 없이 털어놓을 수 있는 친구는 없다고 호소하고 있다.

외부활동에 활발하지 않은 사람은 이러한 허전함은 가족과의 의사소통으로 시작되어야 한다. 외부활동에 활발하지 않은 사람은 가족 간 의사소통의 부족이라는 악순환을 겪고 있다. 가족의 비아냥, 질타, 비난 등과 같은 부정적이고 일방적인 자극은 들리지 않는다. 가족은 자녀에게 지시와 강요해서는 안 된다. 우선은 별다른 의미가 없는 말이라도 하는 것이 좋다. '밥 먹어라.' 등과 같은 부담 없는 말이라도 좋다. 이런 관심 있는 말은 상태를 좋아지게 하고 또 신뢰 관계를 형성하는 데 큰 도움이 된다. 자녀가 무언가 이야기하려 할 때 자극하지 않고 경청하는 것이 신뢰를 쌓아가는 방법이다. 이러한 과정을 통해 자녀가 가족 간의 의사소통이 왜곡되어 있다는 사실을 먼저 인정하고 의사소통 방식을 재검토함으로써 이러한 악순환을 멈출 수 있다. 의사소통의 변화란 먼저 부모-자녀 간 관계에서 이루어져야 한다.

의사소통 훈련으로 만남과 대화의 장에서 성숙할 수 있으며 사람 각자를 알아보는 수단이며 인격이다. 사람은 자신의 힘으로 결코 인격체가 될 수 없고 타인과 관계를 유지함으로써 건강한 인격체가 형성된다. 사람은 성장이 멈추면 발전이 없듯이 대인관계에서 계속 성장하여야 하지만, 육체적인 성장은 진행되어도 사고와 감정은 멈춰버린 사람도 있다.

의사소통의 개선은 사람의 부정 감정에 연결된 긍정 감정을 깨달음으로써 부정 감정이 긍정 감정으로 새로운 가치관으로 변화와 성장을 이룰 수 있다.

2) 대인관계 훈련

사람은 대인관계 속에서 태어나고 성장 발달한다. 그러므로 사람의 삶은 여러 형태로 대인관계로 이루어져 있다. 상호 의존성과 협력 및 공존이라는 삶의 특성이므로 우리는 타인과 분리될 수 없다. 이러한 사람 간 상호관련성은 인간 존재의 본질적인 한 측면인 동시에 필연적인 사실이다. 타인과 밀접한 관계를 유지하고자 하는 욕구는 생존에 실질적인 영향력을 미친다. 사람은 다른 사람과 관계를 맺으며 살아가기 때문에 삶의 문제는 곧 대인관계의 문제로 도달한다. 대인관계는 기쁨과 행복의 원천이 되는 감정과 연결되기도 하며 때로는 고통과 불행을 주는 원천이 되기도 한다.

사람은 바람직한 성장과 발달을 위해서는 만족스럽고 효과적인 대인관계가 필요하다. 그리고 효과적인 대인관계가 이루어질 때 건강한 자아가 형성되고 건강한 발달할 뿐만 아니라 개인의 정체성과 건전한 인격도 발달한다. 이는 대인관계의 질과 양이 개인의 자아의식 형성에 지대한 영향을 미치기 때문이다. 자신이 닮아가고자 하는 사람이 없고 거부당하면 부정적인 대인관계를 경험하여 사회적 위축으로 불안하고 우울한 상황에 이른다. 긍정적인 대인관계의 경험을 위한 사회 기술 훈련이 필요하다. 대인관계의 특성상 사회적 기술이 낮은 사람에게 무조건적 긍정적 관심을 모든 사람에게 기대하기 어렵다.

사회 기술이 낮은 사람이 상대방과 의사 표현 영역에 들어가기 위해 대인관계에서 요구되는 최소한의 지식과 태도 및 기술의 습득을 위한 대인관계 훈련이 필요하다.

부모는 자녀가 원만하게 사회생활 하도록 대인관계를 습득하여 사회적 기술을 높이도록 해야 한다. 그렇게 하면 자존감을 느끼고 생활 현장에서 발생할 문제를 해결하기 위한 전인적인 인격 형성과 사회적 적응력에 관심과 보호 및 양육을 하여야 한다. 가정에서 교육은 자녀에게 자기 자신과 주위 세계를 잘 이해하여 현명한 선택과 적응하며 나아가 건전한 사회의 일원으로 성장 발달하도록 하는 조력 과정의 기능을 담당해야 할 것이다.

이러한 상황에서 가정은 자녀의 성장과 발달에 있어 중요한 환경이자 적응 유연성 증진을 개입의 장으로 자녀의 심리·정서·환경적 적응하여 사회적응력과 같은 발달 산물이다. 부모는 자녀와 대화를 통한 양육으로 자녀가 자발적인 사회 활동을 할 필요가 있다.

대인관계는 자기와 타인이 기본적으로 구성되며 바람직한 대인관계에서 개인의 심리·정서·환경적 상황을 상대방에 적절히 표현할 수 있다. 또한, 타인을 배려하여 타인으로부터 이해와 우호적인 피드백이 가능한 관계를 말한다.

대인관계에서 타인과 어울리는 데 불편함이 없으며 타인이 자신을 어떻게 볼 것인지에 대한 두려움이 없는 관계로 타인의 시선이나 비판에 지나치게 민감하지 않아야 한다. 자기 생각이나 욕구와 감정을 주장하지 않으며 자기 자신을 넘어 타인의 관심과 주장 및 정서까지 확장할 수 있는 심리·정서적 상태이다. 더불어 주변의 타인과 잘 어울리는 성격 특성 및 사회적 관계에서 주어진 상황에서 일어나는 상황이나 자신의 언어와 행동을 분석과 해석할 수 있는 능력이 요구된다. 대인관계의 측면에서는 자신의 특성과 타인의 이해 폭이 넓고 서로의 성장과 발전을 도모하며 진정으로 돕고 바라는 관계라고 할 수 있다. 다시 말해 바람직한 대인관계란 자신과 타인이 서로 깊은 관계를 유지하면서도 자신의 정체성과 독립성이 보장되는 관계라 할 수 있다.

따라서 바람직한 관계는 자신과 타인이 서로 수용과 존중하는 관계로서 그 관계가 자신과 타인이 개별이면서 서로 이해하고 성장을 지원하는 관계라고 할 수 있다. 바꾸어 말하면 바람직한 대인관계란 서로의 생각과 행동을 방해나 억압이 없는 서로 아끼고 지원하는 관계일 것이다.

학업 및 직업적인 관계에서 부적응적인 형태는 사회적 기술이 낮아 따돌림당하고 소외당하거나 생각과 감정을 조절하지 못하여 반목이 발생한다. 그러면 대인관계에서 정체성을 잃고 다른 사람에게 지나치게 의존하여 타인에 대하여 인격을 수용과 존중을 하지 못하고 자신의 통제 속에 두려는 경우이다. 또 대인관계에서 타인을 경시하여 타인과 잘 사귀지 못하여 타인으로부터 고립된 경우이다.

대인관계 훈련의 기본요소는 자기, 타인, 공감적, 의사소통, 특정 상황에 대한 이해와 상황에 맞는 언어사용과 활동으로 이루어졌다. 이러한 기본요소는 각 요소가 독립적으로 작용하는 것이 아니라 서로 역동적, 상호작용, 보완적인 형태로 작용하여 외현화로 자신과 타인에게 나타난다.

대인관계 훈련은 기본요소를 중심으로 특정 상황에서 생각과 행동을 표현하고 상대의 반응에 재 반응이라는 연습과 훈련을 한다.

3) 감정조절 훈련

감정표현은 출생 후 최초로 나타나는 몇 가지 안 되는 정서작용의 하나이다. 그 자체는 좋은 것도 나쁜 것도 아닌 인간의 기본 정서이다. 사춘기가 시작되는 청소년기는 전인격적으로 급격한 변화를 겪는 시기이다. 이러한 변화는 미래의 학업과 직업을 준비하고 건강하고 적응적이고 건강한 사람으로 활동하기 위해 필요하다.

감정이라 하면 다양한 감정을 포함하고 있다. 감정은 자신이나 타인에게 영향력이 있다. 우리가 관심을 두는 것은 분노이다. 분노를 부정적으로 인식하는 것은 그 자체를 이해하기보다 분노 표현 행동과 동일시하기 때문이다. 분노란 신체적 불만, 좌절 혹은 인지적인 기대가 충족되지 않을 때 혈압상승 및 심장 박동의 증가 등의 생리학적 변화를 수반하여 운동적 혹은 언어적으로 표현될 수 있는 미미한 짜증, 좌절감, 분노, 격분까지의 비교적 강한 강도를 지니는 불쾌한 내적 경험 상태라고 할 수 있다.

분노는 일반적으로 적대감이나 공격성보다 기본적인 개념으로 정서적 측면을 강조한다. 분노는 대개 약간의 화난 정도에서 격노, 격분까지 다양한 정도의 느낌이며, 자율신경계의 각성을 동반한 상태를 의미한다. 적대감은 공격적이고 원한에 찬 행동을 유발하는 느낌과 태도를 포함하는 복합적인 측면이다. 분노는 자신의 생존을 위한 자기방어적인 반응으로 개인의 생리·인지·행동·환경적 영역들과의 상호작용을 통해 발생하는 사람과 사람 간 정서이다. 그리고 개인에 따라 강도, 빈도, 지속기간이 다르고 어떤 형태로든지 특성이 있는 복합적이고 다차원적 개념이다.

심리·정서·환경적 부적응은 적대적인 태도와 반추이며 분노를 억압하거나 분노를 표출하는 통제실패가 부적응의 핵심이라 할 수 있다. 특히 분노 감정은 주위 사람들에게 수용되지 못하며 부정적인 평가를 받아 내재화 증상인 불안이 높아진다. 즉 분노에 관한 생각이 많아 분노를 자제하지 못하면 사회적 지지가 낮아지는 조건에서 부적응 행동이 더욱 증가함을 의미한다. 자신의 사고와 행동을 통해 적대적인 환경을 만들고, 이러한 적대적인 환경은 다시 그 사람의 적대감과 분노 경험 및 공격적 행동을 강화하게 된다.

분노는 공격과 보복하고자 하는 충동을 수반한 내적·자동적인 반응이며 다차원적인 특성이다. 반면 공격성은 분노를 동시에 수반하는 경우가 많으나 타인에게 신체적 또는 심리적 손상을 끼치려는 의도를 갖는 행동 혹은 그 동기라고 할 수 있다.

분노는 생리적 반응인 정서적 상태의 '경험'과 화가 난 느낌과 개인의 대응 방식인 '표현'으로 구분한다. 그리고 누구나 분노를 경험하는 것은 동일하다. 그러나 분노 표현방식은 사람마다 다르게 나타날 수 있다. 분노를 경험하는 것과 분노를 표현하는 것은 구분될 필요가 있다. 분노는 언어, 표정, 행동으로 다양하게 표현이 된다. 말없이 무표정한 표정만 짓는 것에서부터 폭력이 시작되어 살인에 이르기까지 그 유형은 아주 다양하다.

적절한 분노 표현과 억제는 사람이 생활하는 데 있어 필수적인 행동이며 정신건강을 위해 도움이 된다. 하지만 지나친 분노 표현이나 억제는 신체적 정신적 건강과 부적 상관을 보인다. 타인의 부정적인 행동에 대한 분노 표현은 앞으로 있게 될 타인의 부정적 행동에 주는 부정적 피드백이 되어 그 발생 횟수를 줄일 수 있다. 결과적으로 관계를 개선할 수 있다는 측면은 분노 표현의 순기능적 면이다. 이는 분노 표현이 역기능적 의사표현으로 알려져 있는데 순기능으로 작용도 있음을 의미한다. 부적절한 분노 표현은 다양한 측면에서 부정적인 영향을 미칠 수 있고 부적절한 분노 표현이라 할 수 있다. 즉 역기능적 분노 표현은 다양한 심리적이고 신체적 증상과 대인관계에 부정적인 영향을 미치는 것으로 알려져 있다.

자신의 방이나 집에서 활동하는 사람은 성장 과정이나 외부에서는 온화하고 착한 사람으로 알려진 경우가 많다. 그러나 외부에서의 행동과는 달리 집 안에서는 가족에게 폭력을 행사하고 물건을 파손하는 가정 폭력을 행사한다. 가정 폭력이 발생하는 조건을 좀 더 살펴보면, 가족관계가 너무 폐쇄적이어서 가족 외의 구성원이 가족의 상황에 합류하는 것이 인정되지 않을 경향성이 있다.

이들이 가정환경 내에서 퇴행이라는 유아적 행동을 보이며 가정 폭력이 발생한다. 이들이 고립 상태에 오래 있게 되면 불안감이나 초조감으로 인해 가족에게 욕설과 물품 파괴로 이어지고 심한 경우 가족을 구타하는 등 폭력을 행사한다. 이들은 분노라는 정서를 마음 깊이 담아두었다가 폭력이라는 행동으로 분노 표출을 하는 것이다.

가정 내에서 폭력이라는 분노 표출을 하는 이들을 살펴보자. 부모에게서 심한 질책을 받은 것을 마음에 담아 두는 경우이다. 또 학교에서 또래로부터 따돌림과 폭력을 당한 것을 부모가 전혀 알아채지 못하여 관심을 주지 않게 되면 부모에게 심한 분노 감정이 있다가 나중에 이를 핑계 삼아 부모에 폭력을 행사하기도 한다.

사회적으로 위축된 이들은 관계를 인지하고 파악하는 능력이 상대적으로 부족하다. 이들의 행동 특성은 언어적·신체적 공격 수위가 높고 규칙이나 규율을 잘 지키지 못한다. 또래 활동을 방해하는 등 전반적인 공격

성향을 보인다. 갈등이나 사회적 문제에 해결 능력이 약하고 상호작용과 긍정적 행동 등의 발달 정도도 낮다. 또한, 주어진 상황에 맞도록 자신의 분노 표현을 적절하게 조절하지 못하여 분노 표현을 과격하게 하거나 분노 억제로 의기소침하다.

자신의 방이나 집에서 활동하는 사람은 분노 감정이 있는 상황에서 역기능적 표현인 분노 억제로 현실을 유지하고 있다가 억제되는 분노 감정을 자극하는 특정 상황에 이르게 되면 언어·신체적 폭력으로 분노 표출이 일으킨다. 분노라는 감정이 발생하여 타인에게 피해를 주지 않고 건강하게 분노 표현이 이루어지도록 대안 제시(종이 찢기, 소리 지르기, 운동하기, 노래 부르기 등)로 건강한 분노 표현이 진행될 수 있도록 훈련하여야 한다.

4) 자기주장 훈련

자기주장은 의사소통 과정에서 자신의 권리, 요구, 의견, 생각, 느낌 등 자신이 주장하거나 나타내는 것을 솔직하면서 있는 그대로 나타낼 수 있어야 한다. 그러면서도 타인의 권리나 주장을 침해하거나 타인을 불쾌하게 하지 않는 범위에서 자기주장을 하여야 한다. 이는 전달 내용에 따라 상대를 불편하고 마음 상하게 할 수 있는 부분을 상황을 보면서 주저

하라는 것이 아니라 상대의 마음을 상하게 하지 않도록 전달하는 태도이다. 자기주장은 유쾌한 상황에서뿐 아니라 갈등상황에서 타인의 권리를 침해하거나 상대방을 불쾌하지 않고 자신을 나타내야 하므로 상황에 따라 자기주장의 내용이 달라진다. 타인의 감정을 존중하면서 자신의 의사전달을 통하여 갈등의 요소를 줄이고 긍정적인 대인관계를 가질 수 있는 것이 중요하다. 이 학습된 행동으로 의사소통에서 대인관계에 밀접한 관련이 있으며 자기주장은 연습과 훈련으로 자기주장을 증가시키고 자기주장 행동을 촉진한다.

일상적이고 피상적인 의사소통과 대인관계는 시간과 장소에 구애받지 않고 이루어진다. 우리 사회는 안전하고 그 누구와도 대화나 의사소통이 가능하며 정서적인 교류가 진행된다. 그러나 한국 사회는 급변하여 심리·정서적 교류가 어려우며, 대인관계에서 피상적인 대화로 상호이해와 협력이 원활하지 이루어지지 어려운 사회로 변화하고 있다. 우리는 사회 전반에 심리·정서적 교육과 연습 및 훈련이 진행되는 경우는 찾아보기 힘들다. 부모를 비롯하여 자녀 세대까지 자기 의사 표현, 의사소통, 대인관계에서 정서불안으로 친밀하고 원만한 관계 형성에 불편함을 호소한다.

자신의 의견과 생각을 있는 그대로 솔직하게 표현하면서 자기주장으로 개인을 포함한 상대방, 사회를 위해 건강한 방법으로 진행되어야 한다.

자기주장 훈련의 필요성은 첫째, 개인의 능력을 개발하고 효율적이며 행복한 생활을 하려면, 성격적으로 또는 정신적으로 건강한 사람도 자기주장을 제약받지 않아야 한다. 또 개인이 자기 성장과 자기계발을 위해서 해야 한다. 둘째, 자기의 주장과 생각을 자발적이며 솔직하게 표현하지 않는다면 정신건강에 악영향으로 나타난다. 행복한 생활을 위해서는 각자가 자신의 주장과 생각을 있는 그대로 표현할 수 있도록 해야 한다.

셋째, 자기주장을 하지 못하는 사람은 심한 정신적 또는 성격적으로 어려움이 있다고 본다. 자기주장의 억제는 모든 고민과 갈등의 원천으로 보기 때문이다.

자기주장 훈련은 대인관계에서 생각이나 정서를 건강한 방식으로 표현하도록 하여 비합리적 사고를 변화하거나 부적절한 정서와 반응을 변화하도록 한다. 부적절한 행동을 수정하여 적극적이고 생산적인 대인관계와 사회적 적응을 증진하도록 한다. 즉 대인관계에서 느꼈던 소외감, 피해 의식, 불안, 공포, 외로움 등을 건강하게 표현하는 방법과 기술을 익히도록 한다. 자기주장 훈련은 어떤 방법으로 해야 한다는 일정한 방식은 없다. 주로 사용하는 방식으로는 지시, 역할연기, 행동 제언, 시범, 강화, 귀환 반응 등이 있다.

자기주장이 상대방의 감정이나 입장을 고려하지 않고 자기의 사상과 입장을 계속해서 고집하는 것이 아닌, 자기를 내세우되 상대방의 인격과 권리를 동시에 존중해주는 것이다. 이렇게 표현함으로써 자기주장을 하는 사람은 불안이 없이 자기의 의사 및 감정을 소통하게 된다. '자기의 생각과 감정'이 중요하고 자기를 표현하는 능력, 표현의 대상, 표현 내용 등에 있어서 유연함과 다양함으로 이루어져야 한다. 우리에게 수용하고 받아들일 것을 요구하고 있기에 새로운 내적 가치관의 정립과 수용이 절실히 필요하다.

5) 부모 자조 모임

자조(Self-help)는 시민이나 지역민들이 연대와 상호를 기본으로 사회에 참여하는 특별한 형태의 자발적이고 조직적 활동이다. 정신적, 신체적 질환과 사회적 혹은 경제적 어려움에 대한 예방이자 더 나은 해결을 돕는 대상자들의 모든 개인적이고 집단적인 행동 양식을 포함한다고 할 수 있다. 이러한 의미에서 자조 모임은 '신체적, 심리적, 정서적, 정신적 또는 사회적 문제의 공동 해결을 위한 활동을 지향하는 사람들의 자유롭고 자발적인 활동'이라 할 수 있다. 이러한 자조 모임은 그 활동에서 경제적 이득을 취하지 않으며 개인의 생활환경 변화와 더불어 사회적 환경의 변화를 목적으로 한다.

정기적인 자조 모임 활동은 신뢰성, 평등, 자발성, 공동의 담화, 상호부조를 강조한다. 자조 모임의 활동 목적이 대외적이 아닌 모임 내 회원들에게 맞춰질 때는 일반적인 다른 모임 형태와 구분된다. 또한, 자조 모임은 전문가에 의해 주도되지 않으며 많은 자조 모임은 상황에 따라 전문가의 구체적인 도움을 요청하기도 한다.

자조 모임은 대상자 주의, 자발성, 공동의 문제, 비전문적인 모임, 구성원 간의 상호호혜적인 관계이다. 다음과 같은 목적과 기능이 있다.

첫째, 자조 모임에서 자신이 직면한 상황과 조건 등이 다양하며 풍부한 정보를 공유할 수 있다. 문제나 상황 자체에 대하여 다른 구성원이 경험한 다양한 정보를 얻을 수 있다. 어디에서 어떤 서비스를 어떤 방법으로 이용할 수 있는가에 대한 정보도 얻을 수 있다. 또한 어떤 전문가로부터 어떤 도움을 받을 수 있는가도 포함된다. 이러한 정보 대다수는 전문가들이 제공하는 정보와 중복되지 않고 다른 사람들이 어떻게 문제와 직면하고 새로운 생각과 전략으로 대응하는지 접할 수 있게 해준다. 또한 정보의 제시 시기나 양에 따라 자조 집단에 참여한 사람들이 활동을 점진적으로 확장해 나갈 수도 있다.

둘째, 자조 모임에서 참여자는 친밀감을 느끼고 전문가가 제공하기 어려운 동료애와 긍정적인 견해를 통해 심리·정서적 공감과 격려 및 지지를 받을 수 있다. 공통적인 경험과 상황에 대한 상호 공감적인 이해를 바탕으로 한 동료의 지지는 특별한 감정을 경험하는 기회가 되며 일상의 자조 모임에서 표현되는 인정과 칭찬은 참여자의 자아존중감을 증진하고 새로운 힘을 받기도 한다. 모임 안에서 평등한 관계는 상호 간의 개인적인 친밀성을 높이기 때문에 집단에서 이루어지는 상호 공감과 격려 및 지지의 효과는 전문적인 관계에서 이루어지는 지지보다도 더욱 효과가 큰 것이다.

셋째, 자조 모임 내에서 개인은 다양한 경험을 통해 적극적인 활동에 연관되도록 자극을 받을 수 있다. 자조 모임의 적극적인 활동은 다른 사람에게 격려와 지지할 힘을 만들고 자조 모임의 조직으로 확장되어 나가기도 한다. 자조 모임 경험을 통하여 성장을 경험한 사람은 자신의 권리를 옹호하는 활동을 한다. 또 동시에 비슷한 상황에 있는 다른 사람의 권익에 활동은 같은 상황에 있는 사람에 대한 대등한 입장에서의 적극적인 활동이기 때문에 보다 효과적일 수 있다.

현대사회는 경쟁 중심의 개인주의, 목표 지상주의 가족 지지체계의 기능 약화로 인해 개인의 심리·정서적 부담이 가중되고 있다. 부모 자조 모임은 개인의 힘으로 대처하기 어려운 신체·경제·사회·심리·정신·환경적 문제에 국가적인 지원체제가 제대로 작동하지 않아 대상자들이 공동으로 대처하고자 하는 자조 모임이 활성화되고 있다.

알코올중독자 가족 자조 모임, 단주회, 단도박회에서부터 (만성)질환자, 장애인, 노동자, 여성 등의 사회적, 법적 지위 향상을 도모하기 위한 다양한 모임 및 단체 등에 이르기까지 자조 모임 운동과 그 집단화 영역은 매우 다양하고 광범위하다.

부모 자조 모임이 중요한 것은 공통의 어려움으로 고민하는 사람이 나뿐만 아니라 많은 사람이 있다는 것을 알게 된다. 고립 생활하고 있는 상황에 대하여 가장 고통스럽고 힘들어하는 것은 대상자이다. 그러나 가족도 역시 심한 심리·정서·환경적 고통으로 어려워하고 있다. 부모 자조 모임을 통해 부모의 감정이 한결 가벼워지는 변화가 있으면 가정에 분위기도 크게 변화가 생긴다. 부모도 이전까지 이웃이나 주변과 폐쇄적이고 불안정한 감정이 변화를 일으켜 작은 고립 생활하기 시작한다.

부모 자조 모임에 참석하여 부모 자신도 모임에 받아들여지는 느낌을 받으면 그 효과는 대단히 크다. 객관적으로 고립이라는 상황을 바라보면서 가정의 분위기는 좋은 방향으로 변화한다. 특히 부모가 자녀에게만 사로잡혀 있지 않고 부모 자신의 삶을 풍요롭고 여유롭게 하는 데 도움을 받게 된다.

자조 모임이 효과적인 적응지원체계로써 정보교류, 대인관계 지지, 정체감 형성, 안전감, 인격적 변화, 능력 고취, 공동의 발전과 같은 자조 모임이 가지는 중요한 기능 때문이라고 할 수 있다. 자조 모임을 통해 함께 자녀를 양육하면서 서로의 어려움을 공유하게 되고 양육에 대한 정보 및 대처 방법과 기술 등을 습득할 수 있다. 자조 모임에 참여한 부모는 이렇게 자녀의 양육에 대한 정보를 얻고 활동을 계획하고 진행하면서 자신의 능력에 대한 자신감을 획득할 수 있게 되고 자신의 자녀를 새롭게 바라보게 되면서 역량을 강화할 수 있었다는 것을 알 수 있다.

6) 지역사회 유관 기관

개인의 심리·정서·환경적인 어려움을 가족이나 또래 관계에서 해소한다. 또 새로운 삶을 영위하기 위해서는 대인관계 기술과 사회적 기술 및 직업을 유지하기 위한 전문지식 등은 자신과 타인과 관계에서 드러나는 것이다. 또 개인 내적으로 준비하고 형성되어야 할 자아존중감, 자기효능감, 자아 정체성이 건강하게 확립이 필요하다.

한국 사회가 의식주 해결이 어려웠던 1980년 이전에는 자신의 방이나 집에서 고립하여 활동하는 사람이 발견하기 어려웠다. 그런데 경제가 발전하여 물질의 풍요로워지고 사회보장제도가 확대되면서 의식주가 개인이 노력하지 않아도 부모가 공급하거나 공공서비스에 가까운 지원이 이루어지면서 자신의 방이나 집에서 외부활동을 하지 않아도 생존에 위협을 느끼지 않는 사람이 나타났다. 이런 측면에서 본다면 고립 생활하는 사람은 생존을 위한 의식주가 충분히 공급되고 자신이 의식주를 해결하지 않아도 생존의 위협을 받지 않기 때문에 나타나는 사회적 현상 중 하나이다.

자신의 방이나 집에서 외부활동이 예상되는 사람이나 가족이 지역사회 자원을 활용 가능한 여러 기관을 소개하려고 한다.

첫째, 전 연령 누구나 이용 가능한 행정복지센터, 지자체에 설치된 건강가정·다문화가족지원센터, 정신건강복지센터, 중독센터, 도박 문제관리센터, 스마트 쉼 센터 등 일반적인 어려움이나 가족이 어려움 가운데 있다면 주변에 지역사회 유관기관에 문을 두드리면 작은 실마리를 찾는 기관이 될 수 있을 것이다.

둘째, 나이가 18세부터 34세까지 청년은 청년센터에서 일자리 경험, 사업장 발굴, 상담소, 해외 마을로 간다. 도전기 등 청년이라는 한계를 벗어나기 어려웠던 현실에 청년이 할 수 있는 많은 활동을 지원하고 있다. 물론 청년과 관련된 정책을 개발, 홍보, 자립을 위한 지원을 하고 있다.

청년과 관련하여 청년재단, 서울시 청년 팀 등 전국적으로 단일하게 추진하는 센터는 없다. 그러나 국가와 지자체마다 청년을 위한 기관이 설립되고 있고 2019년 말에 청년기본법이 제정되어 여러 영역에서 관심이 고조되고 있다.

셋째, 나이가 9세부터 24세까지 청소년을 대상으로 진행하는 기관으로 각 지자체에 설치된 광역시·도 청소년상담복지센터와 시·군·구 청소년상담복지센터가 있다. 이 센터에서 하는 다양한 사업 중에 간략하게 소개하면 개인 상담, 전화상담, 심리검사, 부모 상담, 부모교육, 인터넷과 스마트 폰 과의존 상담, 또래 상담, 진로프로그램, 청소년동반자 프로그램 등이 있다. 청소년 및 관련된 가족, 학교, 기관 등을 방문하여 상담이 진행된다.

특히 청소년동반자 프로그램은 사례에 따라 심리상담사가 청소년의 가정이나 학교로 찾아가서 진행되는 상담프로그램이다. 전국 어디에서나 24시간 연결하며 전화번호 1388로 연결된다.

지역사회와 관련 유관기관은 누구나 이용할 수 있다. 비용을 거의 지급하지 않아도 가능하며 비용이 들어간다고 해도 최소한의 실비이다.

부록

부록

1. 가정방문 상담 프로그램 구성과 진행

가정방문 상담 프로그램은 고립 생활하는 사람 상담과 부모(주 양육자)를 대상으로 부모 상담의 형태로 각각 진행된다. 대상자를 상담하기 전에 부모 상담으로 대상자의 강점과 장점을 최대한 탐색과 대상자를 만나게 되면 주의할 점, 특성을 탐색하여 상담을 준비한다. 부모가 대상자에 대해 생각하지 않았던 강점과 장점을 탐색하여 부모로부터 공유한다.

대상자와 심리상담이 진행하기 위하여 부모로부터 확인한 대상자의 장점과 강점을 상담 관계 형성에 적극적으로 표현하고, 대상자가 자각할 수 있도록 한다. 대상자가 '나도 잘하는 부분이 있네!!' 하면서 상담 관계 형성과정에 칭찬과 지지로 상담에 참여하도록 한다.

대상자와 부모 각각 개별 상담을 진행하다가 4회기와 5회기는 고립 생활하는 사람과 부모가 함께 참여하는 상담으로 구성되어 있다. 고립 생활하는 사람과 부모 상담을 4, 5회기에 함께 진행한 이유는 부모-자녀 간 상호 의사소통, 언어사용, 힘의 균형, 반응, 양육 태도 등 많은 정보를 탐색 기회를 찾고자 하기 때문이다. 고립 생활하는 사람 특성상 집단 형성 자체가 어렵고 상담에 참여하려는 의지도 낮은 상황이기에 집단상담보다 효과적인 프로그램을 위해서 개인 상담, 가족 상담 형태로 구성하였다.

고립 생활하는 사람이 생활하는 개인은 가정에서 고립하여 외부활동을 하지 않는 생활을 하고 있다. 그 가정의 내면을 들여다보면 가족 또한 자녀가 어려워하는 것과 같지는 않아도 다양한 고통 속에서 생활하고 있기에 가족관계의 재구성을 통해 대상자가 변화하도록 해야 한다.

개인 상담

먼저 개인 상담 프로그램에서는 고립 생활하는 사람에게 영향을 주는 개인 변인과 부모 변인을 중심으로 구성하였다. 세대별 발달과업인 학업과 미래 직업 및 자립 생활에 기본적인 방향을 제공한다. 개인과 가족의 정서적 유대, 가족 의사소통, 분노 감정 표현, 인지 재구조화가 필요하다. 그래서 이 요인들이 대상자의 학업과 미래 직업 및 자립 생활과 관계가 있다고 설정하여 프로그램을 구성하였다.

구체적인 구성 방향으로 대상자 개인은 1회기: 상담 관계 형성 및 들어가기, 2회기: 자기감정 인식하고 표현하기, 3회기: 장점 탐색과 미래의 직업 탐색, 4회기: 부모에게 하고 싶은 말과 감정 표현, 5회기: 자녀-부모가 각각의 의사 표현과 서로의 입장을 수용하기, 6회기: 나와 타인의 생각이 다르다, 7회기: 나의 관점에서 다양성의 관점으로 변화하기, 8회기: 미래의 나를 그려보고 현실적인 선택 등의 내용으로 1회기 50분씩 8회기로 구성하였다.

부모-자녀 관계에서 대상자뿐 아니라 부모 역시 일방적 의사소통이나 양육 태도를 보이는 경우가 많았기 때문에 4, 5회기는 부모와 대상자가 함께 상담에 참여하면서 서로의 감정, 생각, 느낌, 원하는 것이 무엇이었는지를 알아가는 회기이다. 심리상담사는 부모-자녀 관계에서 상호 역동, 힘의 균형, 부정적 정서, 의사소통 등 드러나 있지 않은 부분을 탐색하여 다음 회기에 적용한다.

고립 생활하는 사람이 자신의 방에서 거실로 활동공간을 확대하기 위한 구성요소는 자기 인식과 강점과 장점 탐색이다. 주로 자신의 방에서 활동에 대한 자기 인식과 강점 및 장점을 탐색하여 외부활동에 어려움을 사고하고, 대안 탐색으로 구성하였다. 대상자가 자신의 방에서 거실로 활동공간을 확대하기 위한 구성요소에서 분노 감정 표현이다. 특히 주 양육자인 부모에게 표현하기 연습과 훈련으로 분노 감정을 표현하여 감정정화, 가족 의사소통 연습과 훈련 으로 구성하였다. 인지 부조화와 인지 왜곡을 보이는 대상자의 인지 재구조화를 위해 가족과 의사소통하기, 타인의 입장, 확신하는 정도로 구성하였다. 미래 직업 생각하기의 구성요소는 자기 효능감 향상, 강점과 장점 탐색, 가족의 정서적 지지로 구성하였다.

대상자의 자기 인식, 강점과 장점 프로그램의 세부적 요소는 목표에 따라 각각의 구성요소와 주제에 맞는 활동으로 구성하였다. 대상자들은 가족이나 부모의 요구로 비자발적인 상황으로 상담에 참여한다. 상담 장면에서는 비자발적인 태도와 자신의 의지가 약하여 상담 진행에 있어 상담 반응 정도가 낮고 불명확한 의사 표현으로 회기별 상담목표를 최소한으로 하였다.

프로그램의 단계는 시작(1회기), 준비(2, 3회기), 작업(4~7회기), 종결(8회기)로 구성하였으며 상담 시작을 위해 들어가기 1회기는 상담 관계 형성, 목표설정, 준비단계 2, 3회기는 감정 인식과 표현하기, 장점과 미래의 직업 탐색과 긍정적 자원이 있음을 인지하기, 작업단계 4~7회기는 대상자가 심리·정서·환경적 여러 방면에서 부정적 감정을 부모에게 표현하여 감정정화와 인지 재구조화 작업, 종결단계 8회기는 상담 진행 과정을 돌아보고 미래 10년의 모습을 그려보면서 격려와 지지로 마친다. 8회기 동안 다음과 같은 내용으로 개인 상담 프로그램을 진행한다.

1) 1회기: 들어가기

'나는 누구인가?' '다른 사람이 보는 나', '내가 보는 나' 등을 탐색하는 자기 탐험과 자신의 장점을 선택하는 활동과 최근에 관심 있는 분야를 기록하도록 한다. 대상자가 자신이 누구인지 탐색하는 과정에서 '자신이 누구인지?' 표현할 때 그런 생각을 하게 되었던 이유와 그리고 대안은 없는가? 확인한다. 또 다른 사람이 자신을 볼 때 어떤 표현을 할 것인지 예상하고 긍정적이고 변화된 모습을 생각하도록 한다. 대인관계에서 좋은 관계를 유지하는 이유와 불편한 관계에 있는 사람과의 차이를 탐색한다.

심리상담사는 대상자가 자기 탐색 활동지의 구체적인 질문과 적극적인 경청과 공감으로 상담 관계를 형성하는 데 집중한다.

2) 2회기: 감정 인식하고 표현하기

부모, 형제, 가족, 친구 및 대인관계 여러 상황에서 느끼는 다양한 감정들을 탐색하고 표현하여 자신의 감정을 인식하고 수용한다. 은둔을 촉발하였던 계기를 탐색하고 부모 반응점검으로 공감과 격려를 한다. 난화 그리기와 내 스토리 만들기로 자신의 마음에는 있지만 잘 표현하지 않는 부분을 탐색한다.

심리상담사는 대상자가 표현하는 감정, 고립 촉발요인과 부모 반응점검, 난화 그리기에서 나타난 마음을 읽어주고 외롭고, 누구에게도 말하지 못하고 힘들었던 부분을 공감해주고 격려와 지지를 한다.

3) 3회기: 나의 장점 탐색과 미래의 직업 탐색

대상자는 자기 효능감이 낮고, 잘하는 것이나 강점이 없다고 생각하고, 미래에 희망이 없다고 생각하는 경향이 있다. 활동지에 제시한 놀이와 주어진 영상을 보면서 자신이 생각하거나 관심이 있는 분야, 즐거운 경험이 있었던 놀이, 즐겁게 활동하거나, 잘하는 활동, 불편함이 없는 활동 등을 탐색하면서 강점과 장점을 탐색한다. 즐겁게 활동하거나 강점과 장점을 탐색하여 미래의 직업과 연결하는 활동을 한다.

자신의 방이나 집에서 활동하고 외부활동을 하지 않는 고립 생활하는 사람의 여러 가지 특성 중 자신의 미래에 희망이 없다고 생각한다. 또 미래에 잘 되지 못할 것이라고 부정적으로 생각한다. 아무리 노력해도 자신의 장래는 어두울 것이라는 등 미래에 대한 희망감이 매우 낮다. 즉 무망감이 크다. 그래서 심리상담사는 대상자의 강점, 장점, 즐겁게 활동할 수 있는 것을 탐색하고, 그 결과를 미래의 직업과 연결하여 다양한 직업군을 안내하고 선택하도록 한다. 특히 대상자가 자신의 미래를 생각하면서 마음속 깊이 있는 '꿈은 이루어진다!!!'와 '나의 꿈!!! 그려보기' 활동을 하여 다시 도전할 수 있는 희망을 품도록 한다.

4) 4회기: 부모에게 하고 싶은 말과 감정 표현

대상자와 부모가 함께 참여하는 회기이다. 대상자와 부모에게 개별적으로 정보를 파악하거나 수집했던 활동을 자녀-부모가 함께 동적 가족화 그림 그리기로 부모-자녀 관계, 가족 역동, 힘, 역할, 의사소통, 양육 관계를 탐색하는 활동을 하게 된다.

부모-자녀 관계에서 심리·정서적 교류가 진행되었다가 단절이라는 과정을 지나면서 고립상태에서 자녀는 자신의 견해와 입장만을 부모에게 전달했었다. 부모 역시 자녀의 의사를 존중하거나 수용하는 태도로 양육하거나 훈육하지 않으면서 그동안 부모-자녀 간 건강한 의사소통보다는 일방적인 의사소통으로 대상자의 마음 깊은 곳에 부정적인 감정과 정서를 남긴 것은 없는지 살펴보는 시간을 갖는다. 구체적인 상황에서 대상자가 느끼는 생각, 감정, 사실, 결과를 표현하도록 하고 상담 장면에서 대상자의 감정을 충분히 공감과 수용으로 내면 깊은 곳에 남아 있는 정서를 표현하여 감정이 정화하는 시간이 되도록 한다.

심리상담사는 부모-자녀가 함께 참여하는 시간에 부모-자녀 간 서로에게 하고 싶은 말이나 감정 표현을 하도록 조력한다.

5) 5회기: 자녀-부모가 각각의 의사 표현과 서로의 입장을 수용하기

4회기에 이어 고립 생활하는 사람과 부모가 함께 참여하는 회기이다. 대상자는 부모-자녀 관계에서 부모의 일방적인 의사 표현, 언어 및 신체 폭력, 방치와 과잉보호, 간섭, 통제받았을 때 마음의 상처를 받았던 부정적인 정서를 인식하고 표현한다.

대상자가 기억하는 구체적인 장면에서 대상자가 부모에게 하고 싶은 말을 하여 감정정화와 함께 대안을 탐색한다. 이 상담회기에 부모가 기억하지 못하거나, 여러 이유로 상담을 거부하면 어려움도 있다. 이번 회기에서는 역할극이 진행되는데 심리상담사는 자녀 역할, 부모 역할, 관찰자 역할 등 다양한 활동을 한다. 심리상담사는 부모의 질문이나 활동 요구에 자녀가 침묵하던 역할, 가정이나 자신의 방에서만 활동하는 무기력한 모습을 보이는 자녀 역할, 폭력을 행사했던 역할, 비언어적으로 무시했던 부모 역할을 통해 대상자의 감정정화를 한다. 그래서 부모-자녀 관계를 회복하는 회기가 되도록 한다.

이때 대상자는 구체적인 상황에서 부모 역할을 하는 심리상담사에게 자신의 부모에 대한 분노 감정, 무시당하며 서러웠던 감정, 힘이 있었다면 할 수 있었던 행동 등 다양한 감정과 그동안 하고 싶었던 행동 등을 표현할 수 있도록 한다. 심리상담사는 부모가 양육하고 보호해야 할 당시의 여러 가지 상황이나 입장을 충분히 고려한다. 그래서 감정적인 접근보다 이성적인 접근으로 대상자가 그 상황에서 느꼈던 부분을 충분히 공감하고 격려하면서 부정적인 감정을 있는 그대로 표현하도록 하는 역할을 한다. 부정적인 정서와 긍정적인 정서를 함께 탐색하고 표현하여 관계를 재형성하기 위한 학습이 이루어지도록 한다.

6) 6회기: 나와 타인의 생각이 다르다.

고립 생활하는 사람이 생활하면서 어떤 상황에서 자신이 생각하고 예측하였던 생각으로 행동했던 결과를 점검하고 탐색하면서 장단점을 구체적으로 기록하여 인지 재구조화한다. 즉 상황에 따른 감정이 행동이라는 결과로 나타나게 됨을 인식하면서 긍정적인 감정으로 대안적인 행동이 나타나도록 한다. 가족, 친구 및 대인관계 상황에서 느끼는 생각이 자

〈부록 표 1〉 고립 생활하는 사람 상담 프로그램 회기별 목표, 활동 내용

회	제목	목표	활동내용
1	나는 누구인가?	자신 이해와 자각하기	1. 나를 탐험하여 인식
2	내 감정 인식과 표현하기	내 감정을 인식하고 표현하기	1. 자신의 감정탐색과 표현하기 2. 은둔 촉발요인과 부모 반응점검 3. 난화 그리기와 내 스토리 만들기
3	나의 미래 탐색	나의 장점, 강점 탐색과 미래의 직업 탐색	1. 나의 즐거운 활동 탐색 2. 나의 장점과 직업 연결하기 3. 미래의 직업 그려보기
4	가족 의사소통과 부모양육태도	부모에게 하고 싶은 말, 감정표현	1. 자녀-부모가 함께 동적 가족화 그림 그리기로 관계 탐색과 활동 탐색 2. 자녀-부모 의사소통 점검 3. 자녀-부모 양육 관계 점검
5	분노감정 표현	자녀-부모가 각각의 의사 표현과 서로의 입장을 수용하기	1. 나의 부정 정서 인식과 표현 2. 구체적 장면에서 하고 싶은 말하기 3. 부모 역할(심리상담사) 연기하기
6	다양한 의견 들어보기	나와 타인의 생각이 다르다	1. 자동적 사고와 인지 왜곡 탐색, 장단점 기록하기 2. 내 생각에 오류는 없는가? 3 .자동적 사고 평가하기와 대안 탐색
7	나의 관점과 다양한 의견 통합	나의 관점에서 다양성의 관점으로 변화하기	1. 내 생각과 다른(부모나 타인) 생각은 없는가? 2. 긍정적 자기, 긍정적 타인 진술 기록하기
8	나의 미래 그리기	미래의 나를 그려보고 현실적인 선택	1. 나를 사랑하기 자기 탐색과 조망 능력 2. 나의 미래 10년 후 계획

신의 견해에서 머무르지 않고 부모, 친구, 교사, 심리상담사 관점 등 각자가 다른 방향에서 해석하고 행동하게 되는 것을 확인하여 하나의 상황에서 받아들이는 해석과 결과가 이르게 됨을 인식하도록 한다. 그리고 그 대안들이 다를 수 있음을 강조하고 다양한 대안적인 사고와 행동을 할 수 있음을 수용하도록 한다.

예를 들어 보통 오전 3시경에 잠자는 사람이 오전 6시까지 컴퓨터 앞에서 게임을 하고 앉아있을 때 아버지가 방으로 들어오신 상황에서 대상자의 자동적 사고와 태도를 표현하도록 한다. 반면 부모나 다른 사람이 다양한 사고와 태도가 있음을 인식하는 회기이다. 주어진 상황에서 장단점 기록하여 자신이 생각하고 있는 부분과 다른 사람이 생각하는 부분이 다름을 탐색한다. 자신 생각과 다른 타인이 생각하는 부분을 수용하여 대상자가 생각하고 행동했던 부분을 평가하여 긍정적인 생각으로 사고의 확장이 이루어지게 한다.

대상자가 지금까지 사고하고 행동하였던 부분에 다양한 관점에서 접근하고 해석할 수 있고, 대안도 다양한 방법이 있음을 인지하도록 하고 나와 타인의 생각이 다를 수 있음을 수용하는 계기와 사고의 확장이라는 전환이 일어나도록 한다.

7) 7회기: 나의 관점에서 다양성의 관점으로 변화하기

지난 회기에서 고립 생활하는 사람이 사고하고 행동하였던 결과를 탐색하면서 장단점을 기록하여 인지 재구조화를 하였다면, 이번 회기에는 주어진 상황에서 다양한 관점으로 접근하여 사고의 다양성을 훈련한다.

부모-자녀 관계에서 자녀는 자신의 견해만을 부모에게 전달하였다. 많은 고립 생활하는 사람이 인지발달이나 정서적 발달에서 미성숙하여 자신 생각이 모든 사람의 생각으로 일반화하는 경향이 많다. 그래서 틀림이 아닌 다름의 다양한 사고를 탐색한다. 위와 같은 자녀-부모의 의사소통은 반복적이고 누적되어 고착된 상태로 생활한다. 또 주어진 환경이나 상황에서 부정적 자아상과 타인을 부정적으로 바라보게 된다. 이렇게 자동적 사고와 인지 왜곡으로 사고가 경직되고 유연성이 부족한 대상자가 생각하고 행동했던 양식을 변화하기 위해서 부모와 심리상담사는 다양한 시각과 관점으로 사고하는 연습과 훈련으로 유연한 사고를 하도록 한다.

일상의 구체적인 상황에서 대상자가 생각하는 부정적인 생각이 결과로 나타났던 원인과 다른 결과로 나타났던 원인을 탐색한다. 대안적인 사고를 한다면 행동과 결과를 탐색한다. 즉 부정적 사고나 관점에서 대안적, 긍정적 진술, 타인의 다양한 관점을 생각하도록 한다. 대상자가 지금까지 부정적인 자기 진술을 해왔다면 새로운 관점과 긍정적 측면에서 자기 진술을 새롭게 하여 타인 관점에서 긍정적 진술을 기록하여 자신과 타인의 통합적 사고가 진행하도록 한다.

8) 8회기: 미래의 나를 그려보고 현실적인 선택

고립 생활하는 사람의 여러 가지 특성 중 자신의 미래에 희망이 없다고 생각하거나, 잘 되지 못할 것이라는 부정적인 생각, 노력해도 자신의 장래는 어두울 것이라는 등 미래에 대한 희망감이 매우 낮은 편이다. 따라서 고립 생활하는 사람이 자기 자신을 사랑하고 세상을 긍정적으로 바라보기 위한 작업을 하게 한다. 그래서 자신의 미래 10년 후 계획을 세워서 현재의 삶에서 변화하기 위한 사고를 하도록 한다.

미래를 위한 활동이 10년 후의 계획이 바로 현실로 다가오기 어렵지만, 그 준비과정을 1개월, 6개월, 1년, 3년, 5년 10년 등의 계획을 세우고 현재 가능한 아주 쉽고, 할 수 있는 일이 무엇인지 탐색하여 활동하도록 약속하고 격려와 지지를 한다.

가족 상담

부모가 자신의 방이나 집에서 생활하는 자녀의 상태를 얼마나 이해하고 있으며, 학업을 다시 진행하거나 직업 활동 및 건강한 사회활동을 위한 준비를 점검한다. 고립 생활하는 사람으로 활동하는 상황의 심각성을 받아들이는 부모도 있고, 인정하지 않는 부모도 있다.

부모는 대상자를 '날마다 게임만 하고 지낸다.' '친구를 사귀지 못한다.' '관심이 있는 것이 하나도 없다.' '속이 터진다.' 등의 표현으로 각자의 책임이나 어떻게 하여야 자녀가 변화될 것인가를 생각하지 않는다. 그러면서 부모는 배우자의 잘못으로 자녀가 이런 현상을 보인다며 배우자 탓으로 돌리는 경우가 많다. 자녀에게 관심을 보이기는 하지만, 의사소통으로 계속 비난하거나 의사소통 방법을 알지 못하는 부모가 많다. 자녀가 방이나 집에서 생활하는 시간이 장기화하면, 대상자의 부모 역시 우울, 무기력감, 분노, 탈진, 자책감 등의 심리·정서적 어려움을 경험하는 것이 일반적인 현상이다.

부모 상담 프로그램은 대상자 상담이 진행된 후 부모와 진행한다. 부모가 자녀를 이해하고 수용하기를 부모 변인으로 구성하였다. 세대별 발달과업인 학업과 미래 직업 및 자립 생활에 기본적인 방향을 제시하고, 자녀와 가족의 정서적 유대, 가족 의사소통, 대상자의 분노 감정 표현, 인지 재구조화가 필요로 하며 학업과 미래 직업 및 자립 생활과 관계가 있다는 설정으로 프로그램을 구성하였다.

부모 상담 프로그램의 단계는 시작(1회기), 준비(2~3회기), 작업(4~7회기), 종결(8회기)로 구성하였으며 상담 시작을 위해 들어가기 1회기는 상담 관계 형성, 목표설정, 준비단계 2~3회기는 자녀의 심리·정서적, 환경적, 신체적, 물리적 등 다양한 측면에서 이해와 수용, 작업단계 4~7회기는 부모-자녀 관계에서 심리·정서적 수용, 의사소통의 변화, 자녀가 의사 결정하기, 부모가 변화하기, 종결단계 8회기는 부모가 자녀의 상담자 되기이다.

구체적인 구성으로 부모 상담은 1회기: 들어가기와 부모-자녀 관계 탐색, 2회기: 부모가 자녀를 이해하고 수용하기, 3회기: 가족 기능이해, 4회기: 자녀 심리·정서적 이해와 수용하기, 5회기: 자녀-부모가 각각의 의사 표현과 서로의 입장을 수용하기, 6회기: 자녀의 표현을 부모가 결정하지 않고 수용과 존중, 7회기: 부모가 변하면 자녀도 변할 수 있음을 격려, 8회기: 부모가 상담자로 자녀수용과 격려 등의 내용으로 1회기 50분씩 8회기로 구성하였다.

고립 생활하는 자녀를 부모가 이해하고 자녀 수용하기, 긍정적인 관계 맺기, 부모-자녀 의사소통 프로그램의 세부적 요소는 부모에게 필요한 교육내용을 파악하고 이를 구성하였다.

프로그램을 마련하기 위하여 고립 생활하는 사람의 이해와 수용 목표

달성을 위한 목표에 따라 각각 구성요소와 주제, 주제에 맞는 활동으로 구성하였다.

1) 1회기: 들어가기

자녀를 이해하고 있는 그대로 표현, 자녀에게 나는 어떤 부모인가? 등을 탐색한다. 자녀의 부정적인 측면에서 접근했던 관계를 자녀의 관점으로 바라보는 계기가 되도록 탐색하여 자녀 중심적인 접근을 시도한다.

심리상담사는 부모의 자녀 탐색을 확인하고 부모-자녀 관계가 어려움이 시작되었던 촉발요인과 다양한 과정을 수용하고 부모 상담이 자녀에게는 가장 필요함을 알린다.

2) 2회기: 부모가 자녀 이해하기

부모는 자녀의 특성을 이해하고 있다고 생각한다. 자녀의 특성을 이해하고 수용하며 누구보다도 가장 많이 알고 있다고 한다. 실제 일부분에 대해서만 이해하고 수용하고 있는 것이며 다양하고 전체적인 측면을 이해하고 있지는 못한다. 심리상담사와 함께 자녀의 기질, 성격, 개인 성향을 점검한다. 자녀가 가족, 친구 및 대인관계 여러 상황에서 느꼈을 감정을 이해한다. 그 결과로 심리·정서적 고립 상황에서 자녀가 선택하고 생

〈부록 표 2〉 부모 상담 프로그램 회기별 제목, 목표, 활동 내용

회	제 목	목 표	활동내용
1	부모와 자녀의 관계 탐색	부모-자녀 간 인식 영향	1. 자녀의 있는 그대로 표현하기 2. 자녀에게 나는 어떤 부모인가?
2	부모가 자녀 이해	부모가 자녀를 이해하고 수용하기	1. 자녀의 기질, 성격, 대인관계 탐색 2. 정서적 고립의 과정 수용과 대안
3	의사소통과 양육 태도 이해	가족(의사소통, 양육 태도, 물리적 공간) 기능 이해	1. 의사소통, 양육 태도, 물리적 공간 이해 2. 자녀-부모 간 관계적 반응 이해
4	가족 의사소통과 부모양육태도	자녀 심리·정서적 이해와 수용하기	1. 자녀-부모가 동적 가족화 함께 그림 그리기로 관계 탐색과 활동 탐색 2. 자녀-부모 의사소통 점검 3. 자녀-부모 양육 관계(태도) 점검
5	분노감정 표현	자녀-부모가 각각의 의사 표현과 서로의 견해를 듣기	1. 나의 부정 정서 인식과 표현 2. 구체적 장면에서 하고 싶은 말하기 3. 부모 역할(심리상담사) 연기하기
6	부모 의사소통 훈련	자녀의 표현을 부모가 결정하지 않고 수용과 존중	1. 부모가 자녀의 입장에서 듣고 수용 2. 부모는 화를 내거나 비난하지 않고 수용 3. 부모가 결론이나 해답 없이 수용
7	자녀 격려	부모가 변하면 자녀도 변할 수 있음을 격려	1. 자녀의 모습을 있는 그대로 바라보기 2. 자녀를 긍정성, 장점 탐색과 수용
8	부모가 상담자 되기	부모가 적극적인 자녀수용과 격려	1. 실수나 부족한 부분에서 성장 2. 자녀에게 편지쓰기

활하는 부분을 이해하도록 한다.

심리상담사는 부모가 자녀의 감정, 고립하는 과정에서 어떤 반응을 보였는지 심리·정서, 신체, 행동, 활동에서 보였던 점을 점검한다. 현재 부모가 가능한 자녀와 관계를 점검하면서 긍정적이고 희망적인 언어를 사용하도록 한다.

3) 3회기: 가족 기능의 이해

가족의 다양한 기능에서 자녀가 부모로부터 의사소통, 심리·정서 교류, 타인과 교류, 문제해결 능력 등 다양한 분야에서 학습과 모델링하는 관계임을 인식하도록 한다. 부모-자녀 간 의사소통은 가족의 기능 중 심리·정서적 교류로 중요한 요인이고 자녀의 희망감, 자아존중감, 자기효능감, 타인과 관계, 문제해결 등에 영향이 있음을 알도록 한다.

부모가 자녀를 이해하고 존중하면서 긍정적인 언어로 관계를 유지할 때와 자녀를 이해하지 못하고 무시하면서 부정적인 언어를 보일 때의 반응을 상담 장면에서 연출하여 부모의 변화된 언어사용과 행동을 유도한다.

부모가 긍정적 반응을 보일 때와 부정적 반응을 보일 때 자녀의 반응을 점검하고 부모-자녀 간 의사소통의 중요성을 강조한다.

자녀가 활동하고 있는 물리적 공간이 사적 공간으로 변화된 상황을 볼 수 있도록 한다. 개인 활동을 하는 부분에서 심리·정서적 교류가 원만하게 이루어지지 않았을 때 현재 생활환경이 물리적 공간의 보장으로 자녀가 고립하는 과정에 부정적인 요인으로 작용할 수 있음을 이해와 대안적인 방안을 제시한다.

4) 4회기: 자녀 심리·정서적 이해와 수용하기

대상자와 부모가 함께 참여하는 회기이다. 대상자와 부모에게 개별적으로 정보를 파악하거나 수집했던 활동을 부모-자녀가 함께 동적 가족화(가족이 활동하는 모습을 함께 그리기) 그리기를 대상자와 부모가 서로 협의하면서 진행하는 회기이다. 동적 가족화를 통해 부모-자녀 관계, 힘, 서로의 역동, 역할, 의사소통, 양육 관계를 탐색하는 활동을 하였다.

부모는 자녀가 실제로 표현하는 감정과 생각을 통해 그동안 자녀가 부모에게 대화를 시도해도 관심을 보이지 않았다는 것을 인식하고 자녀의 마음을 헤아리는 것의 중요성을 인식하게 된다. 그동안 부모는 자녀와의 관계를 인식하지 못한 채 자녀의 의사를 존중하지 않았던 것 인식하도록 한다. 그래서 양육과 훈육 과정에서 상호 간 건강한 의사소통보다 일방적인 의사소통으로 대상자의 마음 깊은 곳에 부정적인 감정과 정서가 남아 있음을 인식하게 한다. 심리상담사는 부모-자녀가 함께 참여하는 시간에 부모-자녀 간 서로에게 하고 싶은 말이나 감정을 진솔하게 표현하도록 하여 감정정화가 일어나도록 한다.

5) 5회기: 자녀-부모가 각각의 의사 표현과 서로의 입장을 수용하기

5회기 역시 대상자와 부모가 함께 참여하는 회기이다. 대상자는 부모-자녀 관계에서 부모의 일방적인 의사 표현, 언어 및 신체 폭력, 방치와 돌보지 않았을 때 마음의 상처를 받았던 부정적인 정서를 인식하고 표현한다. 대상자가 기억하는 구체적인 상황에서 감정, 느낌, 결과를 탐색하고 표현한다. 서로 상대의 관점을 이해하고 수용하는 계기가 되도록 한다. 구체적인 상황에서 대상자가 느끼는 감정, 느낌, 결과를 표현하도록 한다. 자녀의 다양한 상황을 듣고 부모가 자녀를 이해하고 수용하도록 한다. 또, 부모가 양육하고 돌보아야 할 당시의 여러 상황을 충분히 고려하여 감정적인 표현보다 이성적인 표현을 하도록 한다. 그래서 부모가 대상자의 관점을 수용하도록 하며 동시에 대상자도 부모의 입장을 충분히 수용하도록 한다.

역할극에서 심리상담사가 자녀 역할을 하여 부모가 상황을 전개하고 대화를 이끌어가도록 한다. 부모가 대화의 진행에 어려움을 겪거나 부모의 심리가 궁금할 때는 "그 말이 무슨 뜻입니까?", "부모님은 지금 어떤 기분이에요?"라는 개방적인 질문을 한다.

또 역할을 바꾸어 심리상담사가 부모 역할을 하고 부모가 자녀 역을 한다. 이 장면에서는 부모 역할은 심리상담사가 대상자 역할은 부모가 하여 자녀를 이해하고 공감해주면서, 개방형 질문으로 대상자가 자유롭게 의사 표현을 하도록 한다. 이러한 과정을 통해 부모는 심리상담사의 부모 역할 연기를 보면서 건강한 부모 역할을 학습하도록 한다.

6) 6회기: 자녀의 표현을 부모가 결정하지 않고 수용과 존중

부모가 자녀와의 대화를 점검하도록 한다. 부모, 자녀 각자가 대화하고자 하는 의사가 있는지 확인하여 그 이유가 무엇인지 확인한다. 그리고 부모가 자녀와 대화하는 데 필요한 것이 무엇인지 탐색한다. 부모-자녀 간 의사소통 과정에서 화를 표현하거나 비난하지 않으며 결론이나 해답 없이 자녀를 수용과 존중으로 열려있는 대화를 진행하도록 연습과 훈련을 한다.

부모-자녀 간 의사소통 훈련에서 의사소통의 원칙을 부모에게 설명하고 부모-심리상담자 간 의사소통 연습을 한다. 부모 상황에서 자녀의 의사를 생각하고 자녀가 선택하고 행동하려는 것에 대해 부모 상황에서 강요하거나 비난하는 태도로 대화가 진행된다면 자녀는 지금까지 해온 방법으로 마음의 문을 닫고 대화가 진행되지 않게 됨을 알려준다.

심리상담사는 부모가 지금까지 자녀와 의사소통 방식에서 다양한 관점이나 가치관으로 접근하고 수용하지 않아서 발생하였던 부분도 있음을 설명하여 수용과 사고의 확장을 시도한다. 부모가 지금까지 자녀와 의사소통했던 방법이 변화의 출발점이 되도록 하고 건강한 의사소통이 이루어지도록 훈련한다.

7) 7회기: 부모가 변하면 자녀도 변할 수 있음을 격려

부모가 바라보는 자녀의 사고와 행동하였던 결과를 탐색하면서 부모가 제한하거나 다른 결정을 하였을 때 어떤 결과가 나왔는지 확인하고 점검한다. 부모-자녀 간 관계에서 자녀의 결정이 부모에게 영향을 주기도 한다. 그러나 실제 부모가 선택하거나 영향력을 최소화함으로 자녀의 모습을 있는 그대로 수용하기를 훈련한다.

부모가 지금까지 자녀가 가지고 있는 그대로를 수용과 대화로 관심을 가졌다면 사고의 전환으로 긍정적인 부분, 장점을 적극적으로 탐색하는 과정을 갖도록 한다.

그동안 부–모 간 합의되고 일관성 있는 양육으로 자녀를 양육하였는지, 다양한 훈육 방법을 사용하였는지, 자녀가 심리·정서적 안정되고 다양한 의견이나 사회적 활동에 관심을 보이도록 했는지를 점검한다. 부모–자녀의 부정적인 의사소통이 반복되고 누적되어 굳어진 상태로 생활해왔으며 자녀가 주어진 환경이나 상황에서 부정적인 자아상을 정립하여 타인에게도 부정적 방향으로 표현되고 있음을 인식하도록 한다.

심리상담사는 대상자의 자동적 사고와 인지 왜곡으로 경직되고 유연성이 부족한 생각과 행동 양식이 변화하도록 한다. 그래서 부모가 먼저 다양한 시각과 관점으로 사고할 수 있는 연습과 훈련을 한다. 부모를 격려하고 지지하여 자녀가 유연한 사고를 갖고 행동에 실제적인 변화를 유도한다.

8) 8회기: 부모가 심리상담사로 자녀수용과 격려

부모는 자녀를 양육과 훈육으로 성장하도록 하는 과정에서 실수하거나 부족하였던 부분을 점검한다. 누구나 인정받으며 잘하고, 당당하고, 관심받고 싶은 마음을 가지고 있음을 안내한다. 그러나 사람은 실수하고, 잘하지 못하고, 오류를 범하고, 판단력이 떨어지고, 능력이 되지 않을 때 이를 극복하고 대안적인 방법이 무엇인지 생각하도록 한다. 또 오류를 줄이는 방법이 무엇인지 고민하면서 성장하게 됨을 부모와 논의하고 격려와 지지로 부모에게 힘이 되도록 한다. 언어로 직접 말하기 어려운 것이 있으면, 부모의 따듯한 마음을 담아 자녀에게 편지를 쓰도록 한다.

부모-자녀 관계에서 새로운 마음으로 생활하도록 부모가 자녀에게 격려를 보내면서 자녀에게는 부모가 가장 큰 자산과 버팀목이 되어 언제든지 돌아갈 수 있는 기지가 됨을 알게 한다.

2. 기관전화번호

〈부록 표 3〉 기관 전화번호 안내

기 관	특 징	대표 전화번호
보건복지부	전 국	129
건강가정·다문화센터	전 국	1577-9337
정신건강복지센터	전 국	권역별 전화
중독센터	권역별	권역별 전화
도박문제관리센터	권역별	권역별 전화
청년센터	전국 단위 미설치	권역별 전화
청소년상담복지센터	전 국	1388
스마트 쉼 센터	인터넷, 스마트 폰	1588-0075
자살예방센터	전 국	02-2203-0053

맺는 글

초보 상담사로 활동할 때는 상담 대상자와 어떻게 접근하고 관계 형성을 해야 하는지 막막하고 답답했다. 그래서 내가 배우고 학습했던 방법을 시도하다가 대상자, 부모, 의뢰자, 상담 선배로부터 질책과 비난을 받기도 했다. 지금 생각하면 격려와 지지를 받았다면 어떻게 변화하였을까? 생각해보기도 한다.

처음 심리상담을 시작하면서 청소년, 부모, 교사, 사회복지사, 지역사회 자원 등을 만나면서 개인 한 사람과 관계를 형성하고 치유 과정은 한 사람이 변화하거나 극복되는 어려움이 아니고 다양한 관계와 함께 정서적인 교류가 이루어졌을 때 가능함을 알게 되었다.

우리나라에서는 지금까지 사회적 분위기가 고립 생활하는 사람에 대해 일본 언론에서의 부정적인 부분에 부각하고 사회적 폭력 수준을 소개하고 있다. 그래서 광주광역시의 조례제정과 현황조사가 진행되는 부분에 관심을 둔다. 그러나 이들에 대한 현황과 실태가 공식적 조사가 이루어지지 않아서 구체적인 내용이 드러나지 않았다.

심리상담사로 활동하면서 고립 생활하는 사람(은둔형 외톨이)은 실제 존재하기는 하는데 이런 사람이 외부에 드러나지 않아서 없다고 하기 어려운 현실이었다. 이들의 현황과 실태가 파악되어 공적인 구조에서 활동하도록 지원이 이루어져야 한다.

다양한 용어와 함께 정리되지 않는 정의들을 보면서 얼마나 복잡하고 다양한 생각과 고립 생활하는 사람과 관계를 형성하고 활동에 도움을 줄 수 있는 대안이 무엇인지 깊이 있게 생각하게 되었다.

고립이라는 현실적인 어려운 처지에 있는 상황을 만나면서 귀중한 결론에 도달할 수 있었다. 고립이 '현실'이라는 것은 단순한 상황이 아니며, 단순하게 답을 찾을 수 없다는 것을 의미한다. 고립 자체가 '현실에서의 자신에게 던지는 질문'이다. 누구보다도 현실에서의 어려움을 호소하고 있으면서, 누구에게도 자신을 설명하고 들어달라고 요구하고 있다. 그러나 주변에서는 부모, 형제, 그리고 친구, 교사 등 누구도 들어주려 하고 있지 않다.

즉 대상자를 들어주려고 하고 있다고 표현하고 노력하고 있다고 한다. 그러나 실제 대상자를 들어주는 것이 아니라 가치 판단 기준이 먼저 결정되어 있고 거기에 맞는 사항을 퍼즐 맞추고 있는 현실이다. 그래서 이들은 고립 생활을 유지하는 것이다.

고립 생활하고 있는 많은 사람과 만나고 또, 관계를 형성하면서 심리상담사는 한계가 자주 드러났다. 심리상담사뿐만 아니라 부모를 비롯한 가족과 주변에서 대상자를 알고 지내는 많은 사람이 이들에 대해 관심과 사랑은 표현하지만, 고립 생활하고 있는 사람의 관점이 아닌 들어주는 사람의 관점에서 출발하고 있다는 것이다.

고립 생활하는 사람이 현실에서 나타나면서 관심을 보이거나 무언가

치유하고 싶다는 접근하는 경우가 많다. 심리상담사로서 한계를 느끼는 경우가 자주 발생하는데, 특히 대상자가 어떤 상황에 있었는지 확인이 되지 않고 구체적인 언어표현이 아닌 행동적인 표현(언어적인 표현을 하지 않는 대상자–말하지 않는 대상자)으로 자신의 의사를 표현하면 심리상담사는 처음부터 숨이 막히는 것과 같은 느낌을 받는다.

이들에게 관심을 보이는 외부 기관이나 단체는 다양하다. 정신과 병원, 청소년상담센터, 자립 지원 활동센터, 행정기관, 사회복지기관, 학교밖센터, 고용센터 등 다양한 외부 기관이 있다. 가장 중요한 부분은 고립 생활하는 사람이 생활하는 가정을 방문하여 방이나 가정에서 생활하는 대상자와 관계를 형성하고 이들과 신뢰 관계를 유지하는 것이 첫 번째 해야 할 일이다. 그래서 두 번째 가정으로 세 번째 사회로 네 번째 사회적응 다섯 번째 사례관리가 필요하다.

고립 생활하는 사람을 출간하면서 지금까지 귀중한 경험과 만남의 기회를 준 대상자와 그 가족의 존재가 없었다면 출판은 없었다. 지면을 통해 깊은 감사와 뜻을 전합니다.

은둔형 외톨이와 관련 문의하고 싶은 분은 ohsb21@gmail.com으로 연락하시기 바랍니다.

2020년 가을

참고문헌

고스케 유코(2012). 은둔형 외톨이 사례연구: 한국과 일본사례 중심으로. 숭실대학교 대학원 석사학위논문.

권미경(2009). 부모의 양육태도와 자녀의 문제행동에 대한 부모와 자녀의 지각 비교. 아동간호학회지, 15(2), 164-170.

권일남(2005). 은둔형 청소년(히키코모리)의 지원을 위한 청소년단체 역할. 오늘의 청소년, 201, 7-15.

권해수, 금명자, 이문희, 이자영, 이수림(2004). 학교밖 청소년 욕구조사결과, 청소년상담문제연구보고서 50. 서울: 한국청소년상담원.

김남미(2017). 은둔형 외톨이의 정신분석적 연구: 영화 '김씨 표류기'를 중심으로.한신대학교 대학원 석사학위논문.

김명옥(2015). 부모·자녀 의사소통과 관계성, 개별성 향상을 위한 한상담 부모역할훈련 연구. 명지대학교 대학원 박사학위논문.

김서연(2018). 부모의 양육태도가 청소년의 주관적 행복감에 미치는 영향- 학교 및 지역사회 사회자본의 조절효과를 중심으로-. 조선대학교 대학원 박사학위논문.

김성래(2018). 청소년의 불안정 애착이 SNS 중독 경향성에 미치는 영향. 국제신학대학원대학교 박사학위논문.

김예슬(2007). 인지-행동 집단 미술치료를 통한 '은둔형 외톨이'의 사회참여에 관한 연구. 명지

대학교 사회교육대학원 석사학위논문.
김유숙, 박진희, 최지원(2009). 은둔형 외톨이. 서울: 이너북스.
김원영, 서봉언, 김경식(2017). 과보호 양육, 자아 탄력성 및 사회적 위축이 남녀 청소년의 우울에 미치는 영향, 청소년 문화포럼, 51, 41-69.
김은혜(2014). 부모의 용서와 부모-자녀 간 의사소통이 아동의 용서에 미치는 영향. 이화여자대학교 대학원 석사학위논문.
김종진(2006). 달팽이 껍질 속으로 숨은 외톨이. 서울: 해피아이.
김치건(2018). 청소년의 학교폭력, 가족탄력성, 무망감, 우울, 자살생각 간의 구조적 관계. 아동복지학, 51, 51-80.
김택호(2004). 희망과 삶의 의미가 청소년의 탄력성에 미치는 영향. 한양대학교 대학원 박사학위논문.
김현주, 손승영, 이진숙, 이길자, 김준영(2006). 미래사회와 청소년연구 I (가족분야) 청소년 가족환경의 변화와 청소년가족정책과제. 서울: 국가청소년위원회.
김효순, 박희서(2014). 청소년의 은둔형 외톨이 성향이 게임중독형태에 미치는 영향: 가족스트레스의 조절효과분석을 중심으로. 컴퓨터정보학회, 19(8), 177- 185.
김효순, 김서연, 박희서(2016). 은둔형 외톨이 성향 청소년의 온라인 게임 중독과정에서 사회적 지지의 조절효과에 관한 연구. 한국컴퓨터정보학회, 21(10), 149-156.
노성덕(2008). 찾아가는 상담. 서울: 학지사.
노여진(2007). 일본의 히키코모리와 한국의 은둔형 외톨이의 비교 고찰. 전북대학교 교육대학원 석사학위논문.
데이비드(2016). 히키코모리 탈출 가이드북. 서울: 낙원미디어. eBook(전자책).
류승현(2009). 은둔형 외톨이에 대한 목회상담적 접근에 관한 고찰. 장로회신학대학원 신학대학원 석사학위논문.

문은영(1993). 또래의 수용이 청소년 초기의 고독감과 비행에 미치는 영향. 연세대학교 대학원 석사학위논문.

민하영(1991). 청소년 비행 정도와 부모-자녀 간 의사소통, 가족의 응집 및 적응과의 관계. 서울대학교 대학원 석사학위논문.

박경원(2017). 한부모가족 청소년의 스트레스 및 심리사회적 특성에 관한 연구. 전남대학교 대학원 박사학위논문.

박균달, 이수영(2017), 중학생이 지각한 부모의 양육태도가 친구관계에 미치는 영향-부모-자녀 간의 의사소통의 매개효과. 사회복지경영연구, 4(2), 204-270.

박병규(2010). 히키코모리, 우로보로스가 되다. 플랫폼, 22-28.

박연심(2018). 상처 입은 치유자로서 청소년동반자의 삶에 관한 내러티브 탐구. 경성대학교 대학원 박사학위논문.

박은경(2018). 행동억제, 부모양육태도 및 사회불안의 관계: 부정적 및 긍정적 평가에 대한 두려움의 매개효과. 경북대학교 대학원 석사학위논문.

박태영, 김형범(2008). 외톨이 은둔형인 아들에 대한 가족치료 사례연구. 한국사회복지학회 추계학술대회, 222-223.

박현숙(2004). 사회적 히끼코모리에 관한 일 연구; Bowen의 이론을 통해 본 히끼코모리 사례연구. 서울여자대학교 기독대학원 석사학위논문.

배주미, 박현진, 천석준(2010). 공적서비스 영역에서 청소년상담의 미래 전망에 대한 전문가 델파이 조사. 청소년상담연구, 18(1), 25-42.

백윤미(2013). 내 애기를 들어주세요! : 청소년상담을 경험한 학생에 대한 질적 연구. 경상대학교 교육대학원 석사학위논문.

백형태(2009). 은둔 척도 개발 및 타당화 연구, 중앙대학교 대학원 박사학위논문.

백형태, 김붕년, 신민섭, 안동현, 이영식(2011). 부모 작성용 은둔형 외톨이 선별도구 개발. 소아·

청소년정신의학, 22(4), 262-270.

사이토 다마키(2012). 은둔형 외톨이(김경란, 김혜경 역). 서울: 파워북.

손은수(2005). 청소년 은둔형 외톨이에 관한 연구: 교회공동체를 중심으로. 광운대학교 정보복지대학원 석사학위논문.

손정우, 김은정, 홍성도, 이시형, 홍강의(2000). 청소년 정신과 환자중 외톨이 혹은 왕따 특성을 보이는 환자에 대한 예비연구. 소아·청소년정신의학, 11(2), 204-251.

송경자(2003). 고등학생의 자의식, 자기불일치, 자아존중감의 관계. 서강대학교 대학원 석사학위논문.

송현정(2008). 어머니의 아동기 모-자녀 관계 및 성격특성이 현재 모-자녀관계에 미치는 영향. 숙명여자대학교 대학원 박사학위논문.

신민섭, 박광배, 오경자, 김중술(1990). 고등학생의 자살 성향에 관한 연구. 한국심리학회지: 임상, 9(1), 1-19.

신민섭 외 (2007). 사회복지 척도집. 서울: 도서출판 나눔의 집.

안계한(2018). 청년세대의 공정성 인식이 무망감에 미치는 영향 : 내적통제감의 매개효과와 자존감의 조절효과. 한국상담대학원 대학교 석사학위논문.

안종하(2016). 사례를 통해서 본 방문 가족상담의 필요성과 그 실천적 제언. 가족과 상담, 6(1), 87-107.

안지영(2017). 청소년기 사회적 고립 경험과 초기성인기 대학생의 대인관계문제 간의 관계: 정서표현 양가감정과 경험회피의 매개효과. 서울여자대학교 일반대학원 석사학위논문.

양미진, 김태성, 이자영(2009). 은둔형부적응청소년 수준별 현황 및 촉발요인 연구. 아시아교육연구, 10(1), 33-53.

양미진, 지승희, 김태성, 이자영, 홍지연(2007). 은둔형부적응청소년 사회성척도 개발연구. 아시아교육연구, 8(2), 119-134.

엄태완(2004). 북한이탈주민의 무망감에 의한 우울증 완충효과에 관한 연구. 부산대학교 박사학위논문.
엄태완(2006). 저소득층의 우울증에 대한 무망감과 사회적 문제해결능력의 영향. 한국사회복지학, 58(1), 59-85.
엄태완(2007). 노인 자살관련 요인 : 무망감과 우울증이 자살 생각에 미치는 영향에 대한 사회적 지지와 자아 통제감의 효과를 중심으로. 한국사회복지학, 59(2), 355-379.
엄태완(2008). 청소년의 무망감 관련요인과 자살생각의 관계. 청소년학 연구, 15(5), 211-237.
여인중(2005). 은둔형 외톨이. 서울: 지혜문학.
오상빈, 백지숙(2016). 특별시/광역시 청소년동반자와 중소도시/군/구 청소년동반자의 직무환경이 직무만족, 직무소진에 미치는 영향비교. 청소년시설환경학회, 14(3), 135-147.
오성심, 이종승(1982). 부모의 양육방식에 대한 아동의 지각과 정의적 특성의 관계. 한국행동과학연구소, 연구노트, 11(1), 1-15.
오윤선(2010). 은둔형 외톨이 청소년을 위한 기독교 상담 활성화 방안 연구. 복음과 상담, 15, 202-221.
윤석주(2014). 전문대학생의 스트레스와 자살생각의 관계에서 자아존중감의 매개효과와 부모양육태도의 조절효과. 단국대학교 대학원 박사학위논문.
윤소미, 이영호(2004). 한국판 무망감 우울증상 척도의 타당화 연구. 한국심리학회지: 임상, 23(4), 1051-1063.
윤철경(2005). 한국 위기청소년 지원 정책 진단과 정책과제. 위기청소년지역사회안전망 구축: 국제적 동향 및 정책 과제 국제 심포지엄자료집. 서울: 한국청소년개발원.
윤철경, 최인재, 김강호, 유성렬, 김태화, 손희정(2015). 학업중단 청소년 패널조사 및 지원방안 연구 Ⅲ. 한국청소년정책연구원 연구보고서, 1-484.
이경선(2015). 후기청소년의 사회적 히키코모리와 2차 분리-개별화. 연세상담코칭연구, 4, 150-

127.
이규미, 구자경, 김은정, 이시형(2001). 외톨이 청소년의 심리사회적 특성에 관한 연구. 한국심리학회지 상담 및 심리치료, 13(1), 147-162.
이기영, 엄태완(2003). 북한이탈 주민의 무망감이 우울증에 미치는 영향. 정신보건과 사회사업, 16, 5-28.
이상철, 조준영(2017). 다차원적 사회적 고립이 신체적·정신적 건강에 미치는 효과: 연령집단의 상호작용효과 분석. 한국사회정책, 24(2), 61-86.
이상희(2010). 은둔형 외톨이 개념의 사회적 구성과 효과. 서울대학교 사회과학대학원 석사학위논문.
이소베 우시오(2009). 스타벅스로 간 은둔형 외톨이. 서울: 대숲바람.
이숙(1998). 자녀가 지각한 부모의 양육태도 및 이에 영향을 주는 요인. 이화여자대학교 박사학위논문.
이시형 등(2000). 외톨이 청소년의 심리사회적 특성과 부적응. 서울 : 삼성생명공익재단 사회정신건강연구소.
이시형(2003). 거주형치료센터 모델 연구—외톨이 청소년을 대상으로. 서울 : 삼성생명공익재단 사회정신건강연구소.
이영식, 조주연(1999). 한국판 청소년 상태-특성 분노표현척도의 표준화 연구. 신경정신의학, 38(4), 794-804.
이영희(2009). 청소년의 불안장애와 우울장애에 대한 부정적 자동적 사고의 내용특수성 검증. 숙명여자대학교 대학원 석사학위논문.
이윤지, 서민재, 최태영(2015). 한국 청소년에서 사회적 은둔의 정신병리적 특성. 대한신경정신학회지, 54(4), 549-555.
이재영(2014). 사회적 은둔 청소년의 임상특성, 평가 및 치료. 중앙대학교 대학원 박사학위논문.

이향남(2008). 은둔형 외톨이 청소년을 위한 생태체계적 통합 지원 모형 개발에 관한 연구. 대전대학교 대학원 박사학위논문.
이현지(2018). 결혼상태 및 세대구성과 불안·우울의 관련성. 연세대학교 대학원 석사학위논문.
임미옥, 송민경, 김청송(2012). 청소년의 분노표현방식과 심리적 부적응 대한 사회적 지지의 중재모형 연구. 청소년학 연구, 19(4), 247-270.
장효정(2014). 노스탤지어가 실존적 공허 상태 대학생의 삶의 의미, 긍정정서 및 감사에 미치는 영향. 중앙대학교 대학원 석사학위논문.
정경미, 신민정, 강지현, 김은성(2013). 남자 청소년의 사회적 위축 문제의 하위 발달경로 확인. 한국심리학회지, 32(1), 177-197.
정소희(2010). 부모의 성취압력과 청소년의 자기불일치가 학업적 성취동기에 미치는 영향. 인하대학교 대학원 석사학위논문.
정정애(2008). 부모양육태도, 학업적 자기효능감, 성취 목표지향성이 자기조절 학습에 미치는 영향. 관동대학교 대학원 박사학위논문.
정지현(2011). 은둔형 외톨이 특징과 기독교 사이버상담 적용 가능성에 관한 연구. 아세아연합신학대학교 상담대학원 석사학위논문.
조영미, 김동민(2011). 은둔형 인터넷 중독 청소년에 대한 연구자 접근방향의 형성과정 분석. 상담학연구, 12(4), 1069-1089.
조영미, 김동민(2012). 은둔형 인터넷 중독 청소년과의 상담관계 형성을 위한 연구자 접근방식과 내담자 반응분석. 아시아교육연구, 13(4), 385-416.
채유경(2001). 청소년의 분노표현방식의 모델 및 조절효과 검증. 전남대학교 박사학위논문.
천희경(1997). 아동의 사회적 철회(Social Withdrawal) 관한 기초 연구 : 개념과 측정방법. 아동연구, 6, 11-24.
최광현(2012). 가족의 두 얼굴. 서울: 부키.

최진(2016). 부모양육태도 불일치가 청소년의 스마트폰 중독에 미치는 영향-스트레스와 우울의 매개변수를 중심으로-. 단국대학교 박사학위논문.

최진선(2013). 은둔형 외톨이를 모티브로 한 도자 조형 연구. 상명대학교 대학원 석사학위논문.

한국청소년상담원(2005). 은둔형부 외톨이 등 사회부적응청소년 지원방안 국제심포지엄 자료집. 한국청소년상담복지개발원.

한국청소년상담원(2006). 은둔형부적응청소년 상담 가이드북.

한국청소년상담원(2007A). 은둔형부적응청소년 부모교육프로그램.

한국청소년상담원(2007B). 은둔형부적응청소년 부모교육프로그램 시범운영보고서.

한국청소년상담원(2011). 청소년동반자 활동 매뉴얼.

한상미(2012). 긍정심리치료가 노인들의 우울감, 생활만족도 및 삶의 질에 미치는 효과. 충북대학교 대학원 박사학위논문.

한지윤, 강선보(2015). 실존적 공허에 대처하기 위한 빅터 프랭클의 자생교육론. 한국교육학연구, 21(4), 89-119.

허경운(2005). 은둔형 외톨이의 사회문제와 분석에 관한 연구. 동국대학교 행정대학원 석사학위논문.

홍현표(2007). 은둔형 외톨이 치유를 위한 개인적 단위공간 계획에 관한 연구. 단국대학교 대학원 석사학위논문.

황순길 외(2005). 은둔형 외톨이 등 사회부적응 청소년 지원방안. 서울: 청소년위원회.

Abramson, L., Metalsky, G. I. & Alloy, L. B. (1989). Hopelessness depression: A theory based subtype of depression. Psychological Review, 96(2), 358-372.

Barnes, h. I., & Olson, D. H. (1982). Parent-Adolescent Communication Family Iventories. Department of Family Social Science. University of Minnesota. St. Paul/Minneapolis, MN.

Beck, A. T. (1967). Depression: Clinical, experimental, and the oretical aspects. New York:

Harper & Row.

Beck, A. T. & Steer, R. A.(1988). Manual for the Beck Hopelessness Scale. San Antonio, TX : Psychological Corp.

Beck, A. T., Weissman, M., Lester, D., & Trexler, L.(1974). The measurement of pessinism: the hopelessness scale. Journal of Consulting and Clinical Psychology, 42, 861–865.

Kapic, E. G., & Cramer, D. (2000). The mediation component of the hopelessness depres–sion in relation to negative life event. Counselling Psychology Quarterly. 13(4), 413–423.

Sakai M, Iishikawa S, Sato H, Sakano Y. (2004). Development of hikikomoribehavior checklist (HBCL) and examination of its reliability and validity. Japan Journal of Counseling Science, 37, 210–220.

Schaefer, E. S.(1959). A circumplex model for maternal behaviors. Journal of Abnormal and Social Psychology, 59, 226–235.

고립 생활하는 사람은 누구인가?

초판인쇄 2020년 11월 24일
초판발행 2020년 11월 27일

발 행 인 김재광
지 은 이 오상빈
펴 낸 곳 솔과학
등　　록 제10-140호 1997년 2월 22일
디 자 인 디자인투데이(www.designtoday.kr)
정　　가 19,000원
I S B N 979-11-87124-77-1 93180.

주소 서울특별시 마포구 독막로 295번지 302호(염리동 삼부골든타워)
Tel(02)714-8655 Fax(02) 711-4656
E-mail : solkwahak@hanmail.net